アリア・ベス・スロスへ

サードフード　上――エシカルな食の未来を探して〈目次〉

第Ⅱ部

大地——自然からの贈り物

【下巻目次】

第Ⅲ部　海——心臓はポンプではない

第Ⅳ部　種子——未来の青写真

*

◆主要人物紹介

ダン・バーバー　僕。ニューヨーク・ウェストビレッジの〈ブルーヒル〉、ニューヨーク郊外の〈食と農業のためのストーンバーンズセンター〉内〈ブルーヒル・ストーンバーンズ〉のシェフ・共同経営者。食や農業に関する教育活動家としても活躍。

＊

第Ⅰ部　土

グレン・ロバーツ　穀物関連企業〈アンソンミルズ〉オーナー。稀少な種子の育種家
ジャック・アルジエル　〈ストーンバーンズ〉の野菜栽培担当スタッフ
クラース・マーテンズ　穀物の有機栽培農家
メアリ＝ハウウェル・マーテンズ　クラースの妻。種の専門家でもある
ウェス・ジャクソン　穀類の品種改良の専門家
エリオット・コールマン　著名な有機農家

第Ⅱ部　大地

エドゥアルド・スーザ　スペイン、デエサで自然肥育のフォアグラ作りを行う
ジャン＝ルイ・パラディン　レストラン〈ジャン＝ルイ〉のシェフ。一九七九年に渡米し、仏料理と米国料理を掛け合わせた料理で人気を博す
ジルベール・ル・コーズ　レストラン〈ル・ベルナルダン〉のシェフ

クレイグ・ヘイニー　〈ストーンバーンズ〉の家畜担当スタッフ
リサ・アベンド　「タイム」誌のジャーナリスト。スペイン在住でヨーロッパ史の元教授
プラシド&ロドリゴ・カルデノ　ハモンイベリコの老舗メーカー〈カルデノ〉経営者
イジー・ヤネイ　米国のフォアグラメーカー〈ハドソンバレー・フォアグラ〉オーナー

第Ⅲ部　海
アンヘル・レオン　レストラン〈アポニエンテ〉のシェフ。シーフードに特化した独創的な料理に定評がある
ミゲル・メディアルデア　スペインの養殖場〈ヴェタ・ラ・パルマ〉の生物学者
カール・サフィナ　海洋保全活動家。『海の歌――人と魚の物語』著者
ディエゴ・クレスポ・セビージャ　スペイン伝統のマグロ漁「アルマドラバ漁」の船長

第Ⅳ部　種子
グレン・ロバーツ　穀物関連企業〈アンソンミルズ〉オーナー
スティーブ・ジョーンズ　ワシントン州立大学の育種家。小麦の品種改良を行う
クラース・マーテンズ　穀物の有機栽培農家
メアリ＝ハウウェル・マーテンズ　クラースの妻

はじめに――農業は自然を育む

〈ブルーヒルファーム〉の物語

僕たちがニューヨーク郊外のストーンバーンズに〈ブルーヒル・ストーンバーンズ〉をオープンしてからほどなく、乾燥して少し縮んだトウモロコシの穂軸が郵便で届いた。なかには一〇〇〇ドルの小切手が同封されている。その日のうちにeメールも送られてきた。送信者はグレン・ロバーツという稀少種子のコレクターで、珍しい穀類の供給も手がけている人物だ。僕たちの〈ブルーヒル〉が所属する〈食と農業のためのストーンバーンズセンター〉は、多目的農場と教育センターを兼ねた施設である。グレンはその点に注目し、僕に白羽の矢を立てたのだろう。春になったらこのトウモロコシの種を蒔くように、野菜栽培担当者を説得してもらえると嬉しいとメールには書かれていた。送られてきた品種は、ニューイングランド産のフリント種の八列トウモロコシだった。

グレンの説明では、フリント種八列トウモロコシの起源は一六〇〇年代にまで遡り、古い歴史の裏付けとなる証拠もあるらしい。当時は技術の生み出した驚異と見なされたそうだ。丸々とした粒がぎっしり詰まった八列トウモロコシが長く生産され続けてきたことにも驚かされるが（当時の粒は四列か五列が一般的だったが、現代では一八列から二〇列にまで増えた）、北米先住民は何世代にもわたって種を慎重に選別し、独特の味を絶やさず守り抜いてきた。一七〇〇年代の終わりになると、八列トウモロコシはニューイングランド西部やハドソンバレーの下流域で広く植えられるようになり、後には遠くイタリア南部にまで伝えられた。しかし、一八一六年の冬の大寒波でニューイングランドの作物は深刻な被害を受ける。そしてついには備蓄されていたこの八列トウモロコシの大半が人間や家畜に食べさせるために使われ、絶滅寸前にまで追い込まれたのである。

グレンから送られてきた穂軸は、イタリアで二〇〇年にわたって生き残ってきた系列の流れを汲むもので、「オット・フィーレ」（八列）と命名されていた。これを原産地のアメリカで復活させたいとグレンは考えたのだ。この種を植えれば、「イタリアの由緒正しい味の消滅を食い止められます。おまけに、ニューイングランドの食の伝統も復活できるのだから、願ったり叶ったりでしょう。ダン、ぜひご検討をお願いします」とメールには書かれていた。さらに念のため、「この八列トウモロコシは地球上で最もおいしいポレンタの材料になるはずです。現在のアメリカでこれだけのものは絶対に手に入りません」と書き添えられ、収穫されたあかつきには新たに一〇〇〇ドルを支払うとあった。見返りはいらない、種をとりたいので穂軸を少しだけ分けてくれれば十分だという。

この提案に〈ストーンバーンズセンター〉が大喜びしたかと言えば、答えはイエスだ。地域の多様性を再現するだけでなく、北米先住民の伝統ある作物の名誉を回復するチャンスが訪れたのだから。そして僕には、ほかのどのレストランのメニューにもない食材で料理を作り（それはどんなシェフにとっても大歓迎だ）、おまけに極上のポレンタを自分で試食するチャンスが与えられたのだ。

しかし、野菜栽培担当のジャック・アルジエルにこの穂軸を持っていくのは、正直なところ少々気が進まなかった。ジャックはトウモロコシの栽培が大好きというわけではなく、彼の畑の広さも八エーカー〔一エーカー＝四〇四七平方メートル（一二二四坪）〕に限られている。トウモロコシの栽培には広い面積が必要だから、ジャックが興味をそそられなくても無理はない。おまけにトウモロコシはほかの面でも手間がかかる。とにかく大食漢というか、たとえば大量の窒素を与えないと育たない。だからトウモロコシの栽培を打診された野菜農家は、周囲の環境にそぐわない豪邸の建設を依頼されたような気分になるのだ。

〈ストーンバーンズセンター〉の計画が始まった頃、僕はある農家についてジャックに話したことがあった。その農家では、僕たちのメニューに使う予定のトウモロコシを成熟する前に収穫していた。穂軸はまだ数センチメートル程度しかなく、粒も形成されていない。丸ごと提供されるその穂軸は、家庭で野菜炒めを作るときに使われる缶詰のベビーコーンを連想させた。ただし僕たちの小さな穂軸は、とびきり味がよかった。僕はこのアイデアの面白さをジャックに何とか伝えようとしたが、彼の心は微動だにしなかった。

「つまり、せっかくトウモロコシを植えても、成長を待たずに摘み取るんだな。くだらない」。そう言いながら、ジャックはまるで怒りを腹に収めるかのように、いきなりしかめ面をした。そして右手が地面に触れそうになるまで身をかがめてから、つぎにつま先で立ち上がり、眉をひそめながら僕の頭よりずっと高く左手を伸ばし、トウモロコシの茎がどれほど大きく成長するか手で示した。「いいか、トウモロコシってやつはな、ここまで成長してやっと、そろそろ穂軸を作ろうかと考え始めるんだ。おまけにこのジョリーグリーンジャイアントは、フルサイズのトウモロコシが収穫できる段階になっても、肥料の吸収力が半端じゃない。植物の世界でも、母なる自然のエネルギーをこれほど奪うやつはいないね。しかも、ここまで大きくなって農家には何が手に入ると思う？　これだけさ」と彼は小指を見せびらかした。「これっぽっちだ」。そして、僕がその指をあらゆる角度から見えるように手をぐるりと回転させてから、吐き捨てるように言った。「こんなに小さくて、味のない粒だけだよ」

＊

僕が一四歳になった夏、マサチューセッツ州にあるわが家の農場ではトウモロコシだけを栽培していた。その理由は誰も覚えていないが、こんな奇妙な体験をした夏もなかった。かつては緑の草原だった場所がいきなりトウモロコシ畑に姿を変え、黄金色の海がどこまでも広がっているのだから、その光景に子どもの頃の僕は困惑したものだ。いま回想しても、当時と同じように心をかき乱される。

わが家の農場である〈ブルーヒルファーム〉が夏にトウモロコシを栽培するようになる以前、ここには八つの牧草地があって、僕は冬に貯蔵するための干し草作りを手伝ったものだ。作業は八月初めから始まる。俵の形にまとめた干し草はベルトコンベヤーに乗せられた後、保管場所に整然と詰め込まれていく。こうしてスタジアムほどの大きさの納屋の二階には、干し草がレゴのようにつぎつぎときれいに並べられる。レイバー・デーの頃にはほぼ満杯状態で、それはそれで見ものだった。

僕にとって、干し草作りは草をカットする作業から始まった。そのために毎日、巨大なトラクターの助手席で何時間も過ごした。農家のおじさんの隣に小さくなって座りながら、車窓から見える畑の地形をだまって観察したものだ。だから特に才能はなかったけれど、同じ道のりを何度も行き来したおかげで、草原のどの部分にくぼみがあり、どこが湾曲しているか、雨でぬかるんでいる場所はどこか、低木が密集して草がまばらな箇所はどのあたりか、見当をつけられるようになった。そろそろでこぼこ道にさしかかることも、突き出た枝の下をくぐる頃合いだということも、十分に予測がついた。

僕はこうして農場の道路のへこみやカーブを頭に叩き込んだが、同様に祖母のアン・ストラウスも、ドライバーとしての三〇年間の経験を通じてブルーヒル・ロードのへこみやカーブのいっさいを知り尽くしていた。祖母は専ら髪をセットするために町へ出かけ、ついでに買い物をして帰宅するために車を利用していたようだ。僕や兄のデイヴィッドが同行するときもあり、後部座席に座った僕たちはおかしくて笑いころげたものだ。とにかくアン（「グランマ」とも「グランドマザー」とも呼ばせなかった）の運転は荒くて、愛車のシボレー・インパラがカーブに差しかかっても、信じられないスピードで曲がっていく。その様子は訓練を受けた指が、点字の上をやすやすと優雅に動き続ける様子を連想させた。曲がるたびに祖母の頭は左右に大きく傾いたが、常にアンテナは張り巡らされていた。近所の家の庭やリフォームされたスクリーンドポーチ〔四方に網戸のようなものを張ったベランダ〕をすかさず観察し、そのなかで繰り広げられる興味津々のハプニングを聞かせてくれるときもあった。運転中、祖母の体は反射的に動いた。まるで自動操縦のようで、コーナーに差しかかってもスピードを緩めず、ビル・リーゲルマンさんの家の少し先にある溝を避けるときには、わずかに進路をそれた。

ドライブも終わりにさしかかると、アンはよく昔話をしてくれた。それは一九六〇年代に〈ブルーヒル〉を購入するようになったいきさつで、耳にタコができるほど何度も聞かされたものだ。もともとこの場所はホール兄弟の所有する酪農場で、一八〇〇年代末からホール一族によって経営されてきた。「私はね、それこそ何年間も、この道を毎週歩いたものよ。毎日歩いたときもあったわね」と祖母は、いつも初めてその物語を披露するかのような調子で話し始めた。「世界でいちばん〈ブルーヒルファーム〉が大好きだったの」。ブルーヒル・ロードを登りきったところには四〇〇エーカーの草原が開けていた。「でも、それがひどい状態でね、うそみたいな話だけれど、庭で牛が草を食べているのよ。家だってぼろぼろで、汚いのなんの。正面玄関がなくて、キッチンの窓から出入りするの。びっくりするでしょう。それなのになぜか、すっかり心を奪われてしまってね。緑の草原にも、その背景にあるブルーヒルにも惚れこんで、ここに来ればいつでも女王様になった気分だったわ」

祖母のアンはホール兄弟と会うたびに、この農場を購入したいと申し出た。「でも、いつも笑いとばされてしまって。『いいですか、ストラウスさん。この農場は私たちが三世代にわたって経営してきたんだ。売りわたすなんて、とんでもない』と相手にされないの。それで翌週また同じようにお願いすると、やっぱり『無理ですよ』と断られるのよ。そんな状態が何年も続いたけれど、ある日、いつものように私が農場に到着すると、兄弟のひとりが大慌てで駆けてきて、『ストラウスさん、この農場を買いませんか』と言うんだから、驚いたわ！　すぐには信じられなくて私が返事に迷っていると、事情を説明してくれたの。『今朝、人生最悪の兄弟げんかをしたんです。いますぐ農場を売り払わないと、殺し合いになってしまう』って。だから、『じゃあ考えてみるわ』と答えたわ。土地の一部を買い取るなら問題ないでしょう。ところがそう伝えると、『それじゃ困る。いますぐ、それも全部買ってください。

だめならこの話はなかったことにします。この場で決めてください』と言われたの」

「それで、私もおっしゃるとおりにしましょうと答えたのよ。建物のなかは見たことがなかったし、この土地がどこから始まってどこで終わるのかもわからなかった。でも、そんなことはどうでもよかったの。断る理由なんかないでしょう。ここが私の土地になるんだもの」

〈ブルーヒル〉の酪農経営はホール兄弟の退場と共に終わったが、アンは肉牛の放牧を始めた。豊かな草原を守りたかったし、それにもうひとつ、美しい風景を友人たちに披露したいという願いもあった。草原のあちこちで牛が草を食《は》んでいるニューイングランドの典型的な風景は、いまでも美しい写真集の一ページのようだ。

当時の僕は、そんな景色を守ることの重要性に気づいていなかった。トラクターに乗りながら、刈り取ったばかりの草がずらりと日干しにされている草原を振り返るだけで、とにかく楽しかった。そして大きくなってからは、冬に備えて干し草を俵にして貯蔵する仕事に精を出した。

しかし、夏のトウモロコシと共に幸せは突然幕を閉じた。農場がトウモロコシに侵略されると、草を食べる牛はべつの農場に移っていった。フェンスを修繕したり、家畜を塩なめ場に引き連れていったり、嵐が来る前に群れがのんびりと草を反すうする光景を眺めて何時間も過ごす楽しみは、牛とともに去ってしまった。しかも鉢植え植物と同じで、トウモロコシ畑は細やかな世話を必要としない。その結果、干し草を束ねる機械も運搬用のワゴンも、見習い労働者も、フォードの赤いF-150ピックアップトラックも、アイスティーを入れた大きな水差しも、そして汗をかく労働も、すべてが消滅してしまった。

かつて緑の草原が広がっていた場所は、いきなり琥珀色のトウモロコシ畑に姿を変えてしまった。いつもと同じフロントポーチから同じ場所を眺めても、何だか違和感をおぼえる。いままで住んでいた家に新しい家具が入ったときのような気分と言ってもよい。たしかに見渡すかぎりトウモロコシが連なる光景は、遠くから見れば美しい。そよ風が吹けば茎はざわざわと波打ち、美しさと豊かさの象徴のようにも思える。ところが近づいてみると話は違う。そもそも大して豊かなわけではない。飼料用トウモロコシは人間には食べられない。その夏、僕は自分で試してみてその事実を発見した。茎には大きな穂軸がいくつも成長し、まるで爆弾を搭載したミサイルのような姿だが、八月に切り倒すスイートコーンのような甘味はまったく味わえない。そして美しさの点でもほとんど評価できない。どこまでもまっすぐに整列しているトウモロコシは、規律の厳しい軍隊のようだ。地面は四角くきっちりと切り取られ、かつての草原の自然な輪郭は見る影もない。僕がすみからすみまで知り尽くしていた草原は、こうしてすっかり消滅してしまった。

＊

僕はグレンから送られたフリント種の八列トウモロコシを農場の野菜担当スタッフであるジャックに手渡し、事情を説明した。トウモロコシの栽培なんていやがるのではないか、一〇〇〇ドルの小切手を提供されると聞いたら、さらに気分を害するのではないかと心配したが、どちらも取り越し苦労に終わった。

ジャックはすっかり上機嫌になって、「なるほど」と言った。彼が「なるほど」という言葉を使うときは、幸先のよい証拠だ。過去には違う意見を述べてきたかもしれないが、おれのルールにも例外はある。そして今回は例外に該当すると発言しているのと変わらない。「このトウモロコシは、味に関する遺伝的形質を重視して開発された稀なケースだね」とジャックは感想を述べた。現代の品種のほとんどは生産量だけに注目して改良が進められるが、このフリント種の八列トウモロコシは味にこだわっている。僕は何世代もかけて種を選別し育ててきた農家の苦労に思いを馳せた。「これだけのものには、生涯で何度もお目にかかれないよね」

　ところが僕がジャックの反応にほっとしていると、向こうから提案があった。先住民のイロコイ族がトウモロコシを植えるのと同じやり方で、フリント種の八列トウモロコシを植えるつもりだという。それはトウモロコシを豆類や瓜類と一緒に植える混植戦略で、「スリー・シスターズ」と呼ばれる。今日の農耕技術の傾向とこのスリー・シスターズは対照的だ。いまではトウモロコシは単一栽培が主流で、茎が軍隊のようにずらりと整列する畑の土には化学肥料がふんだんに使われる。これに対してスリー・シスターズでは、三種類の作物を慎重に組み合わせることによって相乗効果が生まれ、おまけに土壌や栽培農家にも恩恵がもたらされる。豆類はトウモロコシに窒素を提供する（豆のさやが大気中の窒素を取り込んで土壌に吸収させる）。トウモロコシの茎はツルで成長する豆に天然の棚を提供する（だからジャックは豆の支柱を立てる必要がない）。そしてトウモロコシと豆類のまわりを囲むように植えられた瓜類は、雑草の繁殖を抑えてくれる。そのうえ、晩秋に収穫できる野菜をひとつ増やしてくれるのだ。

　実に素晴らしいアイデアではないか。北米先住民の戦略をうまく模倣すれば、フリント種の八列トウモロコシにちょっとした保険をかけられることになる。なぜならトウモロコシが発芽しなかったとしても、ジャックはほかの作物を収穫できるからだ。おまけに〈ストーンバーンズセンター〉の来訪者に、歴史的に貴重な農業技術を披露できるのだ。それでも彼がたっぷりとした盛り土にトウモロコシの粒と混植用の野菜の種を蒔いていく様子を眺めながら、僕は疑念を捨てきれなかった。伝統的な農業を尊重する気持ちがないわけではないが、僕は互恵的な関係のようなものを望んでいるわけではなかった。とびきり味のよいポレンタの材料さえあれば、ほかには何もいらない。

運がよかったのか（あるいは結局のところ組み合わせがよかったのか）、フリント種の八列トウモロコシはほぼ完璧に発芽した。ジャックは九月の末に収穫をすませると、コーンを納屋のなかにさかさまに吊るし、水分の蒸発を待った。そして一一月の終わり、根菜が続々と登場する長い冬の到来に合わせたかのように、乾燥した穂軸を僕のデスクに置いて得意げな表情を見せた。外見はほぼ完璧に近い。これなら、メイフラワー号でやってきた移民たちの最初の感謝祭をテーマにした小学生の劇で、小道具としても立派に通用する。

「ほら、見てくれ！」とジャックはいかにも満足げで、嬉しくてたまらない様子だ。「準備は整った。いつ使うのかい？」

「今日だよ！」僕にもジャックのエネルギーが乗り移った。「これからポレンタを作ろう。でも待てよ……」。そこで初めて僕は、いままで考えもしなかったことに気づいた。トウモロコシは粉に挽かなければならないが、ここにはミルがなかった。

実を言えば、僕は料理で使われるトウモロコシが最初はどのような形をしているのか、考えたこともなかった。二〇年間ポレンタを作ってきたのに一度も。ポレンタはポレンタでしかない。もちろんパンの原料が小麦であるように、トウモロコシを原料にしていることぐらいは知っていた。でも思考はそこで停止して、それ以上は追究しなかった。

やがて一週間後のディナーの開始直前、新しい卓上式のミルが到着した。エンジンがブーンと勢いよく音を立てながら、トウモロコシの粒を細かく砕いていく。僕は粉になったトウモロコシにそっと敬意を表すると、水と塩と一緒に手早く混ぜた。「みんな見てくれ。僕はフリント種の八列トウモロコシを北米先住民と同じやり方で調理しているんだぞ」と宣言したい気分だった。できるならば、炉の上に素焼きの鍋を載せ、木のスプーンで一日中かき混ぜてみたかった。しかし現実の鍋は素焼きではなくカーボンスチール製で、スプーンは金属製、そして炉の代わりには電磁調理器が使われた。でも、そんなことはどうでもよい。まもなくポレンタは滑らかになり、色つやもよくなった。

僕がさらにかき混ぜていると、湯気の立つ鍋から、いきなりバターのように濃厚なトウモロコシの香りが漂ってきた。これは人生最高のポレンタどころではない。こんなポレンタが出来上がるなんて、想像もしなかった。本当にトウモロコシの味がする。最初の一口を呑み込んでから息を吐き出すと、まだトウモロコシのコクのある香りが残っているほどだ。味は徐々に消滅していくというより、名残惜しげに消えていく感じだ。

まさに目からウロコの経験だったが、そうなると新たな疑問がわいてきた。ポレンタは乾燥食品の味がするだけだと長年思い込んできたが、どうしてそうなってしまったのだろう。いまとなっては、ポレンタは実際にトウモロコシの味がするものだと十分に理解できる。しかしあのときは、自分の目の前でその変化を確かめるまで想像すらできなかった。ソネット（定型詩）のように見事な構成のシャックの混植戦略が、非の打ちどころのないトウモロコシの遺伝子と組み合わされた結果、よい食べ物、ひいてはよい料理についての僕の考え方に変化をもたらしたのである。

それ以後は定期的と言えるほどたびたび、僕は似たような経験を繰り返してきた。あちこちの農場や農家で貴重な教訓を学んだ結果、本物の料理は複雑なレシピから成り立っていることが理解できるようになった。決められた手順で調理することだけを考えても、よい結果は得られない。ポレンタはトウモロコシを材料とする素朴な料理だが、本物のポレンタは深い味わいが複雑なシステムによって引き出されている。だから心が温かさで満たされ、いつまでも記憶に残るのだ。料理も素材となる作物もそれを栽培する農家も、すべてが見事に溶け合った風景が一皿のポレンタに凝縮されている。優れた農業と優れた食材が切っても切れない関係にある場所で、料理は最高の形で表現されると言ってもよい。

優れた農業と優れた食材に支えられた料理について、これから様々なストーリーを通して考えていきたい。

ファーム・トゥ・テーブル

そう言うと、この本では「ファーム・トゥ・テーブル（農場から食卓へ）」を提唱するシェフの日常が綴られていると思われるかもしれない。まあ、見当外れではない。

僕たちには最初から「ファーム・トゥ・テーブル」という言葉が付いてまわった。ニューヨークのレストラン〈ブルーヒル〉が二〇〇〇年の春にオープンした数カ月後、「グルメ」誌の主任書評家ジョナサン・ゴールドがここを「ファーム・トゥ・テーブルのレストラン」と呼んで以来だ。彼がグリニッジビレッジにある僕たちのレストランを訪れた夜は、すべてのメニューにアスパラガスが使われていた。アスパラガスのシーズンはあっという間に終わってしまうからかもしれないし、ちょうど旬の時期だったのかもしれない。あるいは地元産のアスパラガスを、ハドソンバレーの栽培農家が大量に出荷していたことも理由として考えられる。

結局すべてが関わっていたのだが、きっかけは実に単純だった。その日の朝、僕はファーマーズマーケットから戻り、山のように大量のアスパラガスをタクシーのトランクからどさりと降ろした。ところが、大人が歩き回れるほど巨大な冷蔵庫のなかには、すでにもうひとつの山のようなアスパラガスが収納されていた。少なくとも一週間分はあるだろう。厨房での不手際を目の当たりにして、僕は頭に血がのぼった。ただでさえ十分すぎるほどあるのに、さらに大量に注文するとはどういうことか。

そこでコックたちに冷蔵庫から全部持ってこいと命じ、うず高く積まれて古くなりつつあるアスパラガスを料理に取り入れることにした。「いいか、すべての料理に使うんだぞ」という僕の口調が真剣な印象を与えたからだろう、本当にすべての料理にアスパラガスが登場した。オヒョウのポロねぎとアスパラガス添え、カモのアーティチョークとアスパラガス添え、チキンのマッシュルームとアスパラガス添え。その夜のアスパラガススープには、アスパラガスのローストが浮かんでいるというおまけつきだった。

アスパラガスをこれでもかというほど食べさせられ、ひどい目に遭ったと酷評されそうなものだが、幸いにもそうではなかった。ジョナサンはこれを意図的なメニューと誤解して、賞賛してくれたのだ。

「ニューヨーク市で産地直送にこだわるレストランをオープンすることに、どんな意味があるのか」という書き出しで始まる文章で、〈ブルーヒル〉はファーム・トゥ・テーブル料理の真の体現者だと評したのである。いまでは「ファーム・トゥ・テーブル」という言葉もあちこちで使われるようになったが、当時の僕たちはまったく自覚のないまま、彼のレビューのおかげで適確な定義を与えられたのだった。

＊

やがて「ファーム・トゥ・テーブル」は、非主流のアイデアから主流の社会運動へと発展した。アメリカの圧倒的に豊かな食システムは、長いあいだ世界の羨望の的になってきた。しかしそれが破綻したとまでは言わないが、持続不可能だという嘆かわしい現実が、「ファーム・トゥ・テーブル」の成功によって明らかになったのである。土壌侵食、灌漑用地下水の水位低下、漁業の崩壊、森林の縮小、草原の荒廃は、僕たちの食システムがもたらした環境問題のほんの一部にすぎない。気温がこれからも上昇していけば、問題はどんどん増え続けるだろう。

僕たちの健康も被害をこうむった。飲食に起因する病気、栄養失調、肥満や糖尿病など食習慣に関わる病気の発生率が上昇しているのは、食べ物の大量生産に一因がある。このような状況は強い警告として受け止めなければならない。健康を損ない、天然資源を濫用するような食べ方がまかり通るような従来の食システムは、(当然ながら経済や社会に影響をおよぼすばかりか) 持続不可能である。

五〇〇〇エーカーの広大な畑での穀物の単一栽培、あるいは家畜を囲い込んで太らせる肥育場に象徴されるアグリビジネスがいまでは定着しているが、それはもはや未来の農業にふさわしい形ではない。黒い煙を吐き出す一八世紀の工場が製造業の未来を約束しなかったのと同じだ。従来の思考様式に基づいた農業——より多く奪い、より多く浪費する——によって相変わらず食べものの大半が提供されているのは事実だが、心のなかで常識ある声がささやき、長くは続かないと警告している。環境ライターのアルド・レオポルドの言葉をかりるなら、「あらゆる面で度を越したプロセスによって最後は自滅する」だろう。★1

「ファーム・トゥ・テーブル」は、「アーティザナル・イーター（こだわりの食通）」とか「ロカヴォア（地産地消主義者）」と呼ばれる熱心なファンの手で新たな運動として展開され、従来の食システムが抱える問題に回答する形で定着した。それは間違いなく、地域の文化や料理を衰退させるグローバルな食システムへの反動でもある。そして季節の変化やローカル色にこだわり、農家と直接関わり合う。しかも味のよさにこだわるので、運動の拡大にシェフがおよぼす影響力は大きい。ほとんどのシェフがファーマーズマーケットを支持するのは、ほとんどの医者が胎教に関心を寄せるのと同じ理由からだ。最終結果に取り組む立場の人間なら、始まりが気になるのは当然ではないだろうか。食システムに変化を引き起こす活動には、ますます多くのシェフが参加するようになっている。

*

シェフを活動家と見なす発想は比較的新しい。

一九七〇年代、ヌーベルキュイジーヌ〔フランス語で「新しい料理」を意味し、軽く繊細で、印象的な盛りつけ方に特徴がある〕のシェフたちは古典的なフランス料理の厄介な伝統を断ち切り、厨房の制約から飛び出して現代的な料理法を立ち上げた。素材の旬にこだわり、少量ずつ芸術的に盛り付ける新しい料理のスタイルが創造された。これはシェフの権威の確立につながり、影響力をふるう基盤は拡大の一途をたどっていく。

そして五〇年を経た今日、流行の創造や市場の形成においてシェフが発揮する能力は誰からも認められている。ある日、白いテーブルクロスのかかった高級レストランのメニューに載せられた料理はつぎにビストロに登場し、最終的に日常の食文化にまで影響がおよぶ。一九八〇年代、ウルフギャング・パックはロサンゼルスの高級レストランの〈スパーゴ〉で新しいイメージのピザを提供した。トマトの代わりにスモークサーモン、チーズの代わりにクレームフレーシュ〔乳酸菌で発酵させた生クリーム〕を使ったグルメピザはアメリカ各地に瞬く間に広がり、最後はスーパーマーケットの冷凍食品売り場にまで登場した。いまや僕たちシェフには、特定の食品や素材を短期間で大衆化させる力が備わっており、たとえば魚を乱獲による絶滅に追い込むこともできる。しかもその影響力は猛烈なスピードで拡大し、ますます強くなっている。しかしその一方、シェフには、人びとが食習慣を見直すように仕向ける能力があることもまた事実である。

ここは「ファーム・トゥ・テーブル」のシェフが最も活躍できるところだ。いまやわが国の食事の危険性に焦点が当てられ、食習慣が環境に与える影響について訴えるメッセージが急速に広がっている。そんななかで僕たちシェフは、学校給食や栄養指導のための資金集めを行い、パック入りの加工食品がどのようなコストを伴うのか、現実を暴き出すようになっている。そしてマイケル・ポーランの『雑食動物のジレンマ』（東洋経済新報社、二〇〇九年、ラッセル秀子訳）やウェンデル・ベリーの『*The Unset-*

thing of America（アメリカの不安）』のような啓発的な書籍が、数々の料理本と一緒にシェフの本棚には収められている。ベリーの言葉をかりるなら、食は「農業とは切っても切れない関係を持った行為であり、食事のとり方を見れば、世の中に取り組む姿勢がわかる」ものだ。★2

＊

食事を見直すための運動は盛んになり、いまでは人びとの意識も変化しつつあるが、残念ながら、肝心な部分に変化を引き起こすところまで浸透していない。食材がどのように栽培され飼育されるかを決定するうえで、政治や経済は大事な要素として関わってくるが、この部分は運動の影響をまったく受けていないのだ。

そして、アメリカの料理文化も変化とは無縁だ。たしかにアメリカ人は従来のフードチェーンから離れる機会が増えた（ファーマーズマーケットは各地に見られるし、手に入るオーガニック食品の種類も増えた）。そして新しい素材の調理法についての情報もたくさん入手できるようになった（数えきれないほどの料理番組が放送されているし、ネット上のレシピにも簡単にアクセスできる）。しかし食文化、すなわち何を食べるかではなくてどのように食べるかという点は、ほとんど変わっていない。

僕たちは現実にどのような食べ方をしているのだろう。ほとんどは洗練された食べ方とは言えない。ずいぶん長いあいだ、アメリカ人の典型的な食事と言えばメインをチョイスする形だった。たとえば七オンス（二〇〇グラム）のステーキ肉、骨と皮をとったチキンの胸肉、サーモンのフィレのなかからひとつを選び、それに少量の野菜や穀類を添えたものだった。このプレートの構成は長年ほとんど変化してこなかった。毎日、毎週、毎年のように、アメリカ人はディナーと言えばこのような料理を期待してきた。そして、たんぱく質主体の料理がこれほどの頻度で提供され続けるのは、それを支えるために驚くほど大量の食材が生産されているからだ。

　しかもこの紋切り型のプレートは、「ファーム・トゥ・テーブル」を提唱する啓発的な人たちのあいだでも存続している。ストーンバーンズに〈ブルーヒル〉をオープンしてからまだ一年のある夏の夜、僕はその現実をはっきりと理解した。営業開始から間もないキッチンにたたずみ、新しいソースをかけてダイニングルームへ向かう準備の整った前菜を眺めているとき、いまにして思えば神の啓示のような瞬間を僕は経験した。頭のなかにつぎつぎと疑問が浮かび、その内容はどんどん抽象的になっていった。そしてそのなかに、僕たちのレストランのメニューには本当に持続可能性があると言えるだろうか、という疑問が含まれていたのだ。

*

　僕たちシェフはメニューについて、特に新しいメニューについてどのように創造するのかと尋ねられる機会が多い。子どものときの好物からインスピレーションがわくときもあるし、古いメニューを一新したいという思いが原動力になるときもある。新しいキッチン用具からアイデアが閃くこともあれば、美術品の鑑賞がきっかけになるケースもある。創作活動の例に漏れず、そもそもの発端を特定するのは難しい。だが、どのようなプロセスを経ていくにせよ、土台となるアイデアを最初に考案し、それから素材選びに進むという手順は変わらない。

しかし、人間の歴史の大半を通じてその順序は逆だった。それを僕たちが忘れているだけなのだ。まず材料を調達し、それから必要に迫られ、手に入った材料で創作活動を行った。出来上がった料理は消化しやすくて日持ちがよく、しかも栄養分が高くておいしかった。今日「ファーム・トゥ・テーブル」を標榜するレストランでは、これと同じ順番でメニューが考案される。まずはファーマーズマーケットなどで食材を物色し、それからメニューを考案していくのだ。「ファーム・トゥ・テーブル」のメニューでは、地元の農家から食材を調達して味わうことが約束事になっている。

ストーンバーンズに開店した僕たちの〈ブルーヒル・ストーンバーンズ〉は、地産地消によるフードチェーンの短縮化を目指した。中興の祖ジョン・D・ロックフェラーの孫にあたるデイヴィッド・ロックフェラーは、この場所で過ごした子ども時代の思い出をとどめたいと考えた。ミルク差しのふたに注いだ温かいミルクを大切そうに飲んだ記憶は、大人になっても忘れられなかった（一族はニューヨーク市の北三二キロメートルほどの場所に古い酪農場を所有しており、ノルマンディー様式の建物はその一部として建築された）。彼はまた、亡き妻ペギーへの哀悼の意を具体的な形で表現したいとも考えた。生前のペギーは農場で種牛を育てただけでなく、生産性の高い農地の減少を抑えるべく、アメリカ農地トラストを設立していた。

〈食と農業のためのストーンバーンズセンター〉とそこに併設されたレストラン〈ブルーヒル・ストーンバーンズ〉がオープンしたのは、二〇〇四年の春のことである。ロックフェラー氏は土地を寄贈するだけでなく、納屋を研修センターに改造するための資金も提供してくれた。この場所で子どもや大人を対象にしたプログラムが実施され、地元の農業が発展することを彼は娘のペギー・デュラニーと共に思い描いた。さらに彼は実験農場の設立にも資金を提供した。野菜や果物の管理はジャック・アルジエルが責任者として、二万三〇〇〇平方フィートの温室と戸外にある八エーカーの畑の監督に当たった。動物——豚、羊、鶏、ガチョウ、ミツバチ——は全部で二〇エーカー以上になる牧草地や森林を巡回して育てられ、クレイグ・ヘイニーが家畜管理の責任者として細かい指示を出した。

厨房の窓のすぐ外に広がるストーンバーンズの畑で収穫された作物、あるいは半径百数十キロメートル圏内の農場から送られてくる食材がそのまま厨房に持ち込まれ、独創的なメニューが創造されていく。これ以上「ファーム・トゥ・テーブル」にふさわしい場所があるだろうか。

＊

しかしその夏の夜、この「ファーム・トゥ・テーブル」のシステムに長期的な視点が欠けていたこと——おそらくそれは、「ファーム・トゥ・テーブル」がこの国の食材の栽培方法に変化を起こせなかった理由なのだろう——がいきなり明らかになった。慌ただしいディナーの時間が始まってからわずか数分で、新しい前菜が売り切れてしまったのだ。それは放牧肥育された子羊の肉のラムチョップである。

その月の大半をかけて、僕は農場から提供される初めてのラムについてウェイターに研修を行った。僕たちの農場ではフィン・ドーセット種の羊に牧草だけを食べさせて育てており、その牧草の集約的な管理方法について、ウェイターはしっかりと教えられた。クレイグは厳選された草地に羊たちを一日に二度移動させ、その後には鶏を移動させ、草の状態をどんどん改善していくプロセスを繰り返していた。このやり方が最高の料理につながるとは断言できないが、ユニークな方法であることは間違いない。

ラムを新たにメニューに加えることに敬意を表し、僕たちは新しい料理を慎重に考案した。ズッキーニのローストに、ズッキーニの皮で作ったピュレーを添えた一皿である。僕は早朝のファーマーズマーケットを訪れ、ジャックが約束してくれた収穫量では足りない部分を補った。

その晩、ウェイターは（とびきりの話題があるときは説得力が強くなるもので）一巡目の客の時点で、すべてのテーブルでラムチョップの注文をとることに成功し、なかには全員がラムチョップを注文したテーブルもあった。一頭の子羊からは一六枚のラムチョップがとれる。子羊は三頭だったので、四八枚の肉が準備され、一皿に三つずつ盛り付けられた。その結果は？　準備に何カ月も費やし、予め何年間も牧草地の管理に手をかけ、食肉処理場との間を四時間かけて往復し、担当スタッフが外科医のようなスキルで根気強く肉を切り刻んだ貴重なラムチョップが、ホットドックを食べるのと同じぐらいあっという間に売り切れてしまったのだ。

＊

クレイグのラムチョップがなくなると、べつの農場で同じように放牧肥育された子羊の肉が代用品として提供され、そんな事情を知らない客は食事を楽しんだ。これのどこが問題なのか。〈ストーンバーンズセンター〉がオープンして一年もすると、農場の収穫量は予想よりも増え、レストランには期待以上の客が訪れ、地元農家のネットワークは拡大し続けた。それなのに僕は突然不安に襲われたのだ。他人から見れば何が不満なのか理解できないかもしれないが、不安を抑えることができなかった。

ラムチョップが売り切れた夜、メニューそのものに問題があるのではないかという疑念が頭のなかに芽生え始めたのである。メニューに対する西洋人特有の考え方に問題があるのではないかという思いを捨てられなくなった。たんぱく質を中心とした食事の伝統を忠実に守ってきたことがいけないのではないか。たしかに僕たちは、肉の材料となる家畜に草だけを餌として与えていた（鶏は放し飼いで、魚は一本釣りされる）。そして野菜は地元産で、ほとんどがオーガニックだ。ところがそれにもかかわらず、僕たちはすでに確立されている食べ方にすべてを当てはめ、凝りに凝って作られた肉を従来と同じ発想で盛り付け、プレートの主役を任せ続けたのである。牧草だけで育てた子羊の肉を料理しているし、地元農家を支援しているのだから、たしかに従来のフードチェーンから抜け出すことができた。フードマイレージ（食糧の輸送距離）を短縮し、少しでもおいしい食べものを提供しようと努力してきた。ところがその反面、もっと大きな問題の取り組みをおろそかにしていたのだ。実は僕たちは「ファーム・トゥ・テーブル」の料理を標榜しておきながら、言うなれば食材の「つまみ食い」を奨励していたのである。これは生態系に負荷をかけるだけでなく費用もかかるやり方だ。

「ファーム・トゥ・テーブル」のシェフは、農家がその日に収穫した食材をもとに料理を作っていると胸を張る（僕もそうなので、気持ちはよくわかる）。しかし実際のところ農家は、その日のうちに売りさばける量の見当をつけて収穫を行う。これでは消費者の食べ方に合わせて食材を生産しているようなものだ。ズッキーニやトマトを作ってくれと農家に要求し、（畑の広さや土壌の養分に注文をつけ）、店ではこれだけの数のラムチョップを提供するからきちんとそろえてほしいと命じる。では、その期待に相手が応えられないときは？　シェフはむろん、少々気の利く客でさえ、迷わずほかの農家から購入する道を選ぶだろう。

「ファーム・トゥ・テーブル」という言葉からは正しい行為のような印象を受ける。産地と消費者が直結しているようにも感じられる。しかし現実には、農家は最終的に食卓のために奉仕しているのであって、奉仕されているわけではない。これではよい形で農業を維持するのが難しい。

一年後、僕たちはメニューを廃止して、代わりに客に食材のリストを見せるようになった。そうすると、豆類などの野菜は料理のなかで何度も登場し、逆に珍しい品種のレタスなどは、食卓でシェアされる一品として限定された。そして子羊の背肉を六人分、脳みそと腹部肉を二人前といった注文も可能になった。これなら義務を伴わないし、たんぱく質と野菜の配分も予め決められているわけではない。僕たちは色々な可能性の概略を説明するだけにすぎない。このような形のリストは、農家がメニューを決定している何よりの証拠ではないか。僕は興奮を抑えられなかった。

しかし数年間この実験を続けた挙句、僕の興奮はすっかり冷めてしまった。結局、僕の料理は大きなパラダイムシフトにはつながらなかったのだ。料理のアイデアの概略をまず形作り、それに合わせて農家が何を提供できるかを考えていくプロセスに、しばらく僕はこだわり続けた。食料品店で買い物するときのように食材を厳密にチェックしたのだが、よい結果は得られない。

やがて僕は、メニューを廃止するだけでは十分ではないことを認識した。僕に必要なのは体系的な原則だった。食材のリストに注目するのではなく、農業のシステム全体が反映されているような料理を工夫していかなければならない。つまり、地域特有の料理を目指すべきなのだ。

＊

世界最高の料理、すなわちフレンチ、イタリアン、インド料理、中華などは、このアイデアに基づいて発展を遂げた。大体において、小作農が提供できる食材には限りがあるので、穀物や野菜が料理の中心を占めるようになり、肉は添え物にすぎなかった。しかも使われるのは首やすねなどマイナーな部位が多い。フランス料理のポトフやイタリア料理のポレンタ、スペイン料理のパエリアなどの伝統料理は、（おいしさを引き出すために）地元で調達できる食材を利用して考案されたものだ。

しかし、各国の料理が寄せ集められた状態のアメリカ料理は、このような哲学に基づいて進化したわけではない。豊かな自然に恵まれていたにもかかわらず――あるいは多くの歴史家によればその豊かさゆえ――啓発された食べ方を考案しなければならない状況に追い込まれなかった。植民地の農業は基本的に資源を奪った[★3]。自然との協調は考えず、征服して手なずけることが重視された。このような搾取的な関係が成り立ったのは、きわめて生産性の高い土地が大量に手に入ったからである。

アメリカの料理は最初から節度のなさを特徴としてきた[★4]。大量の肉やでんぷん食品と、少量の果物や野菜との対比は際立っていた。どれも準備するために特別の配慮など必要としない。一八七七年、ニューヨーククッキングスクールの責任者ジュリエット・コールソンは、アメリカの料理がいかに無駄であるかを嘆いてつぎのように記した。「ほかのどの場所でも、これほど食べものが無駄にはされていない[★5]。何も知らないおかげで、そしてまずい料理法のせいで、大量に浪費されている」。アメリカでは本当の食文化、すなわち食事の様式が、具体的な形で進化しなかった。そしてかりに進化しても守られなかったのである。偉大なる美食家のジャン・アンテルム・ブリア＝サヴァランは、「ふだん食べているものを教えてくれれば、どんな人物か当ててみせよう」という有名な言葉を残しているが、アメリカではそれが通用しにくい。

食習慣がほとんど定着しなかったおかげで、アメリカ人はどの国民よりも食文化の伝統へのこだわりが少ない。だから、ほかの国の流行や影響に簡単に左右されてしまう。ある意味、それはありがたいとも言える。新しい味を自由に試し、新しい料理のスタイルや方法を自由に発明できるからだ。ただしこれは災いでもあった。農業の黄金時代を経験せず、きちんとした食事を発展させていくためのよいお手本が歴史において欠落していたため、真の持続可能性がアメリカの食文化には育たなかったのである。今日のシェフはルールを柔軟に創造し、交通信号のように簡単に取り換えてしまう。ルールを守っていたと思ったら、すぐに無視する。そんなわけで、「ファーム・トゥ・テーブル」の料理が将来に望ましい食のシステムを形成するとは容易に想像できないのである。

では、未来にはどんな料理が望ましいのだろう。

「第三の皿」──最高の料理をめざして

つい最近、僕は意外な場所でこの問題と向き合った。ある食関連の雑誌がシェフや編集者やアーティストを対象にした企画を考え、いまから三五年後の世界は何を食べているか想像してもらうことにした。思い描くのは一皿だけで、未来を象徴するようなものにしてほしいという要望だった。

ところが、ここで思い描かれたのは暗澹たるビジョンだった。ほとんどの人が予測する料理は非常に殺伐としたもので、食物連鎖のピラミッドをどんどん下に降りていかなければならない。昆虫や海藻、挙句の果ては薬まで食べる。でも僕はもっと希望のある未来を想像した。まず一皿ではなく三皿の料理を考え、最近の（そして未来の）アメリカの食事の進化をたどる三部作のように仕立てた。

一皿目はトウモロコシで育てた牛の七オンスのステーキ肉で、少量の野菜を添える（僕は蒸したベビーキャロットを選んだ）。つまりこの半世紀の大半、アメリカ人がディナーに期待してきたような一品だ。決して啓発的ではないし、特に食欲をそそるものでもない。ありがたいことに、いまでは時代遅れのメニューである。

二皿目は現代を象徴するもので、「ファーム・トゥ・テーブル」運動が追い求めるすべての理想が組み込まれている。ステーキ肉の材料となる牛は牧草だけで育てられ、ニンジンは地元で代々受け継がれてきた品種を有機質の土壌で栽培したものだ。そして、この一〇年間のアメリカの食の進歩を反映するかのように、二皿目は一見したところ一皿目とほとんど変わらないのが大きな特徴である。

そして最後の三皿目だが、ここでもステーキディナーとの類似性は継続している。ただしここで初めて、立場が逆転する。たんぱく質の大きなかたまりの代わりに、このプレートの主役はニンジンステーキで、牛のばら肉を煮込んで作ったソースが添えられる。

だからと言って、これから肉はソースに格下げされ、未来の食の主役は野菜に替わると考えているわけではない。ここでの目的は料理のパラダイムシフトを表現することだ。料理法や食べ方について、従来の予測を裏切るような発想の転換を僕は目指した。食材の産地に関する意識を高めるだけでなく、世界の偉大な料理の例に倣い、産地から提供される要素のすべてが反映されている料理を創造したいと考えた。

最高の料理は何千年もかけて自然と共に進化を続け、文化の伝統など様々な要素と結びついている。では、これからどのようにして新しい料理を創造していけばよいのだろう。僕が未来のために思い描いた三皿目、つまり、「第三の皿」を架空の料理から実際に食べる料理に進化させるためにはどうすればよいか。

＊

この疑問が本書の出発点になったわけではない。実際には、執筆作業のなかで疑問が浮かんできた。最初に農家との交流、あるいはフリント種の八列トウモロコシでポレンタを作ったときのような経験を通じ、僕はシェフとしての思い込みをくつがえされた。その結果、本当においしい食べものには農業のシステム全体が関わっていることを徐々に理解するようになったのである。

おいしい食べものを最高の料理法で支えるためには、もっと根本的な問題に目を向けなければならない。要するに、具体的にどんな農業がふさわしいのかということだ。ローカル色に富んだもの、オーガニックなもの、あるいはバイオダイナミック農法だろうか。いや、こうしたレッテルにとらわれては視野が狭くなる。もっと広い視点に立つことが肝心だ。有機農業のパイオニア的存在のひとりであるレディー・イブ・バルフォーによれば、理想的な農業はルールに支配されてはならないという。彼女の指摘には先見の明があった。当時はまだ有機農業がルールで厳密に定義されていたわけではないし、ユニークな農法がマーケティングのツールとして利用されることもなかった。そんな時代に、本当に食べたいと思う料理を農業が生み出せるかどうかは、「農家の取り組む姿勢」次第だとレディー・バルフォーは確信していたのだ。[★6]

当初、僕にはバルフォーの指摘がどうもピンとこなかったが、ある農業関係者との会話を通じて彼女の真意を理解できるようになった。「自然を育てること」が優れた農業の究極のゴールだと彼は言ったのだ。この発言は農業の本質を見抜いているだけでなく、農業に取り組む姿勢や世界観にも当てはまる。いや、本書に登場するすべての農業関係者を代表した発言だと解釈してもよい。

自然を育てるとは、自然のさらなる成長を後押しすることである。これは決して容易ではない。自然を増やすためにはコントロールを減らす必要があり、そのためにはある程度、自然を信頼しなければならない。そうなると、そこには世界観が関わってくる。自然の世界は修正や改善が必要な場所だろうか、それとも観察結果を分析して解釈していくべき場所なのだろうか。あるいは、人間は驚くほど複雑で脆弱なシステムの一部にすぎないのか、それともそんな自然界の司令官のような存在なのか。本書に登場する農家は観察者であり、自然の声に耳を傾け、コントロールしようとはしない。

このような農家に名前を付けて分類するのは難しい。なぜなら彼らのユニークな点は農業に取り組む態度であり、それはまさにレディー・バルフォーが注目した点に他ならない。リア王が視力を失ったグロスター伯に世界をどのように見るのかと尋ねる場面で、シェークスピアは「感覚で見る」のだと記している。同じく本書で紹介する農家も、自分たちの世界を感覚で見ようとしている。

＊

自然を育て、自然の指示に従う農家の手においしい食の未来が委ねられているとすれば、自然を育てるということの意味をもっと深く理解しなければならない。僕たちは概して、農業の表面的なレベルに基づいて持続可能性を計算する傾向が強い。悪い測定値（農薬や肥料の使用の増加、家畜を太らせる肥育場の非人道的な状況）を改め、代替策（有機食品の購入、牧草で育てた牛の肉の選択）を推し進めていく。これなら数量化が容易で、具体的な結果を確認できる。

しかし、本書に登場する農家は例外なく、さらに一歩掘り下げている。自分たちが何かひとつのものを育てているという考え方はしない。すべてのものはお互いに結びついているという世界観を持っていれば、それが当然なのかもしれない。要するに、自然を育てるために農業のシステム全体を調整していくわけで、そのプロセスのなかで様々なものが生み出されていく。おいしい食べものだけでなく、測定や確認が容易でないものも創造される。湿地や牧草地など様々な場所で、僕はこの教訓を何度も学んだ。地上も地下も多様性で満ちあふれていることを書物で読んでもなかなかピンとこなかったが、個性的な農家の活動を目の当たりにして、ようやく理解できるようになった。自然の多様性は農場や草原の範囲に限定されず、外へと広がっていく。どんな個体群が形成するコミュニティも複雑な構造と広い影響力を備えており、システム全体にとって欠かせない存在である。

もしも僕が少年の頃にトウモロコシを植え始めた夏の〈ブルーヒルファーム〉の畑を案内されても、いや、世界のどこで単一栽培の畑を見せられても、執筆の題材になるものはほとんど発見できなかっただろう。単一栽培とはそんなものだ。生命も、小さな宝石のような生態系も台無しにされ、美しい風景は豊かさを奪われてしまう。

実を言えば、これから本書で紹介していく世界各地の農場を僕が訪れてみたいと思うようになったのは、自分の食材――フリントコーン、全粒小麦粉、よく肥えたガチョウのレバー、魚のフィレ――がどのように育てられているのか、その実態を知りたかったからだ。つまり僕は、現実的な質問への回答を探し求めた。ところがその経験から得られたいちばんの発見は、自分の質問が間違っているという現実だった。食材がどのように育てられているのか具体的に突き止めようとするたび、まったく思いがけない実態が浮上してきた。農場のなかではすべてがお互いに深く結びつき、関わり合い、時間の経過と共にそれが土地独特の文化や歴史として定着しているのだ。

アメリカの環境問題専門家のジョン・ミューアが一世紀前に語った言葉の意味が、僕にもようやくわかるようになってきた。彼によれば、「宇宙のなかで何かひとつ取り出そうとすれば、宇宙に存在するほかのすべてのものに結びついている」という。[★7] あるいは、トウモロコシが農場の自然の景観に取って代わり、農家やトラクターや干し草の俵から成るコミュニティを奪い去ったあの夏、少年だった自分がどんな発見をしたのか改めて学ぶ機会が与えられた。ウェンデル・ベリーの言葉をかりるなら、〔本書一七ページ〕農業の「文化」[★8]が、夏の大半において僕から奪われたのである。

物事の複雑な仕組みを理解したければ、複数の細かい部分に分解することで答えが得られると科学は僕たちに教える。伝統的な料理法と同じで、物事は重さや大きさを正確に測定すべきだという。しかし相互作用や結びつき――ミューアはつながり、僕たちは生態系と呼ぶ――は重さも大きさも測ることができない。たとえばスペイン南部の水産養殖場の健康は土壌の健康状態を左右する。そして土壌の健康状態は穀物の成長、特に小麦の生育に影響をおよぼすが、小麦はよいパンの製造と切っても切れない関係にある。

僕たちは農場の畑から始まり、一皿の料理で完結するプロセスをフードチェーンと呼ぶが、本当のところ、これでは鎖《チェーン》など存在しない。実際のフードチェーンはオリンピックの五輪のようなもので、すべてがべつべつではなく、ひとつにまとまっている。それがわかったとき、正しい料理法と正しい農業は同じひとつのものだという事実を僕は理解するようになった。優れた食材をつまみ食いすれば、自分たちの手で持続可能な食事を創造できるという考えは間違っている。そんな狭いとらえ方からは、食のシステムを変えるための発想は生まれない。システムは作り直さなければならない。

そこで出発点として、僕が考えた新しい料理の概念である「第三の皿」についてこれから紹介していきたい。これは具体的に何か「料理の一品」を指す言葉というより、料理の作り方や組み合わせ、メニューの構成、食材の調達方法、あるいはそのすべてが関わっている。「第三の皿」には従来のやり方へのこだわりがなく、料理を生み出す背景となった環境への配慮が重視される。農家の存在や持続可能な農業の重要性については当然ながら認識しており、人びとの意識向上にも努めるが、それだけでは終わらない。僕たちが料理として食べるものは、実は大きな全体の一部、すなわちクモの巣のように複雑な関係の一部であり、ひとつの食材だけに注目することはできないという現実が、誰からも理解されるようになることも目標のひとつとして掲げている。そのため、実は極上の料理を創造するために不可欠な要素でありながら、これまで顧みられなかった穀物や肉にもきちんと焦点を当てている。しかもすべての偉大な料理と同様に柔軟性を備え、自然から提供されるものが最高の形で料理に反映されるよう、常に進化を絶やさない。

このような料理の実現には、少なくとも部分的にシェフの存在が関わっている。オーケストラの指揮者のように、シェフは料理で主役を演じる。シェフを指揮者にたとえるのは比喩としてわかりやすい。僕たちシェフはキッチンの正面に立ち、オーケストラにキューを出し、共通点のない様々な要素をおだてたり説得したりしながら、まとめ上げてひとつの作品を完成させていく。このような比喩を用いたのは僕が最初ではないが、指揮者の仕事は見かけ以上に奥が深くて面白いもので、未来のシェフの役割を暗示しているとも言える。指揮者の仕事は舞台裏で進められる。楽曲の歴史やその意味と背景については予め調べておき、おおよその雰囲気がつかめれば、曲の構成は決定される。つまり、指揮者の仕事は音楽全体のストーリーを解釈することだと言ってもよいだろう。そして、指揮者にとっての楽譜がシェフにとっての料理法である。どちらも目の前の出来事——コンサートや料理——を創造していくための指針として機能するので、その結果、出来上がった作品は人びとの記憶に織り込まれていくのである。

今日の食文化は僕たちシェフに影響力をふるう場を与えてくれた。好き放題というわけにはいかないが、革新的な変化を引き起こす力も備わっている。シェフは料理の味の決定者である。その影響力を十分に発揮すれば、新しい形の食事、すなわち「第三の皿」の誕生を演出していくこともできる。

「第三の皿」と言われてもどんなメニューになるのか見当がつかないし、シェフは大変な責任を押し付けられたように感じられるかもしれない。しかし、本能に逆らわなければ結果は自ずとついてくる。

なぜならこれから本書でも紹介していくように、最終的に僕たちはおいしい料理を作ればよいのだ。心から満足できる味——昔ながらの素朴で豊かな味わい——が「第三の皿」によって創造されれば、自然界を覗くための強力なレンズとして役立つ。たとえば視覚は料理の微妙な領域まで立ち入ることができないが、味覚は苦もなく入り込んでいく。占い師のように真実を教えてくれる存在にたとえてもよい。魅力的な味は、食システムや日々の食事を全面的に見直す際の案内役にもなり得るからだ。

第Ⅰ部

土

——見ているものの本質を理解する

第Ⅰ章　子育てはいつから始まる？

クラースが農薬をやめた理由

一九九四年のある晩春の朝、クラース・マーテンズはトウモロコシ畑での農薬散布を終えた。ところが噴霧器を片づけようとしたが、持ち上がらない。こんなおかしな経験は初めてだった。それまで何年間もずっと同じ方法で持ち上げてきたのに、いくら試してみても、無理だった。

「右腕がちっとも動かなくなったんだ」と二〇年以上たったある晩、クラースは僕と一緒に調理台を囲みながら当時を回想した。「干し草の俵を片手で持ち上げてから、一時間もたっていないのにさ」

「そうなのよ」と妻のメアリ＝ハウウェルが言った。「おかしいじゃない。私は彼の力持ちだったところが好きになったのよ。いまでも覚えているけど、ちょうどデートを始めたばかりの頃、彼の農場を訪れたの。納屋に向かって歩いていくと、遠くにクラースの姿が見えたわ。みんなを見下ろすほど大きな図体で、五〇キログラムもある飼料穀物の袋をぐいとつかむと、羽根のように軽々と放り投げたの。本当よ、あんな力持ち、生まれて初めて見たわ」

クラースは照れくさそうな表情を浮かべながら、調理台に置かれている白い瓶に手を伸ばした。なかにはメアリのお手製のバターが入っていて、食卓ではお馴染みの一品になっている。彼はスプーンを奥までそっと突っ込んだ。

「実は筋肉がけいれんを起こした初期症状だったんだ」とクラースは、やはり妻お手製のパンのスライスにバターをたっぷり載せながら話を続けた。「ひどいけいれんが、右半身を行ったり来たりするようになった」

「私がストーブの横に立っていたら、大きなタイベック〔ポリエチレン製不織布の商標名〕の防護服を着たままの姿で戻ってきたの。私たちは『ズートスーツ』〔肩幅の広い長い上着とすそが細くなっただぶだぶのズボンから成るスーツ〕と呼んでいるけれど、それだけじゃなくて、グリーンのゴム手袋もはめたままでね。何かがおかしいとピンと来たわ」とメアリは当時を回想した。

「『どうやら大変なことになった』とおれは言ったよ」とクラースは穏やかに語った。

「何週間も前から普段と違う感じはしていたのよ。六月のある日、息子と一緒に天気のよい午後に庭にいたらね、何だか変なにおいがしてきたの。娘はまだ帰っていなかったわね」とメアリは状況を説明した。

「2・4-Dだよ」とクラースは、一般的な除草剤の名前を挙げた。

「そう、絶対に2・4-Dだった。でも、いつもとはにおいが違っていた。普通は硬化剤を塗ったあとの革みたいなにおいがするのに、このときはなぜか、まるで生肉みたいな感じがした」

メアリは、テーブルをはさんで向かい合っているクラースに視線を向けた。「そこで整形外科に行ったら、医者にこう言われたのよ。『六月は農薬散布の時期で、あなたは穀物の栽培が仕事ですよね。まあ、無理ないでしょう。筋弛緩薬と痛み止めを差し上げておきましょう』とね」。そう言うと、メアリは立ち上がり、僕たちに背中を向けてシンクで皿を洗い始めた。「でもこれだけ症状がはっきりしていたら、医者の説明なんて必要なかった。夫は農薬に汚染されたのよ」

＊

クラースは姉のヒルケ、そしてふたりの弟、ジャンとポールと一緒に農場で育った。

父親は、一四歳のときにドイツからの移民としてニューヨークにやって来た。一九二七年のことで、祖母と六人の兄弟が一緒だった（父の両親、すなわちクラースの父方の祖父母はすでに他界していた）。高まる一方の政治的混乱に嫌気がさし、一家は農場を売り払い、アメリカに新天地を求めてヨーロッパを後にしたのである。第一次世界大戦後、ドイツ人はアメリカ東部で土地の所有を認められなかった。そこで家族はノースダコタへと移り、土地を借りて小麦の栽培を始めた。しかし作物は不作で、一九三一年になってダストボウル〔一九三〇年代に大草原の広域で断続的に発生した砂嵐〕の猛威に危機感を募らせた一家は、今度はニューヨーク州のベインブリッジへと引っ越した。そして、ここで始めた酪農場がようやく成功を収めた。しかし、たくさんの兄弟で分配できるほど十分な土地はなく、一九五七年にクラースの父親は若い妻と一緒にさらなる新天地を求め、乳牛を連れてフィンガーレイクスに近い小さな町に移った。クラースが二歳のときの出来事である。酪農場は一年目から利益を出し、新しい農業技術が導入されるにつれてさらに利益は膨らんでいった。交配種のトウモロコシや収穫量の多い小麦など穀物の品種改良が進み、化学肥料や農薬が広く使われるようになったおかげで、想像以上の収穫が実現したのである。クラースが成長するにつれて農場で任される仕事は増えていくが、収穫量も増える一方だった。「収穫された穀物の山を見て、おやじは呆気にとられていたよ」とクラースは回想した。何しろ収穫量は一年で倍以上に膨らみ、とてつもない利益をもたらした。まさに魔法のようだった。

「何もかもあっという間の出来事で、みんな豊作に酔いしれてしまった」とクラースは語った。「麻薬の常用と同じさ。一年目、化学肥料や農薬には信じられないほどの効果があった。でも、生産高を維持するためには量を増やさなくちゃいけないなんて、夢にも思わなかったよ」

雑草にはすぐに抵抗力がつくので、農薬の量を増やさなければならない。そうすると雑草はさらに抵抗力を強めていく。数年もするとクラースは、見たこともなければ存在さえ知らなかった雑草を除去するため、様々な除草剤を組み合わせて散布するようになった。父親は素直に喜べなかった。(クラースが農薬を独創的な形で混合したおかげで)利益は順調に伸びていたが、このまま生産量が維持できるとは思えなかったのだ。子どもたちの未来を危ぶんだ父親は、それぞれ農場で新しい収入源を探して取り組むようにと命じた。クラースはこの機会をとらえ、パンコムギの栽培という「生涯の夢」を追求することにした。

「それまでウチでは、飼料用の作物しか栽培してこなかった。でもおれとしては、みんなが直接口に入れるものを作りたかったんだよ」とクラースは説明した。

動物に餌として穀物をやるのは効率が悪く、それがクラースにとっては気に入らなかった。無理もない話だ。たとえば五〇〇グラムの牛肉を生産するためには、およそ一三倍の量の飼料穀物が必要とされる。[★1] 限られた資源が圧迫されるような形の農業は、彼の本意ではなかった。それに、いまでは妻になっていたメアリはパンを焼いてくれるから、材料の強力粉になる小麦は自分の手で作ってやりたいという願いもあった。しかし兄弟たちから見れば、これは無謀な試みでしかなかった。当時の北東部の農家では栽培しやすさから、薄力粉の原料となる小麦しか作られていなかったのだ。

クラースは反対にもひるまず、試験的な栽培からはよい結果が得られた。収穫量も予想外に多かった。ところがここで、大きな問題が立ちはだかった。アップステート・ニューヨークから、一体誰がパンコムギを買ってくれるのだろう。ほかに栽培している農家はないから、地元の卸売業者は取り扱っていない。しかし幸い、近所に住むメノナイト〔キリスト教の教派のひとつ。信者が質素な生活をおくることが特徴〕が購入したいと申し出てくれた。「地元産の小麦でパンを焼けるって大喜びだった」という。パンを作ったあとには、小麦の香りや実際の焼き具合について感想を教えてくれた。「それで、牛じゃなくて人間のために穀物を育てたいという気持ちが、ますます強くなったんだよ」

クラースの父親は一九八一年に亡くなった。それから数年間、今後の農場の方針について家族の意見が対立し、収穫も厳しい状況が続いたのち、父親が残した土地は子どもたちに分配されることになった。その道のりは平坦ではなかった。それでもクラースが賢明な取引に成功したのは、聖書に登場するアブラハムとロトの物語のおかげだ。聖書によれば、アブラハムは甥のロトを連れてカナンの地を訪れた。しかし放牧地は限られており、ふたりがべつべつに家畜を育てるだけの土地を確保できないことは一目瞭然だった。そこで対立を避けたいアブラハムは、それぞれ別の場所に定住しようと提案する。彼は年長者なので、本来は何でも好きなものを選べる権利を持っていた。しかしその権利を行使するのではなく、ロトに最初の選択権を与えた。ロトは美しく豊かな谷を選び、アブラハムに残された場所は飲み水もほとんどない岩だらけの丘だった。

ある日曜日に教会でこの物語を聞かされたクラースは、兄弟間での均等配分は当然の権利だと主張するのをやめた。そして、要求する土地の広さを三分の一未満に減らして相続に決着をつけた。受け取った当時、土地はやせて生産性も悪かったが、その同じ場所にいまではクラースと妻メアリの家が建ち、土地も肥沃になった。

＊

デザートにはルバーブケーキが出された。空気のように軽い食感は、薄力粉を使っているせいだと僕は考えた。しかしメアリは、間違えるのも無理ないわと言って、僕のあやまりを指摘してくれた。実のところ、ケーキの材料は全粒小麦粉だった。フレデリックと呼ばれる品種で、この農場で栽培されたものをその日の朝にキッチンの手動式製粉機で粉に挽いたばかりだ。電子レンジの隣を指さして教えてくれた製粉機は、オーブントースターほどの大きさだった。

ケーキを噛むたび、小麦の香りが口いっぱいに広がっていく。砂糖の甘さとルバーブ独特の強い酸味がおいしさの秘訣だが、小麦そのものの存在感は否定しようがない。おかげで本来は平凡なデザートが、深みとコクのある一品に仕上がっている。

「あのときはこわかったわ」とメアリは、クラースの麻痺した腕について話を続けた。「だって私たちはふたりだけで何もかもやってきた。それなのにこの人は突然、右腕が使えなくなったのよ」

農薬の使用はいつやめたの、と僕は尋ねた。「動かなくなったその日」とふたりは答えた。

一九九〇年代のはじめには有機農業への関心が高まっていたが、有機穀物の栽培はまだほとんど知られていなかった。「頼れる人は、本当に誰もいなかったの」とメアリは当時を回想した。「有機野菜の栽培農家なら成功例がいくらでもあったし、有機酪農場も一部は軌道に乗っていたわね。有機市場は急成長していたのよ。でもね、穀物は例外。実践している人は誰も心当たりがなかった」

「でも誰もいなかったから、おれたちはオークションにかけられたみたいに注目され始めた」とクラースが口をはさんだ。妻が笑いながら大げさな物言いを非難すると、「本当さ」と強調した。「ドレスデンのコーヒーショップで客たちの話題にのぼっているのをこの耳で聞いたんだ。それから、テッド・スペンスのじいさんを忘れちゃいけない……」

「ああ、テディね……」とメアリは呆れた様子を見せた。

「ある日じいさんがここにやって来て、家の前に車を止めた」とクラースは言いながら、正面玄関のすぐ外を指さした。「車の窓を開けると、『おいクラース、おまえさんがやっているのは農業じゃない。おやじさんをがっかりさせるな』と大声でどなるんだ」

「そうなの。本当にそう言われたのよ」と妻が相槌を打った。

数週間後、地元の農業新聞に大きな工場の広告が掲載される。幸運にもそこには、「有機認証されたパンコムギを買い取ります」と書かれていた。調理場の椅子に腰かけていたふたりは、偶然の一致をにわかには信じられなかった。

「神の御手が差し伸べられたような気分だった。もちろんチャンスに飛びついたよ」とクラースは語った。

一二人のスーパー農家

クラースと僕が初めて会ったのは二〇〇五年のことで、元F1ワールドチャンピオンのジョディー・シェクターが主催した会議だった。現役時代の彼は荒っぽい運転で注目を集め、F1史上最悪の事故の当事者としても知られる。引退後は有機農業に興味を抱き、イギリスのハンプシャー州に二〇〇〇エーカーの農場〈ラバーストーク〉を建設し、世界一を目指す決心をした。ジョディーはやはりジョディーだった。彼は本気で世界一を目指し、エリオット・コールマンの支援を仰いだ。

ジョディーの師となるメイン州出身のエリオットは、ガンジーのような風貌で、有機野菜の栽培や著述業で広く尊敬を集め、持続可能な農業を発展させるための運動に関わっていた。もちろんガンジーが非暴力抵抗の思想を発明しなかったのと同じで、彼は有機農業を発明したわけではない。しかし大勢の小規模農家やガーデニング愛好家が彼の教えを通じて貴重な哲学を学んでいる。僕は大学時代、エリオットの実際的なガイドブック『*The New Organic Grower*（新しい有機栽培農家）』をプレゼントされ、二〇代のはじめにパン屋の見習いとしてカリフォルニアに向かうときにそれを持参した。

ジョディーはエリオットに対し、世界で最も優秀な農業関係者一二人を——半分はアメリカから、もう半分はヨーロッパから——選んでほしいと依頼した。選ばれた一二人はジョディーの招きでイギリスを訪れ、彼の土地の最善の利用方法について三日間話し合う計画だった。エリオットはこれを世界最高の農業のプロが集う一生に一度のイベントと位置づけ、参加者たちを「一二人のスーパー農家」と呼んだ。

この頃にはエリオットと僕は友人になっていて、後に〈ストーンバーンズセンター〉に農場を建設する際には貴重なアドバイザーとして貢献してもらった。会議が開催される数週間前、僕は彼から連絡を受け、最終日のディナーを準備する仕事に興味はないかと尋ねられた。いや、尋ねられたというより、すでに決まったことのような口ぶりだった。

僕は当日、〈ラバーストーク〉で厨房と大広間の一角を何度も忙しく往復した。広間の古いイギリス製のテーブルを囲んで一二人の男たちがぐるりと着席し（アーサー王の円卓が連想された）、それぞれ農業の方法や哲学について持論を披露していた。全員がオーラを放ち、人を惹きつける魅力を備えており、情熱的で、一緒にいるだけで元気を与えられる。彼らの強烈な印象は、生涯消えることがないように思えた。

そのなかのひとり、まだマイケル・ポーランの『雑食動物のジレンマ』で有名になる前のジョエル・サルトンは、エネルギー交換や放牧型農業について発言した。デンマークから参加したウィレム・キップスは、伝統的なバイオダイナミック農法〔太陰暦に基づいて農業を行う〕と現代の技術をうまく組み合わせて収穫高の増加につなげていた。オレゴンの育種家フランク・モートンは、新種のグリーン野菜でアメリカの食卓に並ぶサラダに静かな革命をもたらした。トマス・ハルトゥングがパイオニアとなって進めたコミュニティ支援型の農業プログラムは、いまではデンマークとスウェーデンで計四万五〇〇〇軒以上の世帯に有機野菜を供給している。オランダのフォン・ヴェルビークは動物と野菜の関係について語った。ジョーン・ダイ・ガッソーは栄養学者であると同時に有機野菜の革新的な栽培方法で注目を集め、多くの人たちから地産地消運動の創始者と見なされている。アミーゴ・ボブ・カンティサノはカリフォルニア在住の有機栽培農家でありアドバイザーで、生態学的な農業に関する会議の創始者でもある。俳優トム・セレックのような淡いグレーの口ひげにおとらず、印象的な経歴の持ち主だ。これだけの錚々たる顔ぶれが、気負いも誇張もなく、それぞれの農業へのユニークな貢献を順番に紹介したのだった。

ただし、自らの活動が作物の味の改善につながったかどうかについては、誰も具体的に話さなかった。わかりきった話だったからだ。僕は座って彼らの話を聞いているだけで空腹を覚えた。

やがてクラース・マーテンズが発言する番になった。身長一九〇センチメートル近い巨漢で、頭にはジョンディア社〔農機具メーカー〕の野球帽を斜めにかぶり、オーバーオールを驚くほどずり上げてはいている。農業指導者というよりは、コメディの登場人物のような印象を受ける。彼の話は聞くまでもないだろうから厨房に戻ろうと思ったが、僕が席を立とうとしたとき、クラースは出席者にシンプルな質問を投げかけた。「あなたたちはいつから子育てを始めますか」。たったそれだけ。ライフワークについての話の始まりとしては風変わりな質問だったが、クラースの謙虚で飾り気のない口調はみんなの関心を引きつけた。僕もその答えを聞きたくて会場にとどまることにした。

クラースは、メノナイトへの関心からこの問いに思い至ったという。彼は何年も前からこの集団について知っていて、深く尊敬していた。メノナイトは農業用トラクターでゴムのタイヤの使用を禁じているとクラースが説明すると、残りの一一人はほぼ一斉に首を左右に振って驚きを表した。この掟がいかに厳しいものかを理解しているクラースは顔に笑みを浮かべた。トラクターのタイヤが鋼鉄製だと、牛の歩みのようにノロノロとしか進まない。

ある日、クラースは勇気を奮い起こし、なぜゴムのタイヤを禁じているのか、メノナイトの司教に尋ねた。すると司教は、彼の質問に対して「あなたはいつから子育てを始めますか」という質問で答えたのだ。司教によれば、子育てが始まるのは子どもが生まれた瞬間でも胎内に授かる瞬間でもない。生まれる一〇〇年前からだという。「子どもが暮らす環境の準備は、生まれる一〇〇年前から始まるのですよ」

ゴムのタイヤがついたトラクターが僕たちの環境に与える影響を順番にたどれば、一世代のうちに悲惨な結果を招くことは一目瞭然だとメノナイトは確信していた。タイヤがゴムだと動きやすい。トラクターが動きやすければ、必然的に農場は発展して利益が増える。利益が増えれば土地は拡大され、結果として作物の多様性が失われ、機械化も進んでいく。やがて関係者は農場への愛着を失っていく。愛着がなければ手をかけなくなり、最後は失敗に終わる。

テーブルを囲んでいる出席者は静かにうなずいて賛意を表した。たったひとつのシンプルな問いかけで、クラースはアメリカの農業が抱える問題を見事に表現したのである。

第2章　小麦の歴史は人類の歴史

小麦の物語

もしも自然を前にして謙虚な気持ちになりたければ、グランドキャニオンではなく、果てしなく広がる小麦畑のなかに立ってみるとよい。あるいは、ほかの穀物でもかまわない。実りの季節を迎えた広大な畑に身を置くと、自然に包み込まれているような印象で、自分が小さな存在のように感じられる。かつて僕は、環境専門の弁護士で活動家でもあるロバート・ケネディ・ジュニア〔故ケネディ大統領の甥〕が自らの啓示体験について語るのを聞いたことがある。神は様々な媒介を通じて人間に語りかけてくるが、日々成長する小麦畑に勝る場所はない。澄み切ったメロディーが優雅に奏でられ、心が喜びで満たされるのだという。

〈ラバーストーク〉でのクラースとの初対面から数年後、僕はニューヨーク州ペンヤンに彼が所有する小麦畑の真ん中に立ってみて、ケネディの言葉の意味を理解した。それまでペンヤンを訪れたことはなかったし、クラースに会うまでその存在すら知らなかった。ダウンタウンのイサカやコーネル大学のにぎやかなキャンパスから車でわずか四五分ほどの距離にあるその場所は、ニューヨーク郊外というよりはカンザス州中部のような雰囲気を醸し出している。

僕はこの風景から、かつて小学校で見た一枚の絵を思い出した。それは船乗りたちを描いたもので、世界は平らであると考えられていた時代の絵だ。船は水平線の限界にゆっくりと近づき、恐れおののく男たちがひざまずいて祈りを捧げている。まもなく地球の表面から滑り落ちるのだから、必死の形相を浮かべているのも無理はないのだが、僕はこの絵に素直に共感できなかった。生意気盛りの少年から見ると、大げさに騒ぎ立てるのは少々愚かに感じられたからだ。

しかし、クラースの小麦畑に身を置いてみると、絵のなかの男たちは重大な事実に気づきかけていたのではないかと思えた。世界が平らではないという発想は、当時はまだ過激だった。でもいま僕は周囲を見回して、とにかくスケールの大きさと豊かさに圧倒されてしまう。雨がちょうどあがったところで、空気には小麦の芳醇な香りと鮮やかな色彩が染み込んでいるようだった。東の方向、クラースの畑の先には隣人の畑が広がっている。トラクターに乗った男の姿が、まるでバッタのようにぽつんと小さく見える。さらにその先には、隣人の隣人の畑が続き、最後に草原は地平線のかなたに消えていく。

クラースはかがみ込んでエンマー小麦の茎を一本手折り、その香りを嗅いだ。そして穀粒をもみ殻から器用に分けとり、口のなかに入れて味を確かめるかのように噛み砕いた。クラースの顔の造作は時として体に不釣り合いなほど大きな印象を受ける。話すときにはスキー手袋のように大きな手をせわしなく動かす。肩幅はびっくりするほど広くて、ハンガーを取り忘れていないか、ジャケットの後ろを確かめてみたい誘惑に駆られる。そしてドイツ移民に独特の堅実さと信頼感を全身から漂わせている。彼の姿は専ら粘り強さと強い決意でアメリカの中心部を開拓したドイツの農民を連想させた。クラースは底抜けに陽気で、思いやりが深くて謙虚な男だ。

なぜ小麦の栽培が大切なの、と僕はクラースに尋ねた。彼は立ち止まり、べつの茎の様子を確かめた。「小麦と言えば、西洋の文明、いやもっと遡って文明の発祥と関係があるだろう。小麦の歴史を見れば、社会が発展してきた経過もわかるんだ」

その通りだった。何世紀ものあいだ、小麦は地域社会の発展を促してきた。収穫した小麦の恩恵にあずかるためには、協力体制と効果的な社会組織の存在が欠かせない。農民が育てた小麦を粉屋が挽き、それを材料にしてパン屋が日持ちのするおいしいパンを焼き上げるのだ。ピーター・トンプソンは著書『*Seeds, Sex & Civilization*（種、性、文明）』のなかで、世界の三大穀物──小麦、トウモロコシ、コメ──が文明発展の土台を提供してきたと指摘している。ただし「トウモロコシとコメが提供する土台は壁の建設に役立つ程度」なのに対し、本質的に共同作業を伴う小麦は「都市文明という建築物を支えるアーチの要石《かなめ》になり得る」と記している。[★2]

小麦の歴史は、人類の歴史そのものなのだ。

クラースは穀粒をちぎって外すと、その大きな手のなかにおさめた。「きっとルツ〔旧約聖書ルツ記の登場人物〕は、これと同じものが脱穀されているところを見たんだろうな」と言い、エンマー小麦は最初に栽培種になった作物のひとつだと説明した。そして感慨深げな様子で「これを手に持っているだけで謙虚な気持ちになるんだ」と打ち明けてくれた。

神が小麦を通じて意思表示したかどうかはともかく、僕たち人間は確実に、風景を穀物で埋め尽くすことによって意思表示している。ペンヤンの小麦畑はとるに足らない存在かもしれない。中西部のコーンベルト、あるいはグレートプレーンズの大草原を開墾した畑に比べれば、子ども部屋のように小さい。今日ではアメリカの農耕地の六〇パーセント近くでトウモロコシ、小麦、コメを中心とした穀物が栽培されている。なかでも小麦は世界的にほかの作物よりも作付面積が大きく、アメリカだけでも五六〇〇万エーカーにのぼる。それに比べ、シェフを含めほとんどの人がこだわりを持つ野菜や果物は、農耕地全体の五パーセントを占める程度だ。

ではなぜ、小麦はそれほど話題にのぼらないのだろう。トウモロコシの大豊作には誰もが夢中になるし、記録破りの収穫高にはたしかにインパクトがある。しかし実際、アメリカの穀倉地帯の大半は未だに小麦で覆われている。しかも食事のなかで占める割合も高く、消費量は年間で一人当たり六〇キログラム近くに達する。これは牛肉とラム、子牛の肉と豚肉を合わせた消費量よりも多く、鶏肉や魚よりも多い。コーンシロップを含めなければ、ほかのすべての穀類を合計したよりもたくさんの小麦が消費されている。[★3]

しかし、その小麦がどのように栽培されているか、考える機会はほとんどない。もしも僕たちが食のシステムの状況を改善し、バラバラな要素が賢明に結びつけられた食の伝統を創造していくつもりなら、果物と野菜だけに注目しても十分ではない。それは新しい家を建てるのにドアと窓だけを設計するようなもので、全体像を見逃している。

クラースもその矛盾を認めた。「みんなわざわざファーマーズマーケットまで出向き、いちばんおいしそうな桃を買うためにじっくり時間をかける。牧草で育てられた牛の肉を手に入れようとして列に並ぶ。本来、牛は草を食べる生き物だからね。ところがその帰り道、店で既製品のパンを買うんだ」と説明しながらキャップを頭からはずし、もじゃもじゃの髪の毛を指でなでつけた。「そのパンの材料の小麦は添加物を混ぜられて品質が悪く、死んだみたいな状態だ。三〇分ほど前にじっくり品定めをしたすえ、買うのをやめた果物や野菜よりもひどい。死んだみたいというのは嘘じゃないよ。腐ったトマトと同じで、とてもじゃないけど食べられない」

そこでクラースは僕に問いかけた。「なんでこうなるんだろう? 腐ったトマトと同じようなものを積極的に、いや喜んで食べるなんて、どうしてそんなことができるのかな」。そこで言葉を切り、畑に視線を向けた。小麦はそよ風を受けて一斉になびいている。「それはさ、穀物は味がしないものだという発想が定着したからだよ」とクラースは最後に言った。

＊

ストーンバーンズの〈ブルーヒル〉で、僕は厨房の片隅をオフィスにしている。デスクに向かってオフィスチェアに座れば、厨房のスタッフの様子を観察することができる。間違いを確認できるし、ちょっとした災難を回避できるときさえある。

クラースとの運命的な会話から間もないある夜、僕はデスクに座りながら、一日の終わりに近づいている厨房を眺めていた。それは何度となく見慣れた場面で、最終オーダーになるとコックの動きにも余裕が感じられる。しかしなぜか、その晩はそれまで意識してこなかった点がしきりに目についた。厨房はいたるところ小麦だらけなのだ。

一隅ではウェイターが残りのパンを片づけ、豚の餌にまわす分を確保している。その向こうのレンジの横では魚担当のダンカンが、最終オーダーのマスを焼くため小麦粉をまぶしている。その向かい側では、肉担当の料理人が豚の腰肉をハーブ入りのパン生地で包みこんでいる。見習いは生のラビオリと平打ちパスタのトレーを整理している。そしてパティシエのアレックスは、ホワイトチョコレートとカルダモン〔ショウガ科の植物〕のケーキ、それに乾燥フルーツを薄いパイ生地で巻いたシュトゥルーデルの仕上げに余念がない。食後のクッキーとプチ菓子のトレーは、ダイニングルームに運ばれる準備が整っている。

突然、菓子担当のスーシェフ〔シェフの次の位。シェフの業務を補佐する〕のジェイクが、約二〇キログラムの中力粉の袋を引きずっている姿が目に入った。彼はその中身を、僕のオフィスのすぐ外側に置かれた容器に勢いよく流し込んだ。今日はこれで二回目だ。白い粉が宙に舞い、まるでスノーグローブ〔球形またはドーム状の容器に液体と人工的な雪片を封入したおもちゃ〕をひっくり返した直後のようだ。粉はオフィスの窓から外に漂い、消えていった。その様子を眺めながら、僕はクラースと一緒に地平線のかなたまで続く畑を眺めたときのことを思い出した。そのときは農業の大半が実は穀物で成り立っているという話に強い印象を受けたが、この夜の厨房も同じだった。実際のところ僕たちのメニューはほとんどが穀物、それも小麦から成り立っていたのである。

　クラースは近所の人たちがファーマーズマーケットで果物と野菜を注意深く購入した後、無神経にも帰り道のスーパーマーケットで既製品のパンを買っていくと不満を述べたが、この不満は僕に向けられていたのかもしれない。「ファーム・トゥ・テーブル」を謳ったレストラン――実際に農場の真ん中に立地するレストラン――のオーナーとして、僕は地元産の果物や野菜を繰り返し使い続け、自分の行動の正しさを信じて疑わなかった。大抵のシェフの例に漏れず、僕はエアルーム種〔在来種〕のトマトの様々な名前を知っているし、放牧飼育される牛のなかでどの品種が最高のステーキ肉になるか理解している。味がよいから、生産者の顔が見えて生産方法がわかっているからという理由で、産地直送の商品を執拗に探し回っている。そして一日に二回、容器に詰め込まれる白くて軽い粉は、実は僕たちの厨房のなかで最も用途が広い。それなのに僕は、大切な小麦粉が作られるプロセスを厨房の設備ほどにも理解していなかった。

　小麦の味について学びたい（いや、学び直したい）、そんな気持ちが僕のなかにわいてきた。そのためには、まず小麦の歴史を学ばなければならない。この小さな万能型の穀物は、僕のメニューのいたるところに登場する。それなのに僕は小麦についての知識がゼロに等しい。これは何とも説明しがたい、奇妙な矛盾ではないか。

第3章　生命を奪われた小麦

小麦を殺したのは誰か

ギリシア神話に登場するピグマリオンの話では、彫刻家が自分の制作した女性像に恋をして、見かねたアフロディテが彫像に生命を授ける。小麦誕生のストーリーはピグマリオンと正反対で、より完璧な穀物を人工的に創造するため、人類は一〇〇〇〇年もの長きにわたって努力を続けてきた。その結果、小麦は死んだも同然の状態になってしまった。

死んだも同然になるなんて嘘みたいな話だし、普通ならあり得ない。ところがアメリカの小麦の歴史を詳しく研究してみると、完全なる死に向かって着実に堕落している。では、小麦を殺した犯人は誰かと言えば、ミステリーでも何でもない。犯人の正体は疑いようがなく、それが興味深いと同時に悲劇的でもある。アメリカの小麦の現状について料理史家のカレン・ヘスは、かつて「一見無関係な様々な出来事が結合した結果」だと語った。[★4] みんなが本来の小麦の抹殺に加担しているが、誰も表立っては手を出していない。まさに完全犯罪なのだ。

最初は悪意などなかった。コロンブスがアメリカ大陸をめざしてやって来たとき、トウモロコシは盛んに栽培されていたが、小麦はスペイン人によって初めて新世界に持ち込まれた。[★5] その後、ヨーロッパからアメリカの植民地にやって来た移民たちも小麦を携えてきた。はじめはみじめな失敗続きだったが、先人たちの努力が実り、ついに新世界で定着したのである。小麦と言えば中西部が連想されるようになるずっと以前には、東海岸がアメリカの穀倉地帯だった。田園地帯には製粉所が点在し、一八四〇年には、七〇〇人に一人のアメリカ人が粉屋を営むほどだった。[★6] いったん挽いた小麦粉の貯蔵寿命は一週間程度と短く、しかも当時はパンがほしければ自分で焼いたものだ。栽培した小麦を製粉所に持っていくか、自分で粉に挽くか、どちらかだった。

農家の努力のおかげで小麦は地域独特の環境にうまく適応していったが、中部大西洋沿岸地域――ペンシルベニア、メリーランド、ニューヨークの各州――の温暖な気候のもとで特に目覚ましい繁殖ぶりを見せた。一八四五年には、ニューヨーク州のすべての郡で小麦が栽培され、[★7] マンハッタンにも四エーカーの畑があった。小麦にはそれぞれ特徴や風味があって、それが出来上がったパンの品質にも影響した。たとえばマサチューセッツはレッド・ラマス、[★8] メインはバナー小麦など、州によって、あるいは農場や収穫年によっても異なり、それが多様性を促した。農家の男たちは小麦畑で穀粒を口に含み、噛み砕いたときの味でグルテンの含有量を評価した。そして収穫の時期になると、小麦粉の状態に応じて女たちがレシピを調整したのである。小麦にとってはよい時代だった。種子が新世界での繁殖に成功したのだから、これ以上の結果は望めないだろう。

一八二五年にエリー運河が開通すると、東海岸地域と中西部を結ぶ新しい貿易ルートが確立された。ニューヨーク州ロチェスター周辺は製粉業の中心地となり、ほどなく小麦粉の町として知られるようになった。それからまもなく今度は鉄道が敷設されると、開拓者たちは少しでも安くて人の少ない土地を求めるようになった。そして小麦もその時流に便乗していく。それ自体は何ら不吉な兆候ではないし、時代の流れとして避けられないものだった。しかしここである重大な出来事が発生し、それが将来を決定づけることになる。アメリカで初めて、小麦が消費者から遠い場所で生産されるようになったのだ。

一八〇〇年代の末にローラー製粉機が登場すると、それと時を同じくして小麦畑と食卓との距離は広がっていった。ローラー製粉機が小麦産業にもたらした技術的飛躍はまさに革命的で、その影響は一世紀前に綿産業を様変わりさせた綿繰り機にも匹敵する。この製粉機が普及するまで、人びとは石うすを利用していた。〈ブルーヒル〉も石うすを利用しているが、ふたつの大きな石が臼歯のように機能して、あいだにはさんだ穀粒をすりつぶしていく。効果のわりに時間がかかって退屈な作業だが、穀粒がそっくり挽かれて粉になる。一方、製粉機のおかげで小麦産業は大きく発展したが、機械を使うと小麦が胚芽や外皮や胚乳といった部分にそれぞれ分離されてしまう。

数年前に僕は、クラースの妻のメアリ＝ハウウェルから小麦の穀粒の断面図を見せてもらったことがある。受精してから六～七週間後の人間の胎嚢の超音波写真のような印象を受けたが、小麦の穀粒も種なのだから、これは決して不謹慎なたとえではないだろう。穀物の胎児に相当する「初期胚」は硬い胚乳に囲まれている。胚乳は精白小麦粉の原料として使われる部分で、初期胚に必要な養分が蓄えられている。その胚乳のさらに外側を覆うのが外皮、すなわちふすまで、発芽にふさわしいレベルの湿度と温度が得られるまで初期胚を安全に守る役目を任されている（その日のうちに僕はクラースと一緒に畑に戻り、新たな視点から小麦を見直した。密集した茎はまるで重装備兵の集団のようで、胎児に相当する穀粒をたいまつのように空高くかかげているような印象を受けた）。

石うすで小さな初期胚をすりつぶすと油分が搾り出され、数日間は小麦粉が強烈な香りを放つ。一方、ローラー製粉機を使えば、胚乳が初期胚やふすまから分離される。その結果、常温保存可能な白い小麦粉が製造され、長期間の保存や長距離の輸送が可能になった。こうして小麦粉は一夜にして商品になったのである。

個性的だが小さな存在である初期胚を分離するだけで、主要穀物に革命的な変化がもたらされるものだろうか。にわかには信じがたいが、それは事実なのだ。大草原地帯での定住が進み、ローラー製粉機の技術が普及したおかげで、精白小麦粉はいきなり安価で手に入りやすくなった。ニューヨークや、かつての穀倉地帯で羽振りのよかった小規模農家は、この急激な価格下落にとても太刀打ちできなくなってしまった。畑で穀粒を噛み砕いて味を確かめる男性も、田園地帯に点在する製粉所も、もはや昔話になってしまった。アメリカの小麦産業は均質化への道を歩み始めたのである。

小麦粉が白くなればなるほど、需要は増えていった。実のところ、何千年にもおよぶ小麦粉の歴史では何よりも白さが重視されてきた。しかし、いくら白さに貢献するとはいえ、機械はふたつの点で古くからの石うすにかなわない。小麦の生命の中心的要素である初期胚だけでなく、ふすまも取り除いてしまうローラー製粉機は、小麦から命を奪ってしまう。さらに、白さと引き換えに、ほぼすべての栄養分を犠牲にしてしまった。ふすまと初期胚を合わせても穀粒全体の重量の二〇パーセントにも満たないが、繊維をはじめとする栄養分の含有量は全体の八〇パーセントにのぼる。しかも全粒穀物は、食べられるすべての部分——ふすま、初期胚、胚乳——を同時に摂取してこそ栄養的価値が備わることが研究から明らかになっている。★9 ところが新しい製粉プロセスでは、まさにその部分が失われてしまったのだ。

そしてもうひとつ、精白小麦粉は深刻な犠牲を伴った。石うすで小麦を挽くときには初期胚が一緒に砕かれるので、小麦粉に淡黄色の胚芽油が含まれ、小麦本来の香りが強く漂う。たしかにローラー製粉機によって真っ白な小麦粉が実現したかもしれないが、小麦の命とも言える初期胚がなければ、よい香りを味わうことができない。結局のところ、僕たちは小麦の栄養分だけでなく、香りも一緒に抹殺してしまったのである。

大草原地帯

アメリカの大草原は、発展の道すがら、大きな損害をもたらした。

小麦に興味を抱くようになる前、僕は大草原について実際のところ何も知らなかった。どこにあるのか、地図で場所を見つけることすらできなかった。そう遠くない昔、アメリカの国土の四〇パーセント以上が大草原だった時代があったとは、まったく思いもおよばなかった。当時はミズーリからモンタナ、そしてテキサスへとほぼ一直線に、豊かな大草原が果てしなく続いていた。かりに僕がその事実を知っていたとしても、なぜそのことが僕たちシェフにとって問題なのかなど説明できなかっただろう。

そんなまっさらな状態で、僕はウェス・ジャクソンと知り合った。気さくで雄弁なウェスは、カンザス州サライナにある土地研究所の共同設立者で、穀類作物の品種改良の研究ではリーダー的存在だ。特に関心を持っているのが小麦で、一度蒔いたら何年も繰り返し収穫できる品種の実現を目指している。栽培化された小麦――僕たちが現在食べている小麦――は一年生作物なので、毎年新しい種を蒔かなければいけない。

もしも野生種のように小麦が多年生作物になり、ウェスが好んで語るように「同じ場所に自然に生えて」[★10]くれば、畑を耕したり化学肥料を使ったり、農業が自然を最悪の形で侵害する事態も回避できるだろう。

二〇〇九年、カリフォルニアで食に関する会議が開催され、ウェスと僕は食の将来をテーマにした部会にパネリストとして参加した。どんな研究をしているのか司会者から説明を求められると、ウェスは「農業の一万年来の問題の解決に取り組んでいます」と簡潔に答えた。彼にとって、農業の問題はメガファームでもフィードロット〔出荷前の肉牛を囲い込んで太らせるための施設〕でも、化学肥料でもない。問題は農業そのものだった。

その晩、ホテルへの帰り道、多年生小麦が近い将来に実現する見込みはあるのかと僕はウェスに尋ねた。あとから知ったのだが、この質問はたびたび繰り返されるので、耳にタコができたという。でもこのときは大草原の人間独特の間延びした話し方のピッチを上げながらも、謙虚な態度を崩さずにこう答えてくれた。「生きているあいだに解決できそうな問題に取り組むようじゃあ、考える器が小さいね」。そして具体的に何を言いたいのか、説明しようとしてくれた。

ウェスは僕を自室に招き入れると、一枚の厚封筒を手渡した。「これを見せるのはきみが最初だ」と言う。僕の顔になぜ自分がという表情が浮かんでいたのだろう、「手元に届いたその日のうちに、ここに送ったんだ。中身は長くて美しいものさ。これをじっくり観察しないと、安眠できなからね」と彼は言った。そして僕が封筒の口を開けようとすると、彼はそれを制した。「広げてもかまわないけれど、廊下でやってくれ。この部屋には収まりそうもないからね」

僕は横断幕のように長い写真を廊下のカーペットの上に広げた。長さは約七メートルにもおよび、ふたつの部屋の扉の前を通過して伸びていった。ウェスはかがみ込み、その写真のしわになった部分をきれいに伸ばした。写真の下側には、多年生のプレーリー小麦の実物大の姿が写されていて、土の上の部分から下の部分まで、全体が明らかにされている。地上部分に該当する茎や葉や子房は写真全体の半分にも満たない。これに対して地下部分、すなわち小麦の根系は少なくとも二・五メートルに達する。たっぷりと豊かな繊維はグリム童話に登場するラプンツェルの長くて豊かな金髪のように、地面にがっちりと食い込んでいる。

僕は後ろに下がって、もう一度その写真を眺めてみた。ひとつにまとまった根っこはセコイアの木の幹のように見えるが、上ではなくて下に長く伸びているところが違う。大草原でこれだけのものが成長するのか。僕が驚嘆しながら眺めていると、「自然は工夫を重ねる。地面を掘り進み、栄養や水分

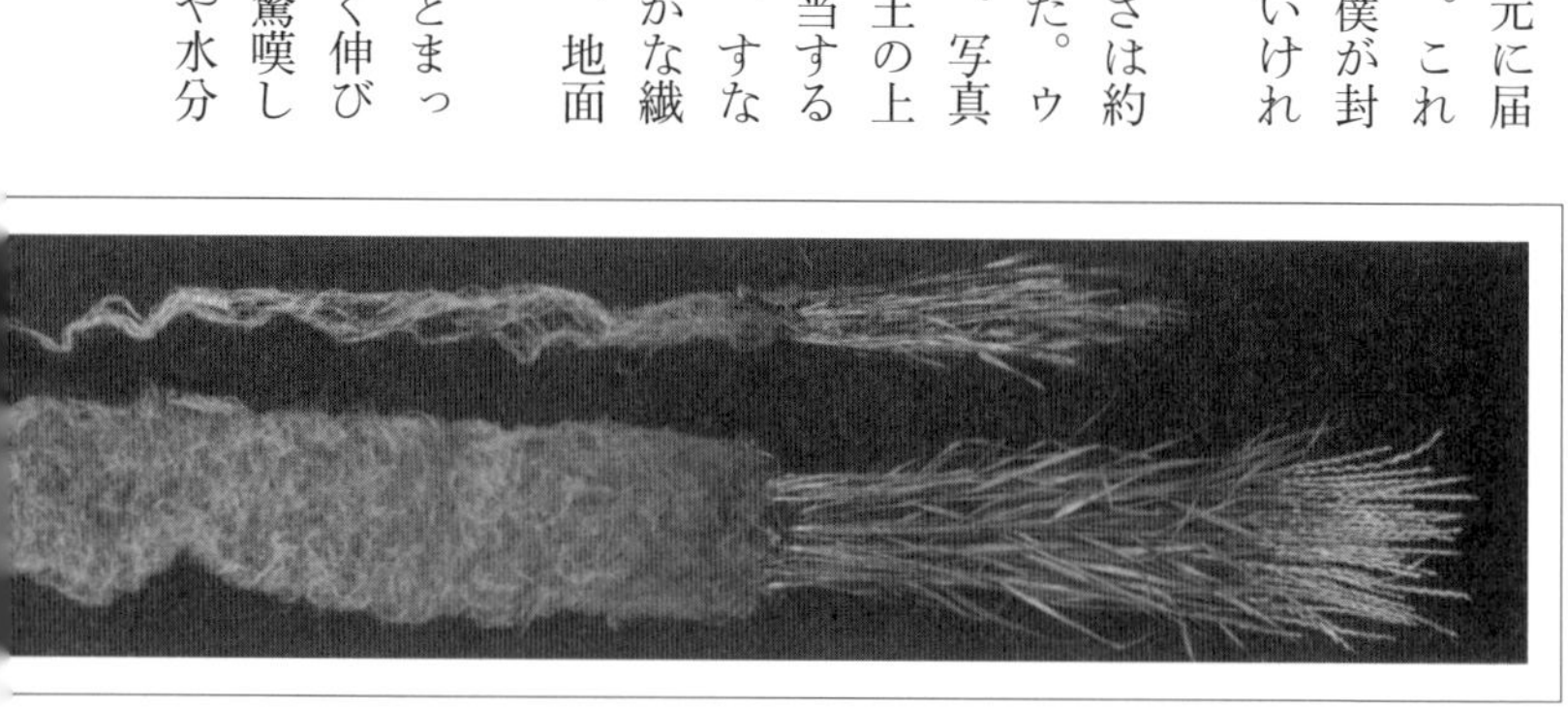

を確保するのさ」とウェスは言った。

一方、その上側に並んでいるのは、別の小麦の地上部分から地下部分までを写したものだ。これは現代の小麦で、毎年種を蒔かなければいけない。

「アメリカだけで、小麦は六〇〇〇万エーカーの土地を占領している」とウェスは言った。地上部分は、多年生の従兄弟をうんと縮小コピーしたような形をしている。しかし地下部分に相当する根っこは薄毛の人が髪を束ねたような印象で、腕を伸ばした程度の長さしかなくて実に頼りない。多年生の品種に比べると呆れるほど元気がなく、太い束の隣では針糸のように細く見える。しかもそんな貧弱な根っこを持つ小麦が大草原を覆いつくし、白い小麦粉の原料として使われている。そして袋詰めにされ、僕のオフィスの前に置かれた容器にも大量に放り込まれているのだ。このとき僕は、自分の料理のルーツに出逢ったのである。

「ほら、ちっぽけで頼りないだろう。これがきみの問題なのさ」とウェスは微笑みながら言った。

*

一八〇〇年代までは、大草原地帯を訪れたほとんどの人たちにとって、草原そのものに問題があるように思えた。広大な土地は大アメリカ砂漠と呼ば

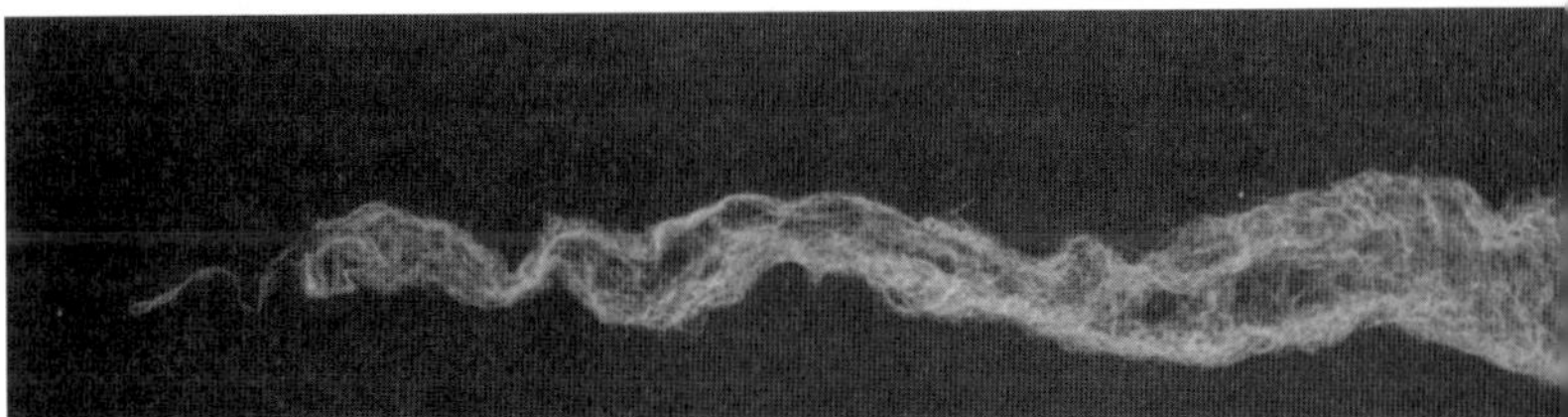

れたが、[★11]樹木の繁った風景に慣れ親しんできた人にとっては、そんな第一印象を抱くのも当然と言えば当然だろう。しかしそれは間違った印象でもあった。

　実のところ、大草原の地上部分は多様性に富んでいた。地表を覆っているのは草だけではない。たとえば花の咲く二〇〇本ほどの広葉樹が周囲を取り巻き、雑草や灌木やスゲも生え、変化に富んだ自然環境が創造されていた。しかもそれが目的のあるシステムとして見事に統一され、草も木も互いに依存しながら繁殖していた。

　しかし、どんな大草原でも本当に豊かなのは土のなかのほうだ。バイオマス〔特定の時点において、ある空間に存在する生物の量を物質の量として表現したもの〕の大半は地中に存在している（たとえば熱帯雨林の生態系とは異なる。熱帯雨林の場合には、豊かな成分やバイオマスのほとんどが地上に存在している）。ウェスが好んで語るところによれば、幸運にも地質に突然変化が生じると、結果として肥沃な土地が生まれるのだという。いまから数百万年前、アメリカ大陸の最北部には氷河が形成された。現在のカナダ北部では、氷河によって削られた大地が土砂となり、下流に押し流され、もともと土壌の豊かなアメリカの中央部に堆積していった。この土砂が大草原特有の激しい風で吹き飛ばされると、付着している草も一緒に運ばれ、長い時間をかけて地面に大量に根付いた。そして豊かな根系がまわりに土を引き寄せ、栄養分を吸収していったのである。

　大草原にとって、これは侵食や極端な気候変動に対する最大の保険だった。大草原地帯の天気は昔もいまも予測がつかず、悪天候が猛威を振るう。砂漠化が進行するかと思えば、鉄砲水が発生する。しかし根っこの部分にエネルギーや栄養分を蓄えることができれば、草はいつでもすぐに成長を再開できる。さらに、大草原には何千年も昔から草を食べるバイソンが何百万頭も集まってきて、土の改善に大きく貢献した。あちこちに残された糞が、ただでさえ豊かな土壌をさらに豊かにしたのである。

ところが、最初の入植者が鋤で土を掘り起こして以来、僕たちは自然の大切な貯金を取り崩してきた。入植者たちの努力は、地上の草にとって（地下の根っこと言うべきかもしれない）滑稽に見えただろう。植物の根っこはぎっしり密集しており、入植者が鋤を入れようとしても激しい抵抗に遭った。多年生の小麦は地上部分が小さくても、地中では大きくて太い根が絡まり合っている。実際にその様子を見れば、作業が容易に進まなかったのも無理はないとすんなり納得できるだろう。大草原で一平方ヤード（約一平方メートル）の範囲に密集している太い根っこを伸ばしてみると、全長は四〇キロメートル以上にもおよぶ。そして石炭のように真っ黒な表土は、十数メートルにもわたって堆積している（東海岸の表土は、平均すると一五センチメートル程度だと、ウェスは愉快そうに教えてくれた）。

一八三七年、ジョン・ディアというイリノイ州の鍛冶屋が厄介な土の問題を解決した。鋼鉄製の鋤を発明したのである。丈夫な鋤は厄介な根っこを切り崩し、草を掘り起して種蒔きの準備を整えてくれた。ローラー製粉機と同じく、鋼鉄製の鋤は幸運なタイミングで登場した。当時は何千人もの「農場経営者」が大草原の奥深くまで押し寄せていたのだ。一八六二年にはエイブラハム・リンカーン大統領が入植者にとって有利な条件を提供し、このとき制定された「ホームステッド法」で、五年間の居住と開墾を条件に、一六〇エーカーの公有地を二一歳以上のアメリカ市民に無償で与えることが定められたのである。

生物学者のジャニン・ベニュスは著書『自然と生体に学ぶバイオミミクリー』（オーム社、二〇〇六年、山本良一監訳、吉野美耶子訳）のなかで、多年生の小麦を一年生の小麦に切り換えた入植者たちの根拠のないヒロイズムについてつぎのように指摘している。「白人の農夫が大草原の草の根をたかだかと掘り起こす場面をじっと見ていた先住民スー族の男が首を横に振り、『あれじゃあ、逆さまだ』といいました。だが、知恵をもつ者を時代遅れであると思いちがいしていた開拓者たちは、この話を持ちだしては大笑いし、草の根が掘りあげられるたびに轟く警告の銃声を無視したのです★12」〔以上、『自然と生体に学ぶバイオミミクリー』三二ページより引用〕。大草原がいかに破壊されてしまったのか知るにつれ、現在の小麦畑を美の象徴と見なすのは難しくなる。きれいに切り払われた森に美しさを感じられないのと同じだ。

当初、新しい小麦は大草原地帯でうまく繁殖しなかった。雨が少なく温度差の激しい地域には、東部で栽培されていた品種は不向きだったのである。病気は日常茶飯事で、当然ながら収穫量は少なく完全な失敗に終わった。やがて一八七〇年代になると、耐乾性のある硬質冬小麦の「ターキーレッド」がメノナイトの移民によって持ち込まれ、従来の軟質小麦に代わって定着する。しかも硬質小麦は新たに登場したスチール製のローラー製粉機にも適していた。おかげで、よどみない精製プロセスのさらなる効率化につながった。

ウェスが玄関に長々と広げた写真は、部屋に入ろうとするカップルを足止めしてしまった。「やあ。いまちょうど、わが国で枯渇した資源について分析しているところなんだ。一緒にどう?」とウェスは快活に話しかけた。ふたりは気まずそうな笑みを浮かべ、ふたつの根っこの写真のわきを窮屈そうに通り抜けていった。

ウェスは一年生小麦を指さして言った。「もちろん、こちらの小麦が勝利をおさめた。かくしてちっぽけな根っこが六〇〇〇万エーカーにもおよぶ広大な地域に定着したわけだが、こいつは自分で栄養分を吸収できない。肥料が必要なんだ。肥料を与えるとどうなる？　頼りない根っこから窒素が外に漏れ、それが土壌をむしばみ、ニュージャージーと同じ面積の土地が命を奪われたのさ」。それから彼は歯茎をむき出しにして笑いながらこう言った。「この小麦はたしかに勝ったよ。でも、きみが目にしているのは成功が転じて災いになったケースなのさ」[★13]

＊

一九〇〇年代はじめには、西漸運動〔アメリカの東海岸から西方の太平洋岸までの西部未開拓地への定住地の拡大と人口移動〕の結果として、二二〇〇万エーカーの土地の開墾が進んだ。

そして小麦の栽培は順調に拡大していく。第一次世界大戦のあいだにヨーロッパで小麦不足が発生すると、アメリカ政府は介入して小麦の価格を保証した。一九〇九年にはホームステッド法の適用範囲が拡大され、入植者一人当たり三二〇エーカーの公有地が無償で提供されるようになった。これをきっかけに、入植者の数はツナミのように膨れ上がった[★14]。一九一七年には、四五〇〇万エーカーという記録的な広さの畑から小麦が収穫される。そして早くも一九一九年、小麦畑の広さは七五〇〇万エーカーにまで広がった。ここまで大きく広がったのは、辺境地が鋤で耕されたことが大きい。おかげでノースダコタや大草原地帯の南部など、土地がやせて灌漑用水を確保しにくい場所で小麦が栽培されるようになった。しかし当面は特に問題もなかった。

歴史家のドナルド・オースターによれば、第一次世界大戦が終わる頃になると、中西部の穀物経済は産業経済と切り離せなくなったという[★15]。「戦争をきっかけに、大草原地帯の農家は以前にもまして国家経済に統合され、銀行ネットワーク、鉄道、製粉所、農機具メーカー、エネルギー会社などとの結びつきを強めた。そしてさらに、国際市場システムにまで組み込まれた」。大草原の様相は一変し、後戻りはできなくなった。

こうして鋤は大草原の土地を耕し続けていくが、雨がいきなり降らなくなると問題が発生した。草を抜かれてむき出しになった土は、頑丈な根っこによって地中から支えてもらえない。その土がカラカラに乾いて塵になり、★16 一九三〇年頃には風に乗ってあちこちに散らばっていったのである。塵はシーツや枕カバー、屋根裏部屋の床など、あらゆるものを覆って台無しにした（屋根裏部屋の床は積もった塵の重みで定期的に抜け落ちた）。フェンスの支柱にも車にもトラクターにも、猛烈な勢いで降り積もっていく。しかもこれは軽い塵の影響である。さらに重い土の塊が飛んでくると、フェンスはバラバラに壊され、電柱はなぎ倒された。ダストボウルのピーク時には視界がゼロになり、野菜も果物も雷で深刻な被害を受けた。干ばつをきっかけに各地で虫が大量発生し、嵐を生き延びた小麦を食い尽くしてしまった。ジャックウサギも食べものを求めて生息地を離れた。

クラースは叔母たちからダストボウルについて聞かされた話を覚えている。嵐の勢いはすさまじく、食卓では皿を伏せたまま配膳を行ったという。食事が出される頃にはテーブルクロスに塵が積もり、皿の形がくっきりと残った。家族は過酷な運命を耐え忍んだが、ついに叔母たちの農場も破たんしてしまった。

＊

それから一〇年間というもの、アメリカ中西部では、何十万年もかけて作られてきた比類なき豊かな土壌が大気中に大量に撒き散らされた。表土の七五パーセント以上が吹き飛ばされてしまった地域もあった。この一〇年は「汚れた三〇年代」として知られ、アメリカ史上最悪の環境汚染のひとつとして記憶されるようになった。ティモシー・イーガンは著書『*The Worst Hard Time : The Untold Story of Those Who Survived the Great American Dust Bowl*（最悪の時代――アメリカのダストボウルを生き延びた人たちの秘話）』のなかで、当時のすさまじい砂嵐について次のように描写している。

上空三〇〇〇メートル以上にも達する雲が現れた[★17]……空の色はまたたく間に白から茶色、やがて灰色になった……これを何と呼べばよいのだろうか。雨雲ではないし、竜巻でもない。動物の剛毛が密生しているような印象で、まるで生きているようだ。その近くまで行った人たちは、ブリザードのなかにいるようだったと表現している。真っ黒なブリザードで、スチールウールのように切れ味が鋭い。

一九三五年四月一四日、最大級の嵐に見舞われた日は「ブラックサンデー」として人びとの記憶に残った。このとき嵐は大草原で消滅せず、勢力を強めながら東へ進んだ。

その翌週の金曜日、ヒュー・ベネットという科学者がアメリカ上院議会で土壌保全サービス公社の常設を訴えた。その日の朝には、全米中の新聞にブラックサンデーの写真が掲載されていたが、上院議員たちは、大草原の住民には十分な対策がとられていると信じて疑わなかった。ところがベネットが嘆願を終了する間際、ひとりの補佐官が壇上に近づいて彼の耳元にささやいた。「そのまま続けてください。やってきますよ」。そこでベネットは話し続け、数分後に話を打ち切った。議場が真っ暗になったのだ。巨大な赤褐色の粉じん雲が、一時間にわたってワシントンを覆い尽くした。

「これですよ、皆さん。このことを話していたんだ。[★18] このままではオクラホマが消えてしまう」。ベネットは訴えながら、窓の外を指さした。八日後、議会は土壌保全法を成立させる。この出来事は、アメリカでの環境運動の先駆けとして一部で評価されることになった。

レストランの厨房に置かれた小麦粉の容器からは白い雲がもくもくと立ちのぼり、僕のオフィスの窓に向かってゆっくり漂っていく。これは現代版のダストボウルではないのか。ここでは中力粉が、大草原から舞い上がる表土の役割を演じている。要するに大草原の荒廃は、一世紀近く前のヒュー・ベネットの時代と同じように僕たちに多大な影響をおよぼしている。彼が一九三五年に改革を訴えたときから、事態はまったく進展していない。

過疎化する大草原

ダストボウルの時代の逸話は人類の傲慢さのたとえとして紹介されることが多く、著述家はそのための努力を惜しまない。ウェンデル・ベリーは「野生の草とその意味」と題したエッセイのなかで、つぎのように記している。「私たちは森の木を次々に倒して燃やしたが、同じ感覚で大草原を燃やし、鋤で耕したり過剰な放牧を行ったりした。ビジョンは持っていたが、洞察を備えてはいなかった。[★19] 自分たちがどんな場所にいて、そこには何があるのか、見えていなかったし理解もしなかった。ただ欲しいものを手に入れるため、昔から存在していたものを破壊したのである」

こうした理性的と言えない行動は、ヨーロッパから最初にやって来た入植者の時代に始まった。彼らの多くはヨーロッパで土地を所有しておらず、農業の経験もほとんどなかった。アメリカが誕生したばかりの古き良き時代にあこがれるのは、僕ひとりではないだろう。当時、農業はあるべき姿で実践されていた。家族だけでこぢんまりと営まれ、管理も手入れも行き届き、持続可能な農業の理想的な精神に根ざしていた……もしもそんなふうに思い描いているとしたら、考え直さなければならない。今日の産業社会の食物連鎖は自然の景観を損ない土壌を劣化させたが、僕たちの先祖もまったく同じ行動をとってきた。ただ、馬力がいまよりずっと小さかっただけである。

ジョージ・ワシントンでさえ、当時の農民のずさんで搾取的なやり方を批判し、肥沃な土地や豊富な天然資源に甘え、「広い大地を改良することにはまったく見向きもしない」と指摘している。[★20] 入植者たちは農地をあっという間に荒廃させると、未開の地を手に入れるためにさらに森を切り開いていった。歴史家のスティーブン・ストールは著書『*Larding the Lean Earth*（やせた大地に手を加える）』のなかで、アメリカ農業の将来を決定づけた悪しき先例をつぎのように指摘している。

農民が土地を二〇～三〇年使用するだけで、土から豊かな栄養分が失われ、最後はぎりぎりの生活を支える程度しか収穫できなくなってしまった。入植者たちは希望に胸を膨らませて入植したにもかかわらず、期待ほどの収穫量は確保できない。その結果、べつの場所で新しい農地を探そうとする。森は切り払われ、燃やされた灰は風に運び去られる。そのあとは毎年小麦が収穫され、栄養分を含んだ表土は洗い流される。アメリカの北部諸州の農地は、一八二〇年にはすっかり養分を搾り取られ、みじめな状態になってしまった。★21

アメリカが西に拡大していくにつれ、この傾向は強化される一方だった。アレクシス・ド・トクヴィルはアメリカに関する有名な著書『アメリカの民主政治』（講談社、一九八七年、井伊玄太郎訳）のなかで、農民は自然保護論者というよりも資本家のような態度で農業に臨んでいると指摘している。「アメリカではほぼすべての農民が農業を何らかの商売と結びつけて考えており、彼らの大半は、農業そのものも商売と見なす。アメリカの農民が一カ所の土地にずっと落ち着くケースはほとんど見られない」と記している。アメリカ人は大草原にやって来ると、西部の土地を自分たちの好きなように作り上げようとした。環境に適応するのではなく、環境を征服しようとしたのだ。新しいエコロジーのニーズに視点を合わせることができず、そうするつもりもなかった。何しろ当時は、きわめて生産性の高い土地が余るほどたくさん手に入ったからである。慎重な土地管理という発想は、旧世界では通用したかもしれないが、新世界では注目されなかった。

このような事情について、僕も何年も前からある程度までは理解していた。しかしあの晩、ホテルの廊下で二種類の小麦の根系を観察して初めて、先人たちの理性に欠ける行動が具体的に何を奪ったのかを理解できるようになった。僕たちは多年生小麦の長くて丈夫な根っこを一年生小麦の頼りない根っこに切り換えただけではない。世界でも稀に見るほど多様性に富んでいた大草原の生態系を、小麦が単一栽培される五六〇〇万エーカーの農地に作り換えてしまったのだ。今日、大草原地帯で栽培される硬質小麦のほぼすべてがふたつの品種のみで成立している。しかもライターのリチャード・マニングの言葉をかりるならば、「遺伝的可能性から言えばどちらでも大差ない」のである。★22

カンザス州やノースダコタ州の中心部に広がる畑に目を向けてみよう。視界に入ってくる穀物畑はどれも似たり寄ったりで、テーブルの表面のように味気ない。神聖な大草原は汚され、墓場と化してしまったような印象を受ける。クラースによれば、小麦は社会的要素を備えた穀物であり、コミュニティの建設を促し、僕たちの人間性を映し出す鏡だった。しかしもはや、そのような姿は現実に存在しない。少なくともいまのような農業のやり方、いまのような食べ方では無理だろう。

ウェスと過ごした印象的な夜からほどなく、僕はアメリカ合衆国の地図を調べてみた。穀物の生産地に該当するのは、どの州だろう。「小麦地帯」という呼び名は何度も耳にしていたが、その場所を正確には知らなかった。地図上での小麦地帯は太い帯のように見える。ノースダコタからテキサスまで、サウスダコタ、ネブラスカ、カンザス、オクラホマを経由してベルト状に伸びている。小麦はこの六つの州の主要な作物なのだ。

そして僕は調査を進めるうちに、偶然べつの地図に遭遇した。そこには、二一世紀の最初の一〇年間における人口の推移が記されていた。それを小麦地帯の地図の隣に置いて比較してみた僕は、ウェスから二種類の小麦の違いを見せられたときに劣らず大きな衝撃を受けた。人口調査の結果を記した地図は、小麦地帯を形成する六つの州で、人口が信じられないほど減少している現状を浮き彫りにしていた。アメリカのほかの地域では人口が増加していても、小麦地帯では過疎化が進行していたのである。★23

そもそもの始まりは何年も前のダストボウルで、以後着実に続く人口減少の傾向はとどまるところを知らない。この人口減少で特筆すべきは、それが小麦地帯の州にほぼ限定されている点だ。アメリカの多くの地域では人口が増加しているのに、かつてこの国の穀物生産の中心地だった場所だけは減少に歯止めがかかっていない。カンザスだけでも、この八〇年間で六〇〇〇の町が消滅した。まるで一年生小麦の頼りなげな根っこのように、人口がまばらな地域が多い。一九世紀末、すなわち人口調査で「辺境」と見なされていた時代よりも、さらに落ち込んでいるのだ。

　人口減少のひとつの原因としては、農業技術が進歩した後に、農地が集約されたことが考えられる。新しいトラクターなどの農機具は、従来よりも多くの仕事を短時間でこなすことを可能にした。たとえば、一八三〇年代に導入されたコンバインを例にとってみよう。それまで農家では、収穫した穀物を脱穀し（穀物の食べられる部分と周囲のもみ殻を分離する）、きれいに洗浄して粉にする準備を整える作業に何時間も費やしていた。しかし、その名に違わず〔コンバインには、複数の機能を兼ね備える、という意味がある〕、コンバインはこれらの機能を一台の機械でこなす。収穫の作業は機械化され、さらにはメノナイトの予測どおり、より少ない労働力でより広大な土地を管理できるようになった。[★24] 一九五〇年から一九七五年にかけて、アメリカでは農場の軒数が半減し、農業人口も半減した。これに対し、農場の平均的な規模はほぼ倍に拡大しており、一九五〇年の二一六エーカーから一九七四年には四一六エーカーにまで膨らんでいる。そしてこの傾向は、どこよりも小麦地帯で顕著なのだ。

　しかしこうした傾向のもとでは、生物多様性が失われる。作家・編集者として農業問題に関する著書の多いバーリン・クリンケンボルグは、生物学的な複雑さの重要性を強調し、それが社会や文化の安定に直接つながると論じている。つまり、小麦地帯の文化の衰退は、多様性を奪われた自然景観の反映だとも言えよう。「自然が私たちを形成し、私たちが自然を形成した」[★25]結果として創造される豊かな情景が欠落しているのだ。

おそらく無意識のうちに、僕たちシェフやパン職人は、その衰退の流れに加担してしまった。安くて大量に手に入る小麦粉につられ、よからぬシステムに巻き込まれてしまった。小麦の命を奪うために手を汚しただけでなく、大草原地帯の過疎化にも加担してしまったのだ。

第4章　雑草は役立たずではない

植物のニーズに配慮する

クラースの農場を初めて訪れてから一年半後のある六月の朝、うだるような暑さのなか、僕はふたたび彼の牧草地に戻ってきた。クラースは熱心に、ひと口に草といっても様々な種類があることをしきりに教えようとする。そして、直径一メートル足らずの小さな草地の一角に目を向けるよう僕を促した。周囲をゆっくり歩きながら、草のひとつひとつについて説明を始める。

「ほら、これがワイルドガーリック、それはアブラナ、そして……」と言いながら、クラースはしゃがみ込んでリスと同じ目線になり、茂った草をかき分けてから「うん、足元にあるこれは野ダイコンだね」と説明してくれた。僕は地面を見つめながら彼の後ろに従った。クラースの細部へのこだわりには驚かされる。広大な畑のなかの地面の小さなくぼみに目を凝らし、めずらしい草をつぶさに観察している姿からは滑稽な印象すら受ける。

「よーし」とクラースはゆっくりした口調になり、さらに草が繁殖している場所で立ち止まった。「これはカラスムギだ。それと、ノミヨケソウ、シラタマソウ、スズメノテッポウ、タンポポ、アカツメクサ、カモミール、シバムギ——イギリスではカウチグラスって呼ばれている」

「全部、雑草だろう？」と僕は尋ねた。

「ここにある草やマメ科植物や草本《そうほん》植物は、すべて雑草だよ。でも、『雑草』とひとくくりにするのはよくないな。おれは作物栽培学の入門コースで、好ましくない場所に生えてくる草はすべて雑草だと教わった。でもそんな定義、おかしいと思わないかい？」

アルド・レオポルド〔アメリカの著述家、生態学者、環境保護主義者。土地倫理を提唱した〕も一九四三年に発表したエッセイ『雑草とは何か』で同じ問いを投げかけている[★26]。そしてその問いへの答えとして、雑草には価値がないと決めつけようとする姿勢に警告を発している。

クラースは説明を続けた。「作物が雑草にやられるとしたら、それはおれのやり方がどこか間違っているからさ。雑草は牧草にダメージを与えない。むしろ反対だよ。おれがダメージを与えていることを教えてくれるのさ」。つぎに彼はべつの草を指さした。「オーチャードグラスだよ。大好きだね。すごく可愛らしいだろう」と、愛情表現も惜しまない。「ほら、あそこ！　あれはヘアリーベッチだ。知ってるかい？　これが生えている場所は土が肥えるのさ。それから、これはケシアザミ。たぶんそうだと思うんだが——うん、ケシアザミで間違いない」

クラースは農薬の使用をやめた年、雑草を自然に駆除するための方法を学ぼうと決心し、農業関連の古い本を読み始めた。「ところが一九四五年以前には、雑草の処理をテーマにした本があまり書かれていなかった。それとも、誰かが全部捨てたのかな」と当時を振り返った。そして長い時間をかけて調べた末、コーネル大学の図書館で一冊の本に出逢う。著者はベルナルド・ラーデマッヘルというドイツの農学者で、一九三〇年代には雑草研究の権威として、除草剤に関する初期の研究にも関わっていた人物である。

「ラーデマッヘルの本を読んだとたん、思考が逆転したんだ。雑草をうまく管理するためには、とにかく作物の成長を促すことが大切だと書かれていた。『雑草退治には丈夫な植物が最善の手段だ』とね。この言葉をカミさんに教えてから、ふたりで顔を見合わせてこう言わずにはいられなかった。『何だ、それでよかったんだ！　最高の植物を育てることに専念すればよかったなんて、いままでどうして考えつかなかったんだろう』とね」

そしてクラースは、健康な植物を確実に育てるには、豊かな土壌を準備してやることが最善の方法だと理解した。植物のニーズに配慮してやれば、植物は自分の身を自分で守れるようになるのだ。

＊

最初僕は植物の健康について、有機農業の権威であるエリオット・コールマンから学んだ。彼はこのテーマに関する著書も多い。ただし彼は植物の健康と雑草ではなく、害虫との関わりについて取り上げ、害虫でも上手に管理すれば植物の健康を助長すると主張している。

エリオットによれば、健全な土壌に育つ健全な植物には害虫を駆除してやる必要がないという。なぜなら、害虫は健康な植物を襲わないからだ。いたって単純な発想だが、その説得力は大きい。土を肥やし、そこで暮らす小さな生き物を大切に愛情深く養えば、たとえ害虫でもほとんどダメージを与えることがない。その意味では、「母なる大地」という発想を改めなければならない。実際には僕たちが土を正しく育て、大地を育んでいかなければならない。やり方が悪いと土が病気になるし、エリオットが好む表現を使えばストレスを受けてしまう。そして病んだ部分の影響はあとから現れてくる。

植物にかかるストレスを理解するには、自分が働きすぎたり睡眠不足になったりしたときの体の症状について考えるのが最もわかりやすい。免疫力が弱まって風邪にかかりやすくなり、やがてもっと深刻な病気になる可能性もある。植物が風邪にかかった状態になると、小さなアブラムシに攻撃される。ノミハムシの発生は病気のようなものだ。植物の健康が悪化すると、害虫が侵入しても植物の自然防御システムは機能しない。[*★27] 一般の農家のように農薬を散布すれば害虫の退治はできるが、根本的な原因は取り除かれない。インフルエンザの薬を飲めば症状は消え、一見すると元気になったように見えるが、実際には健康が回復していないのと同じだ。

かつてエリオットはこの点について、ノミハムシのストーリーを紹介していた。有機農家を始めてからほどなく、彼はメイン州のオーガニックガーデンでノミハムシの発生を目撃した。このとき広いキャ

＊ 昆虫はどのようにして病気の植物を識別するのだろう。エリオットから聞いた話によれば、「病気の植物はにおいが異なる」という。実際、この発想にはある程度の科学的な根拠も存在している。元昆虫学者で、エレクトロニクスと無線の専門家でもあるフィリップ・キャラハン博士は、昆虫の触角の短い毛が植物の発するにおいの変化を確認できることを発見した。植物の体温によって、波長の異なるにおいが「伝えられる」のだという。キャラハンは著書『*Turning in to Nature*（自然に目を向ける）』のなかで、ストレス下の植物のにおい分子が健康な植物と大きく異なり、その波長の違いを昆虫が容易に「理解」できることを紹介している。

ベツ畑には、どういうわけか一本のルタバガ〔アブラナ科の野菜〕が紛れ込んでいた。キャベツはどれも「健康で元気がよかった」が、ルタバガにはノミハムシがびっしりついており、数日後には枯れてしまった。よく観察してみると、このルタバガは大きくなりすぎて、根っこが支えきれなくなっていた。

ルタバガが枯れた原因は色々と考えられる。しかし症状が現れる三日前から、この植物がストレスを受けていることがノミハムシにはわかっていた。ルタバガが枯れてもノミハムシがキャベツに移らなかったのは、キャベツにはストレスがかかっていないからだ。昆虫の栄養や繁殖を助長するような条件が、ストレスのない植物には備わっていない。これでは害虫も絶対に個体群を維持できないので、キャベツには手を付けないのである。有機農家は原因を探そうとするが、一般の農家は症状を確認するとすぐに農薬を散布する。★28

症状ではなく原因に取り組むのは効果がありそうな印象をうけるが、実際にはそれほど簡単ではない。原因に取り組むためには、その背景にある根本的な問題を突き止めなければならず、そうなるとある一定の世界観が求められる。

その世界観のなかに、自然は何でもよく知っているという発想が含まれていれば大いに役立つ。植物に害虫が発生するのは自然が悪いからではなく、人間の世話が悪いからだと素直に認められる。あるいは土の栄養バランスが悪いのかもしれないし、輪作のやり方が不適切なのかもしれないし、そもそも品種の選び方が間違っていることも考えられる。色々な可能性があるだろう。そのなかから正しい原因を選び出すのだ。農薬で問題を霧散させる選択肢があると、どうしても世話を怠ってしまう。

フェンスを設ける

祖母アンから雑草や植物の健康について教えてもらったことはない。きっと、この問題については何も知らなかったと思う。毎年春になると、祖母は隣の牧場の牛のオーナーであるミッチェルさんとコーヒーを飲むのが習慣になっていて、いつも同じ話を聞かされていた。春には〈ブルーヒルファーム〉の草を牛たちが食べにくる。「ねえ、ストラウスさん、うちの牛たちはね、お宅の農場に来るまであまり草を食べたがらないんですよ。お宅の草には一体どんな魔法が隠されているのかなあ。ここの草を食べた途端、まるまると太るんですから」。アンは「途端にまるまると太る」という言葉を聞くと、山のようなアイスクリームを前にした子どものようなとびきりの笑顔を見せた。自分の手で健康に丈夫に育てたわけではないが、それでも農場の草は彼女の自慢だった。

ミッチェルさんのほめ言葉は、僕のような影響されやすい子どもにも効果を発揮した。僕にとって、〈ブルーヒルファーム〉が世界のどこよりも特別な場所であることは揺るぎない事実だったが、その証拠が手に入ったのだ。実際みんなに自慢したわけではないが、とにかく堂々と自慢できる権利を確保できたのは大きい（あの太った牛を見ろよと言ったところで、誰も相手にしないだろう）。

ところがいつの間にか、わが家にとっての一大事が進行していた。ミッチェルさんの牛たちがフェンス沿いに集まって首を下げ、その周辺の草を食べるようになったのだ。首をフェンスの下から窮屈そうに伸ばし、わざわざ牧場以外の場所の草を狙ってくるのは、おいしいことがわかっているからだ。最初はフェンスを気にしながら二口、三口と失敬する程度だったが、まもなくフェンスを完全に無視するようになった。境界線のフェンスを押し倒してわが家の敷地に侵入し、わが物顔で歩き回り始めた。そしてついには庭にまで押しかけ、芝生全体に散らばっていった。八月には一週間に二度か三度、このような狼藉を働くようになっていた。そんなとき僕は、祖母がブラインドを開けて叫ぶ声で目を覚ましたものだ。「もうよしてくれない」という嘆きが聞こえてきた（丹精込めた花壇に敵がすでに侵入しているときは、「早く出ていけ」と悪態をついた）。牛たちは遠征に満足げだが、祖母はかんかんに怒っていた。

お昼近くになると、ミッチェルさんのふたりの息子、ロバートとデールがやって来て、牛を牧草地まで連れ帰った。それから僕たちは一時間かけて、フェンスの修理を行った。フェンスに沿って歩きながら、牛どもに利用されそうなところはないか注意深く確認していくのだ。これはいかにも効果がありそうで、祖母の怒りも静まった。ところが夏が終わる頃には、すべてが徒労に終わった。ベルリンの壁でも建てないかぎり、牛たちを確実に牧草地にとどめておく方法はなかった。

祖母が死んでから何年も後、僕はアンドレ・ヴォアザンの著書を読んだ。ヴォアザンはフランス人で、土と動物と人間の健康のあいだの関連性について研究した生化学者である。本には一八世紀の農家の女性が登場するが、彼女は自分の土地を持たないので道端の草を牛に食べさせていた。ところがこの牛は乳の出が非常によく、牧草の草を食べているよその牛よりもはるかに優秀だった。そこで近所の農家は大枚をはたいてこの女性から子牛を購入するのだが、牧草地で育てると乳の出が悪くなることがわかった。優れた遺伝子を持つ子牛を手に入れたと思ったが、そうではなく、決め手は道端の草だった。

道に生えている草は多種多様で、管理の悪い牧草地よりも栄養的に牛のニーズに合っていたのである。

おそらく〈ブルーヒルファーム〉の牛たちも、同じことを僕たちに教えてくれたのではないか。もしかしたら、牧草は実際にはそれほどおいしくなかったのかもしれない。ミッチェルさんはよい草だと言ってほめてくれたが、それは本心ではなかった可能性が考えられる。小さな嘘で祖母の心を和らげ、草をただで食べさせてもらう魂胆だったのかもしれない。あるいは、牧草の質が長年のうちに低下していたのかもしれない。いずれにしても、牛は何かを語りかけていた。ところが、それが何だか深く考えもせず、僕たちはフェンスを修理して境界の安全を確保するための努力をした。なぜなら、こわれたフェンスという症状を処理するほうが、お腹を空かせた牛たちがやって来る原因に対処するよりはるかに簡単だったからだ。

土の話す言葉

クラースは雑草の管理にラーデマッヘルの知恵を取り入れ、独自の方法を確立した。生涯をかけて取り組んできた雑草の駆除――どの農家にとってもシーシュポス〔大石を山頂に押し上げ、また転げ落ちてくるのを絶えず押し上げる罰を受けた古代ギリシア神話の王〕並みの苦労だった――をすっぱりあきらめ、相互関係を通じて植物を強化するための一連の戦略に乗り出したのである。

「農業は細切れにはできない」とクラースは語った。「ここでは土地を肥沃にし、あそこでは作物を輪作し、ほかのところで雑草を管理する……それじゃあ、結局はうまくいかなくなる。植物を強くするためには、すべての決断が関わり合っていることを理解しないとね」。植物が正しい方法で支えられ活力を維持していれば、雑草は太刀打ちできない。クラースはそう考えていた。では、植物と競えないような草は、雑草と呼ぶべきなのだろうか。

クラースと僕は歩き続け、べつの畑にやって来た。ここではスペルト小麦が栽培されている。スペルトは古代種の小麦で、クラースの農場では最も利益の大きな作物のひとつである。僕はスペルトのような特殊な小麦をどのように育てるのか、そのメカニズムを知りたかったが、クラースはまだ雑草の話にこだわっていた。

「ある時点で、土のパターンに気づくようになる。特定の草が繰り返し生えてくるとか、逆に消えたとか、そんなパターンが見えるときは、土が何かを語りかけている証拠だ」とクラースは言った。「よく言われることだけれど、土には言葉がある。たとえば、雑草が生えたり生えなかったり、あるいはどの草が強くてどの草が弱いか、そんな形で語りかけてくる。肝心なのは土の言葉を学ぶこと。雑草が何を語りかけているのかを学ぶのさ」

どの雑草が繁殖しているかに注目してみると、土のニーズがわかってくる。チコリーやワイルドキャロット、あるいは可愛らしいノラニンジンが目立つときは、土の肥沃度が足りない。土に栄養分を補給しないまま作物の収穫を続けると、この問題がよく発生する。トウワタが生えていれば、土に亜鉛が足りない証拠だ。ワイルドガーリックが繁殖しているときは硫黄不足で、水分の浸透が足りない土にはスズメノテッポウが成長しやすい。そして土が密になりすぎているところにはアザミが生える。十分なスペースと空気がないので作物の発芽がうまくいかない。

クラースが語るところによれば、土のコミュニケーションは人間よりも明確だ。お腹が空いているときや困っているときには遠慮したり姑息な手段を使ったりせず、何が必要なのかをずばり表現してくる。そして、足りないものがどれだけ必要とされるのかは、土がどの場所にあり、どんなタイプなのかによって決まる。クラースは土のニーズを満たすため、これらの要素を考慮したうえで翌シーズンの作付けの手順を変更していく。

だからといって、土は困っているわけではない。あまり肥料をやりすぎると、簡単にだめになってしまう。土と害虫との関係に注目したエリオット・コールマンから、僕はこの教訓を学んだ。栄養分過多の土は肥沃になりすぎ、バランスを失う。そして結局はその弱点を害虫から攻撃される。「作物は、酒を飲みすぎて街をうろつく男みたいになってくるんだ」と、かつてエリオットは僕に語った。「ゆっくりこちらに歩いてくる様子をみれば、尋常じゃないことがわかるよね。でも近づいてこないと、問題を具体的に指摘することはできない。害虫の攻撃を受ける前の作物は、そんな状態なんだよ。何かがおかしい」

クラースはこのたとえに共感し、「農業で何よりも痛い教訓はね、良かれと思ってやりすぎたことが仇になることなんだ」と言った。たしかに肥料をやれば、作物はぐんぐん成長する。だから将来への保険として肥料を与えすぎ、それが悲惨な結果をもたらす。たとえば、土に有機肥料をやりすぎて炭素が不必要に多くなると、小規模農家の大敵であるハキダメギクが繁殖する。炭素を吸収しすぎて酩酊状態になった土は、雑草の力をかりてしらふに戻り、栄養過多の解消に努めようとするのだ。

僕はある農家から聞いた話をクラースに伝えた。畑にハキダメギクを見かけると、それを雑草からの宣戦布告と見なし、退治するために作物を全部刈り取り、豆やニンジンを引き抜き、すべてを処分するのだという。自分もかつては肥料をやりすぎていたとクラースは回想し、あれは有機農業ではなかったと素直に認めた。

「小規模農家がこの問題に対処するには、草取りを欠かさないか、あるいは農薬を散布して雑草や害虫を駆除するしかない」

しかしクラースほどの規模の穀物農家になると、手で雑草をむしって取り除くのは不可能だ。だから（問題を農薬で解消せずに）雑草の繁殖を抑えるためには、土の声に耳を傾けて植物の健康を維持することが大切になる。農場の規模が大きくなったときに草の違いを見分けられず、土の健康について草が語る声を確認できないようでは、本当に農業をやっているとは言えないし、少なくとも自分に適切な規模ではない。取捨選択を通じ、あるいはゴム製のタイヤを禁じるメノナイトのように厳しい戒律を通じ、管理できる範囲に物事を制約するのは決して時代遅れの発想ではない。

ベルベットリーフは悪者ではない

では、おいしい小麦はどのようにして育つのか。

僕はクラースにそれを学びに来たのだが、まだよくわからなかった。すでに夕方になるのに、見学した畑はふたつだけで、しかも話題は野生の草（僕にとっては雑草）に集中している。おまけに、僕は物事を単純に計算しようとするほうだが、クラースのような農家は計算の仕方が異なり、言うなれば微積分を使う。だから質問に答えるというよりは、色々な問題を関連づけていこうとするのだ。古代ギリシアのように、アポロンの神託にうかがいをたてて問題解決を図るよりは多少ましな習慣と言えるが、発想の違いはいかんともしがたい。

しかし大豆畑に足を踏み入れたとき、ようやく答えが見つかった。農家にとって大豆は、小麦とならんで利益になる作物だ。クラースはある広葉植物に手を伸ばした。それはどこにでもありそうな緑色の葉っぱで、僕のような素人の目には周囲の大豆とほとんど変わらず元気な様子に見えた。「ベルベットリーフだよ」とクラースは言って、にっこり笑いながら一枚の葉っぱを裏返した。するとそこには小さな虫がびっしり密集している。一枚の葉だけで数百匹、いや数千匹はいただろうか。クラースは一枚一枚、葉っぱをひっくり返していった。大豆の畝に沿って歩きながら、ベルベットリーフを見かけると葉っぱを裏返し、僕に観察させる。まるで手の内のカードを見せる手品師のようだ。

「おれにとっての最大の成果を見てもらいたいんだ」と彼は言った。

ベルベットリーフは有害な雑草で（そう、間違いなく雑草だ）、葉の裏側にこびりついている小さな虫はコナジラミと言って始末が悪い。しかしクラースは困惑するどころか、わくわくしている。実際、彼がこれほど満足げな表情を浮かべているところは見たことがなかった。

畑のなかに害虫や雑草が繁殖していることが、なぜそんなに嬉しいのだろう。実はクラースは、ある土壌学者からインスピレーションを得ていた。「有機農法に変えたのをきっかけに、ウィリアム・アルブレヒト博士の本を読み始めたのさ。何かを読んだ途端、それまでの発想が一八〇度覆されることがあるだろう？　博士の本を読んで、まさにそんな体験をしたんだ。『見ているものの本質を理解しなさい』

と博士は言う。うん、いい言葉だね。いいかい、偏見を持たずにじっくり観察しなくちゃいけない。でも実際、じっくり観察しないで見過ごしているときのほうが多いんだ」

クラースは小さな害虫に覆われたベルベットリーフに視線を落とし、手のなかに握った。「コナジラミに侵されたベルベットリーフが畑に生えているのは、よいことなんだ。実際、すごい成果と言ってもいい。でも、見えるものを素直に見ようとしないかぎり、そのわけは理解できない」

＊

ミズーリ大学土壌学部で長年のあいだ学部長を務めたアルブレヒト博士は、一八八八年にイリノイ州中部の農家で生まれた。しばらくラテン語の教授として勤務した後、イリノイ大学で生物学と農業科学を学んだ。当時、大学周辺の大草原では、農民たちが土を耕していた。その後、医学の学位も取得するが、最終的には型どおりの医学を放棄する。（エリオット・コールマンと同じく）病気の治療よりも、むしろ原因の探究に努めるほうがずっと効果的だと考えたからだ。アルブレヒトは原因を研究する道を選んだ。

最初は簡単な観察から始めたアルブレヒトだったが、それが事実上、彼のライフワークを特徴づけることになった。たとえば彼は、牛が首を伸ばし、フェンスの向こう側の草を食べる様子を観察した。僕が少年時代、〈ブルーヒルファーム〉で目撃した牛と同じだ。そしてひとつの疑問を抱く。自由に食べられる草に囲まれているのに、わざわざ鉄条網に絡まるリスクを冒してまで不法侵入するのはなぜか。この疑問をもとに（子どもの僕は、自分たちの敷地に侵入してくる牛の行動に何ら疑問を感じなかったが）、アルブレヒトは牛の意外な真実を発見する。牛は「愚鈍な動物」[29]で、与えられるものは何でも見境なく食べると思われてきたが、実際には何日もかけて根気強く、少しでも栄養価の高い食事を探し求めるのだ。草の先に顔の毛をこすり付け、つぎにどの草を食べればよいか確認する。顔の毛がアンテナのように草の栄養価を感じ取ると、この草の栄養は、食べるために要するエネルギーに値するものだろうかと、牛は頭のなかで素早く計算する。その際、牛は大体判断に迷わないことをアルブレヒトは発見した。

その結果として彼は、洞察力に富む牛たちは草に含有されるミネラルの量に基づき、食べるものを選択しているのではないかと見当をつけた。つまり、牛の好みは化学で解明できるわけだ。一般に「よいとされている草」の前を通り過ぎたあとの行動を、アルブレヒトは観察した。[30]その結果、食べるのは一七種類の異なるタイプの草で、どれもカルシウムやマグネシウムやリンが豊富に含まれていた。ほかの草を選ぶのはエネルギーの無駄だと判断したのも無理はない。

「牛は品種や収穫量や見かけの美しさで飼料作物を分類しない」[31]とアルブレヒトは書いている。草の真の価値を判断する能力は、どんな生化学者にも勝る。この発見に基づき、彼は謙虚な気持ちでつぎのような結論に達した。ただ眺めているだけでは、健康な草は確認できない。肝心なのはじっくり観察し、深く理解することである。

「アルブレヒトは化学の力を利用して答えを見つけた。土の健康に害虫や雑草が直接どんな関わりを持っているのか、土の栄養分に注目して判断した。注目したのは土に足りない栄養分だけじゃない。ここが彼のすごいところだけど、バランスが崩れている栄養分にまで目を向けた。『土を育てれば、土が植物を育ててくれる』っていつも書いている。きちんと条件を整えてやれば、何もかも予想どおりに進行し、同じプロセスが繰り返されるんだ」とクラースは語った。

牛は人間よりも賢いのだろうか、それとも単に食べ方が上手なだけなのだろうか。

ベルベットリーフ撲滅作戦

「当時の畑はまったくひどい状態だった」とクラースは、ベルベットリーフを手にしたまま話を続けた。一九九四年、彼と妻のメアリ＝ハウウェルは隣接する農場を借りることにした。そこは、元の持ち主の手に負えなくなって放棄されていた。クラースの説明によれば、土の起こし方が「間違っていた」のだという。なかには表土があまりにも薄く、下層の土が見えている場所もあった。

「まるで過去の犯罪について調べる科学捜査研究所のスタッフみたいだったよ。こんな畑、何の価値もないっていお隣さんは言うんだ。価値のあるものなんて作れやしないってね。それで実際に足を踏み入れて見回すと、その言葉に嘘はないように思えてきた。雑草だらけで、ベルベットリーフなんてこのくらい伸びていたんだ――」。そう言って、クラースは腕を頭の上まで思い切り伸ばした。「三メートル半ぐらいのもあって、まるで木も同然さ。ベルベットリーフは根っこが木と同じぐらい丈夫だから、人間の手じゃ引き抜けない」

最初の夏、クラースは畑を歩き回って観察することにした。アルブレヒトを見倣い、状態を詳しく知るための作業を根気強く続けた。そして肥沃度の足りない畑を見つけると、色々な種類の作物を植えて土壌の回復に努めた。

以前の持ち主は三〇年以上にわたってトウモロコシを栽培していた。「トウモロコシの状態がだんだん悪くなっていったのを覚えている」とクラースは言った。だんだん実が小さくなり、糖分が少なくなっているようにも思えた。「土が悪くなる最初の兆候は、収穫される作物の品質に表れるとアルブレヒトは書いていたよ」

「味も落ちるの？」と僕は尋ねた。

「うん、そうだよ。収穫量が減るよりも、雑草や害虫にやられるよりも、最初に味が落ちるんだ。運命の予兆さ」。でも、その農家は飼料用のトウモロコシを栽培していたのだから、味が落ちるのもある程度は仕方ないのではないか。僕には最初、クラースがおいしさにこだわりすぎているように感じられたが、よく考えてみれば彼の言うとおりだ。せっかく牛肉を食べるなら、牛が最高の飼料で育てられているほうが嬉しい。アルブレヒトの教えを実践すべきだろう。

そこでまずクラースは、スペルト小麦を植えることにした。しかしスペルト小麦の栽培が目的ではない。そもそも一九九〇年代半ばには、スペルト小麦の大きな市場は存在していなかった。それでも植えたのは、クローバーを植えるための準備だ。スペルト小麦は地面深くまでしっかり根を張るので、土のなかに空洞が生まれ、酸素が供給されて通気性がよくなる。そうすると、クラースの言葉をかりるなら「きれいに洗浄され」、良い土を作るには理想的なのだ。おまけに茎の部分、すなわち藁を土に鋤込めば、炭素の含有量が大きく増加する。

春が訪れるとスペルト小麦が地面から顔を出し始め、そのあいだにところどころクローバーの種が蒔かれた。クローバーが窒素を「調整する」能力には驚かされる。大気に豊富に存在する窒素を取り込み、根に蓄えておくのだ。さらにクローバーは糖分とたんぱく質とミネラルを土に供給するだけでなく、ミミズを呼び寄せて土の通気性を改善してくれる。かつての持ち主の化学的な農法では、このすべてが欠けていた。合成肥料はトウモロコシに窒素を供給して成長を促すが、土そのものは無視されて、収穫に貢献しても見返りを得られない。「毎年暖をとるために家を燃やすようなものさ」とクラースはたとえた。

クローバーから得られる窒素は合成肥料よりも優れていると、クラースは後に語った。土のなかの炭素が窒素を安定した形で取り込んでくれるからだ。「土に炭素がなければ、そして微生物の活動がなければ、窒素は土のなかに留まることができず、どんどん逃げていってしまう」。

クラースは振り返ると、ここから一キロ半も離れていないセネカ湖を指さした。絵のように美しくて穏やかに見えるが、彼はこう教えてくれた。「昔セネカ湖は水がすごくきれいで、その表面はまるで鏡のようだった。ところが長年かけて窒素が地面から大量に漏れ出した結果、水は濁ってしまった。素晴らしい湖が畑からの流出物で汚染されてしまったんだ」

その春、次第に暖かくなるにつれ、クローバーもスペルト小麦も順調に成長した。スペルト小麦のほうが早く発芽していたぶん、クローバーを圧倒してまもなく収穫の時期を迎えた（クローバーがスペルト小麦を圧倒していたら、クローバーは有害な雑草と呼ばれていたはずだ。だからクラースは、雑草という言葉が恣意的だと考えていた）。そして日光や栄養分を競っていた存在のスペルト小麦がいなくなると、クローバーは爆発的に増えた。

「この時点で選択肢が分かれる」とクラースが説明した。「もしも牛を飼っていれば、クローバー畑に連れてくる。きれいなクローバー畑で牛を見たことはあるかな。美しい光景だよね。でも美しいだけじゃない。反すう動物に対して、クローバーはロケット燃料のような効果を発揮する。おまけに牛たちは肥料になる糞を残してくれるから、地面からミネラルが失われない」。僕はクラースの牛の群れが畑でせっせと草を食んでいる光景を思い浮かべようとして、そこではたと気づいた。クラースの農場には牛も、いや、ほかの動物もまったくいない。

「カミさんが動物の世話をいやがるんだ」と説明し、あわてて付け足した。「もちろん、彼女を責めれはしないさ」

しかしクラースもメアリも、土壌の生物そのものを家畜のように見なしていた。「要するに、私たちは家畜を飼っているのよ。農場にたくさんの、すごく小さいのを。微生物も大きな家畜と同じようにきちんと大切に世話しなければだめ。餌もやらないとね」とかつてメアリは言った。

クラースは、スペルト小麦の茎を藁として売らずに残しておいた。そして、それをクローバーと一緒に地面に鋤込んだ。クローバーからは窒素が土に染み込み、藁からは期待どおりに炭素が供給され、土のなかの「ごく小さな」家畜にとって栄養価の高い食事が出来上がる。その結果、それまでの病んだ土地は回復に向かっていった。

＊

クラースはふたたびアルブレヒトの例に倣い、土質試験を行った。「そこからだよ、俄然面白くなったのは」。

クラースは「面白い」と言うが、化学に詳しくない者には理解しにくいかもしれない。アルブレヒトは畑に多くの貢献を残しているが、土質テストもそのひとつで、具体的には土のなかのミネラルのレベルを測定する。主要栄養素――窒素、リン、カリウム、カルシウム、マグネシウム、硫黄――だけでなく、銅、鉄、マンガンなど、少量しか必要とされない微量栄養素（微量元素としても知られる）が測定の対象になる。健康な植物、ひいてはおいしい食べものにとって、どれも欠かせない成分だ。

土質テストは驚くべき結果を示した。窒素の含有レベルがすっかり回復していたのである。クラースはこれでトウモロコシを植える決心がついた。「しばらく待つ計画だった。でも、テストでゴーサインが出たんだ。そもそも、おれたちにとって畑は趣味じゃなくて仕事だし、有機トウモロコシはいつでも高値が付く。だから、いちかばちかやってみることにしたんだよ」。ベルベットリーフはまだ残っていたが、トウモロコシは十分に収穫された。糖分の含有量もほかの畑ほどではなかったが、まずまずで、いちかばちかの挑戦は成功した。

では、つぎに何を育てればよいか。大抵の農家はトウモロコシの収穫に成功すると、つぎは大豆に移る。あるいは、自分はツイていると思えば、もう一度トウモロコシに挑戦するだろう。要するに土が許すならば、いちばん利益の出る作物を選ぶのが普通だ。

しかし、「カラシナにしたんだ」とクラースは言って頭を起こすと、茶目っ気のある笑みを浮かべたが、僕が表情を変えなかったのでがっかりした様子を見せた。「何だって？ これだけ雑草の生えている畑に、また雑草を植えるのかい？」カラシナを植えるのがいかに無謀な試みであるかわかっていたら、僕はそんな反応を見せたはずだった。実際、ペンヤンの近所の農家からはそう言われた。なぜわざわざ雑草を育てるのか。そんなんじゃ、せっかく期待できるもうけが入ってこない、と。

その答えは、土質テストにあった。結果によれば硫黄の含有量が足りなかったのだ。硫黄は主要栄養素のひとつで、植物中のビタミン増加には欠かせず、根の成長にも重要な役割を果たす。土質テストは実際のところ、すでにクラースが注目していた事実の意味を明らかにしたにすぎない。畑は黄色い花で埋め尽くされていたが、硫黄の足りない畑で黄色い花が繁殖することは、常々先輩の農家から聞かされていた。

「『見ているものの本質を理解しろ』というアルブレヒト博士の教えの典型例さ」とクラースは言った。「黄色い花が何のために畑にあるのか、テストで硫黄不足が判明して初めて理解したよ。土が硫黄分を補給してくれと要求していたんだ」

エリオット・コールマンは、優れた有機農家を熟練のロッククライマーにたとえた。[★32]「よりシンプルでエレガントな解決策を求める」点はどちらにも共通しているという。一見、両者の類似はやや不釣り合いな印象を受ける。ロッククライマーが一度でも不手際をやらかせば、大惨事につながりかねない。一方、有機農家が輪作栽培で決断をあやまっても、畑に黄色い花が少し増える程度だ。しかし、失敗も積み重なれば悲惨な結果を招き、おいしい作物の収穫量は激減してしまう。

クラースがカラシナを蒔いたのは、土に硫黄を十分に補給するためである。その一方で彼は、窒素レベルの回復が必要だということもわかっていた。「この時点で、窒素を補給するために大豆を蒔いてもよかったんだ。マメ科の植物だから、窒素をうまく吸収してくれる。でもね、正直なところ」と言って、彼は周囲の作物を怒らせまいと配慮しているかのように体を近づけてささやいた。「大豆は少々怠け者なんだ。利益になるけど、働き者じゃない。それよりは、インゲン豆が役に立つ。缶詰にすれば結構な収入になるしね。莫大な利益じゃないけれど、なかなかのものだろう。豆が土に補給してくれた窒素を蓄えておけば、ほかの作物に役立てられるんだ」

インゲン豆のあとは、トウモロコシに戻るのが常識的な選択肢になる。「でもその代わり、小麦にしたんだ」とクラースはおかしそうに笑いながら言った。「なぜって、人間が実際に食べる作物を育てるのに、これ以上時間をかけたくなかったんだ。トウモロコシに戻ってもよかったさ。窒素は十分だったしね。でも、自分が育てたものをみんなに食べてもらいたかったんだ」

ただし人間の食べものよりも動物の飼料を栽培するほうが農家のもうけになるのが現実であり、それが市場の問題になっているとクラースは訴え、以前から何度も指摘してきた点を改めて強調した。「大部分の畑で飼料用のトウモロコシを栽培すれば、（牛や羊のような）草食動物に穀物を食べさせろと奨励するようなものだろう」。そう言って、頭のなかを整理するかのように一息ついた。「考えるだけで、消化不良を起こしそうだよ」

しかしそうなると、どんな種類の小麦を選ぶかが問題になった。現代の小麦は土にやさしくない。土の状態を回復するスペルト小麦と違って土から奪う一方なので、クラースは慎重に考えた。「たしかに新しい品種のほうが金にはなるけれど、ほかのことも考えなくちゃね。土にどんな成分が蓄えられていて、それをどれだけ引き出せるか。それも含めてあらゆる面を考慮しなければいけない」。熟慮の結果、クラースはエンマー小麦を選んだ。かつてアメリカの北東部一帯で栽培されていた古い品種である。これなら根をしっかり張るので、肥料を大量に与えなくても最適生産量が得られる。

エンマー小麦の収穫直後に、クラースはベルベットリーフの変化に気づいた。「まだたくさん生えていたけれど、背が高くなかった。それに元気もなさそうだった。環境が変化してきたのさ」

やがて、クラースがベルベットリーフを手なずけたことを聞きつけた農学者のグループが、研究のために農場を訪れるようになった。「彼らは毎週やって来たよ。そして最終的な結論として、ベルベットリーフの元気がなくなったのは菌類の影響だって考えたんだ。炭疽菌さ」クラースは当時を振り返って言った。「でも、有機農法の畑では、炭疽菌が生物の命を奪うなんて未だかつてなかった。それなのに犯人だと決めつけたのは、菌類の専門家だったからだと思うよ。菌類のことはよく知っているだろう。だからベルベットリーフは菌類の攻撃でやられたという発想しかできなかったんだ。これは正しいと言えば正しい。ベルベットリーフは炭疽菌に侵されていたからね。でも、間違ってもいた。犯人はべつにいたんだ。コナジラミをすっかり見落としていたのさ」。クラースはもう一度葉っぱを裏返し、コナジラミの密集した葉の様子を僕に再び見せてくれた。これを見落とすなんて、考えられないことだった。

「驚いたよ。ある日畑に行ったら、ベルベットリーフの状態が変わっていたんだから。しおれて元気がなかった。たまたま炭疽菌が付いているぐらいじゃあ、ピンピンしているはずなんだけどね。そのとき閃いたのさ。見ているものの本質を理解しろってアルブレヒトも言っているだろう。突然コナジラミの存在が思い浮かんだ。コナジラミは自然界の清掃係で、最もふさわしくない生き物を攻撃してくれるんだ」

僕は、輪作の畑のなかではいちばん新しい作物である大豆に視線を向けた。ベルベットリーフから一〇センチメートルも離れていない場所にあるのに、コナジラミにまったく侵されていない。土の状態が劇的に変化したおかげで大豆は優先種となり、攻撃に耐えられるようになったのだ。一方、かつては身の丈が三メートル半、丈夫な根っこが全部で一キロメートル半にまで伸びたベルベットリーフは、反比例するかのようにしおれてしまった。まさに息を詰まらせ、雑草としての運命を終わらせようとしていた。

第5章　土は生きている

農家が雑草や農薬をどのように扱うか、シェフが気にかけるべきなのはなぜか。そもそもこの問題を放置すれば、当然ながら環境が汚染される。しかもシェフは食べものを準備する職業だから、たとえば弁護士や会計士よりも農業は身近な存在だ。しかし誰もが食事をすることを考えれば、弁護士や会計士よりもシェフのほうが土壌の管理に目くじらを立てる必要もないはずだ。土の状態が不健康で雑草が発生し、問題解決のために化学肥料や農薬の助けがいるようになれば、シェフに限らず誰でも影響を受けるだろう。

でも、それは本当だろうか。僕はクラースから色々なことを学べば学ぶほど、これまでの自分の発想の間違いに気づくようになった。実はシェフにとって、これは非常に切実な問題だ。なぜなら土がどのように管理され、農家が雑草や害虫をどのように処理するかによって、食べものの味は決まってくるからだ。何よりもわかりやすい指標だと言ってもよい。

果物や野菜や動物、ついでに言えば穀物も、やせた土地で育てられたものは調理が難しい。シェフにとっては、おいしい料理を作りにくい。たとえば八列トウモロコシを素材に使ったポレンタは本物の味がして、生まれて初めてポレンタを食べたような気がした。土の状態が悪ければ、おいしいものは作れない。しかし残念ながら、アメリカの土壌の短い歴史は小麦の歴史と同じで、堕落と死に彩られている。

肥沃な土壌とは

土は生きている。★33 抽象的な意味においてだけではなく、本当に生きている。呼吸を繰り返し、子孫をもうけ、食べものを消化し、たえず温度を変化させる。正しく育てられていれば、土壌の生物は僕たちと同じように呼吸する。酸素を吸い込み、二酸化炭素を大気中に放出する。その意味では、広々とした牧草地は静かな場所ではない。緊迫の第四クォーターを迎え、満員のファンの声援が飛び交うアメリカンフットボールの競技場にも似ている。

そして人間にもいろんなタイプがいるように、土にはたくさんの生物が存在している。細菌、微生物、真菌類、蠕虫《ぜんちゅう》、小昆虫、ナメクジなどが複雑なコミュニティを形成している。僕がクラースの農場を初めて訪れたとき、彼は地面にひざまずき、掘り返した泥を手のひらですくって見せた。「この土のなかには夥しい数の微生物が生きている。ペンヤンの住民をすべて集めてもかなわないさ！これだけたくさんの命を養わなくちゃいけない」と言った。僕は眉を吊り上げて驚いた様子を見せようとしたが、この程度で驚いてはいけない。実際のところ土壌に生息する生物の数は、ペンヤンの人口よりもはるかに多い。スプーン一杯の肥沃な黒土には、一〇〇万匹以上の微生物が生きていると言われてきた。しかも今日の科学者のなかには、この数字もかなり控えめで、一〇億匹以上ではないかと言う者もいる。土は文字通り生命に満ちあふれている。

土には個性もある。必要なものを手に入れるためには環境を操作する（たとえば雑草を生やすなどして）。そしてクラースによれば、土は我々に語りかけている。だから言葉を理解できるようになれば、その内容がわかる。コリン・タッジは著書『樹木と文明』（アスペクト、二〇〇八年、大場秀章監訳・渡会圭子訳）のなかで、生きている組織には複雑なデザインと無限の自己再生能力が備わっており、「ひとつのものというよりは、集合体のパフォーマンス」★34として考えるべきだと書いている。それは土も同じだ。食べものの味は土の健康状態によって決まり、土の健康状態はそこに生息する無数の微生物の活動によって決まることが、僕にもようやくわかりかけてきた。だから、土が自然の状態でどのようなパフォーマンスを見せるのか、確かめてみたくなったのだ。

＊

土はなにかに覆われている。どんなむき出しの地面にも植物や雑草があっという間に生えてきて、緑のじゅうたんが敷き詰められ、様々な成分から守ってくれる。歩道の割れ目から顔を覗かせる草のささやきは、コンクリートに隠された都会の土にも守られたい願望があることの証拠だ。

植物は成長するにつれて、根を地面に深く張っていく。そして最後にその根っこは（刈り取られて放置された枯草も一緒に）分解され腐植土に姿を変える。この魔法のようなプロセス——植物の成分を有機物に変身させるプロセス——は、土のなかの微生物によって実行される。ミミズから昆虫、そして細菌まで、土のなかではたくさんの労働者が作業を続けている。やがて腐植土は塩に変わる。塩といっても食べものに振りかける食塩のようなものではなく、硝酸塩やリン酸塩など、植物の成長を促すために必要な成分だ。このシステムに動物を加えれば、排泄物によって同じ効果がもたらされるが、そのスピードは速くなり、数年の作業が数カ月に短縮される。

複雑なシステムをざっと説明すればこのようになるが、ここで肝心なのは、土が循環を繰り返しながら状態を維持し、(実際には改善までしている)ことだ。生きている根っこはやがて死を迎える。死んだ根っこは土壌の微生物の食べものになる。食べられない部分は新しい草の栄養分になるか、あるいは腐植土に姿を変える。いわば植物の将来のニーズに備えるための、銀行の定期預金のようなものだ。

ところがそこに農業が導入されると、バランスが崩れてしまう。作物を収穫するときには、土壌の肥沃な成分が取り出されて奪われ、(最終的に食べものと一緒に口に入る)。だから同じだけ、あるいはそれ以上に肥沃度を回復させる必要がある。イギリス人科学者で有機農業の父でもあるアルバート・ハワード卿は、これを「回復の法則[★35]」と呼んだ。回復の必要性に交渉の余地がない点に注目すれば、法則という言葉は妥当な選択だろう。肥沃度が回復されないと、土壌は衰える。肥沃度の回復は土の健康にとって欠かせず、ひいては料理の味にとっても欠かせない。

土壌の肥沃度は三つの部分から成り、クラースは好調な企業にたとえてそれを説明してくれた。まず大切なのが利益で、これは収穫時に土から得られる。二番目は運転資本について考えなければいけない。どんなビジネスでも運転資本が成長のけん引役になっているが、土壌の肥沃度の場合には、動物の排泄物やコンポストなど、土に直接栄養分を与えてくれるものがそれに該当する。そして最後に、蓄えを忘れてはいけない。たとえば企業は長い目で生産性を向上させるため、必要な資金を銀行に預けておく。この目的には腐植土がふさわしい。アルブレヒトが語っているように、こうすれば土の「構造」がしっかりするのだ。[★36] 企業を経営していても、三つの部分がうまく機能しないと倒産の憂き目に遭うのと同じだ。

農家は土壌の肥沃度をうまく説明できないかもしれないが、その大切さについてはほぼ常に理解していた。そして栄養分となる排泄物を確保できなかったり、利用の仕方がわからなかったりして回復の法則を破ったときは、まだ開墾されていない土地へと移っていった。新しい土地は豊かな土壌に恵まれているから、枯渇する心配がない。もちろん、実際に枯渇するまでの話で、アメリカの開拓者たちはすぐにその事実を学んだ。

エヴァン・フレイザーとアンドリュー・リマスは共著『食糧の帝国——食物が決定づけた文明の勃興と崩壊』（太田出版、二〇一三年、藤井美佐子訳）のなかで過去の歴史を振り返り、古代ローマやギリシアのような「食糧帝国」も中世ヨーロッパの国々も、どこも同じシステムのもとで栄えたが、いずれも貯蓄がおろそかだったと論じている。食糧を生産したうえで、長距離を輸送して膨れ上がる人口を養った。しかし肥沃度から得られる利益を利用するだけで、銀行には何も預け入れなかった。だからしばらくは機能したが、最終的に土壌が作物を生産できなくなったのだ。[★37]

化学肥料がもたらしたもの

肥沃度にとって最も大事な成分のひとつが窒素である。植物に窒素は欠かせず、それがなければ成長することができない。そんな窒素を土に回復させる方法はふたつ。たとえば大豆やエンドウ豆（クラースの場合はクローバー）のようなマメ科植物を植えれば、大気から窒素を「取り込んで」くれる。

そして、もうひとつの方法では動物の排泄物を使う。排泄物には（アンモニアや有機物の形で）窒素だけでなく、ほかの貴重な栄養素も含まれている。歴史を振り返ってみても、排泄物は農家にとって貴重な存在だった。一九〇〇年代の末になっても、フランスの田舎では嫁ぐ女性の持参金が、実家の農場から出る排泄物の量によって決められていた。[★38] しかしこのやり方にはいくつか欠点がある。そもそも、排泄物のなかの窒素がすべて土に吸収されるわけではない。しかもこのプロセスには時間がかかる。動物はゆっくり草を食む。そして動物に占拠されている場所では、食べものを栽培することができない。

やがて一八四〇年、ドイツ人化学者のユストゥス・フォン・リービッヒが『化学の農業及び生理学への応用』を発表すると、農家に解決策が示された。栄養分をリサイクルする代わりに、土壌を化学的な方法で修正するやり方が提案されたのだ。リービッヒは植物の成長に欠かせない栄養素を三つに限定した。それは窒素、リン酸、カリウムで、略してN－P－Kと表現される。

リービッヒは土壌を豊かにしてくれる微生物の存在を無視して、たった三つの化学元素に注目したのだ。僕たちから見れば無謀としか思えないが、農家の視点からは興味をそそられる発想だ。排泄物に含まれる無機質のおかげで土が肥えるならば、無機質だけを肥料として与え、排泄物についてはすっかり忘れてしまっても同じではないか。窒素を一方的に施してかなりの効果が上がるならば、やたら大変な農作業は時代遅れで、もはや重要とは思えなくなった。

デイヴィッド・モンゴメリーは著書『土の文明史』（築地書館、二〇一〇年、片岡夏実訳）のなかで、人類が森羅万象を解明するうえで、リービッヒの発見は大きな転機になったと論じている。

いまや農家は化学物質を正しい方法で土に混ぜ込み、種を蒔いたら成長を見守るだけで十分になった。[★39]植物の成長にとって触媒作用となる化学物質がもてはやされると、家畜を農業に利用することなど見向きもされなくなった。輪作も行われず、農業に工夫を凝らすのは古くさい発想と見なされた……規模の大きな農芸化学が従来型の農法として定着したのである。

小麦を死に追いやった犯人を特定するのは不可能だ。小麦の場合、「一見すると無関係な様々な出来事が結びついた」結果が悲劇を招いた。しかし土壌が息の根を止められたいきさつはわかりやすい。動機があり（農家はできる限り生産量を増やしたい）、根拠があり（土壌が次第に劣化している）、そして手段（科学）が提供されたのだ。自然の複雑な仕組みに頼りながら土壌を豊かにしてきた農家は、リービッヒの発見をきっかけに方針を改め、手軽な手段で植物を育てるようになったのである。

＊

リービッヒのN－P－Kモデルは農家の発想に劇的な変化をもたらしたかもしれないが、すべてが一夜にして様変わりしたわけではない。少なくとも当初、化学肥料の価格はとてつもなく高かった。

そんな状況に変化を起こしたのが、もうひとりのドイツ人化学者フリッツ・ハーバーである。一九〇九年、ハーバーは空気中の窒素ガスを取り出し、それを生きているものの役に立つ分子に変換させる実験に成功した。彼の考案したプロセスは空気中の窒素を「取り込む」点でマメ科植物と変わりないが、必要なものが濃縮された肥料は手軽で、地面に撒くだけで十分だった。このハーバー・ボッシュプロセス（カール・ボッシュは一九一三年、ハーバーの発明を工場生産の規模にまで拡大した）からは液体アンモニアが生成され、それが窒素肥料の原料になった。第二次世界大戦が終わると、軍需品の生産に明け暮れてきた工場の一部が化学肥料製造工場に衣替えされた。なかには文字通り一夜で装いを改めたところもある。（硝酸アンモニウムは爆発物の重要な成分でもある）。それまでは誰もが世界大戦での勝利を目指してきたが、今度は突然、自然との戦いでの勝利が注目されるようになった。

動かぬ証拠から判断するかぎり、土壌を死に追いやった犯人は間違いなく化学肥料の発明だろう。自然に頼るかぎり、作物の生産には限界があったが、もはや制約が取り払われた。窒素が存在し（大気から無限に供給される）、アンモニア工場を稼働させるエネルギーがあるかぎり（石油産業が成長したおかげで大量に確保された）、農家は家畜を飼う必要も、作物を輪作する必要もなくなった。突然、単作は可能なだけでなく、現実的な農法になったのである。

作家でジャーナリストのマイケル・ポーランは現代社会の食物連鎖の落とし穴について語ることが多いが、単一栽培へと一気に加速した当時の風潮を取り上げ、農業の「原罪」★40だと断じている。単一栽培はさらなる単一栽培をもたらす。技術が進歩したおかげで、効率のよい農業を追求できるようになった。ならば牛や干し草を農場から取り払い、トウモロコシだけをどんどん栽培することの何が悪いのだろう。

　そして結局、それが現実になってしまった。一九〇〇年頃の農業は（少なくとも一定のレベルで）多彩な要素から成り立っていた。[★41] 九八パーセントの農家が鶏を飼い、八二パーセントがトウモロコシを育て、八〇パーセントが乳牛と豚を飼っていた。それから一〇〇年もたたないうちに、鶏を飼う農家はわずか四パーセント、トウモロコシを栽培する農家は二五パーセント、乳牛を飼うところは八パーセント、豚の場合は一〇パーセントにまで減少した。しかも、このうちのひとつだけしか扱わないケースが多くなったのである。

　合成肥料と（窒素を吸収しやすいように改良された）新しい品種を確保した穀物農家には、信じられないほど素晴らしい結果がもたらされた。一九〇〇年から一九六〇年代のあいだに、小麦の収穫量は少なくとも倍増した。トウモロコシはもっとすごい。今日トウモロコシの作付面積は減少しているが、生産高は以前の四倍にもおよぶ（一九〇〇年には二七億ブッシェル〔トウモロコシ一ブッシェル＝約二五キログラム〕だったが、二〇一二年には一〇八億ブッシェルに達した）。

　こうして新たに単一栽培が定着すると、肉の生産方法も変わった。牛はもはや畑を徘徊して肥料になる排泄物を土壌に提供する必要がなくなり、その結果、小屋を離れる理由がなくなった。逆に、餌となる草が小屋に運ばれるようになる。やがてシステム全体が洗練され、動物たちが制約された環境で育てられるようになると、農家は肉の生産を上手に管理できるようになった。飼料工場や肥育場や食肉処理場などによって、動物の食物連鎖全体が工業化された。

＊

この時点で味のよい食べものが姿を消し始めたのは、決して偶然ではない。ポーランは単一栽培を「農業の原罪」と呼んだが、それは食品調理における原罪の誕生につながった。スケールの大きな食品加工である。単一栽培が進行して作物の価格が下がったおかげで、食品加工業が定着したのだ。第二次世界大戦中には、軍隊に食糧を供給するために新しい技術が開発された。その技術を利用して作られる加工食品は調理時間の節約につながり、女性を料理から解放した。

アメリカにおける食品加工業の台頭は、ほぼ常に利便性というレンズを通して評価される。もちろんそれは正当な主張だ。そもそもこのような変化が起きたのは、ハーバーの発明のおかげだ。自然の制約から解放された農家が大量生産に踏み切った結果、食品産業の工業化が一気に進んだのである。ハーバーの発明は人類の救世主として一部で評価されている。いまや合成されるようになった窒素は、およそ三〇億人が食する作物の成長を促している。[★42] しかしその一方、ハーバーの科学的発明によって地球上の窒素は飽和状態になり、農業が化学物質への依存を強めたことを嘆く声も聞かれる。今日僕たちが直面する厄介な環境問題の多くは、化学物質によって引き起こされた。土壌の侵食、地球温暖化、河川や海の汚染……そのすべてに化学物質が関わっている。

科学の多くの発見のなかで良かれ悪しかれ、世界にこれほどの影響をおよぼしたものはほかに見つけることができないだろう。そして食べものの味をこれほど損ねた発見も、ほかにはそう簡単に考えられない。

土の声を代弁する

土の生命力の衰退に誰もが加担したわけではない。農業への化学的アプローチ（いまでは従来型農法と呼ばれる）が抱える問題は、最初からほぼ明らかだった。すでに一九二四年、オーストリア出身の哲学者でバイオダイナミック農法の父であるルドルフ・シュタイナーは、作物の栽培から多様性が失われることの危険を警告していた。この危険について十分に理解されないと、生態系の微妙な関係が損なわれてしまうからだ。

しかし、もの言わぬ土の代弁者として最も注目されたのは、イギリス人のアルバート・ハワード卿だろう〔本書一〇〇ページを参照〕。ウィリアム・アルブレヒトと同じくハワードも、土の健康を総合的な視点からとらえた。地上で起こり得ることのすべては、地下に答えが準備されているという発想だ。したがって彼の考える処方箋も、「土壌、植物、動物、人間のすべてを一括して、健康の問題に総合的に取り組むところから始まる」というものだった。[★43] 彼は土壌学だけでなく、植物学、動物学、医学、後には経済学も学んだ。すべての学問が結局は結びついていると考えたからだ。

そして大学での研究の制約に嫌気がさしたハワードは（「より狭い分野についてより多く学ぶ[★44]」というやり方は彼にとって息が詰まるものだった）、学問を実践にうつす決心をした。三二歳でハワードは開発研究員としてインドに派遣され、近代的な作物栽培方法の一部を農民に教えた。そして二五年間にわたるインド滞在を経て、むしろ自分がインドの農民から教えられたという最終的な結論に達する。じっくりと野外観察を続けた結果、自然こそ「最高の農民である」と理解するようになった。彼にとっては雑草や害虫こそが「農業の先生」だった。[45]
このときの経験から、一九四〇年には、有機農業運動のバイブルとなる『農業聖典』（日本有機農業研究会、二〇〇三年、保田茂監訳、魚住道郎解説）が出版された。健康な土壌が長続きするためには——今日の表現を使えば「持続可能」になるためには——餌の供給を欠かしてはいけない。そのことをハワードは、土の健康を守る小さな虫や微生物たちに代わって訴えた。栄養が行き届いていれば微生物は勤勉に働き、土壌を肥沃にしてくれるし、よい素材から最終的に味のよい食べものが出来上がるなど、色々なおまけがついてくる。ハワードによれば、N－P－Kだけで育てられた野菜は「革を噛んでいるように硬くて繊維が多い。しかも味がしない」という。[46]それに比べて腐植土で育てられた野菜は「柔らかくて噛みやすく、味がしっかりしている」

ハワードの魅力は偽善的でも独善的でもないところだろう。穏やかな性格で、自然に対する信頼には揺るぎがない。著書では事実が淡々と記され（もともと彼は研究員だった）、いま読んでもまったく古い印象がない。だから有機農業の宣言書として評価されているが、思慮に富んだ日誌のようでもある。「土壌を肥沃な状態に維持することは、土の健康や病気への抵抗力を育むための基本である」と『農業聖典』には書かれている。[47]彼にとって化学肥料の流行は、好意的に見ても視野がせまく、悪く見れば愚行で、土壌の生産能力の崩壊につながるものでしかなかった。人工的な肥料は結局のところ「人工的な栄養、人工的な食べもの、人工的な動物、そして行きつくところは人工的な人間」を生み出すことになると信じていた。[48]

土が健康ならば元気な植物が育ち、それを食べる人間は強く賢くなり、文化が発展し、国が豊かになる。結局、悪い土は文明を脅かす。生命で満ちあふれた土壌がなければ、優れた食べもの——健康で持続可能で味のよい食べもの——は決して手に入らない。

第6章　地下に広がる豊かな世界

〈ストーンバーンズセンター〉が二〇〇四年の春に営業を開始したときには、〈ブルーヒル〉の野菜を栽培する土はすでに生命で満ちあふれていた。それは決して運が良かったからではない。エリオット・コールマンの著書で植物を健康に育てるためのアドバイスを初めて読んでから一〇年後、僕はセンターの具体的内容を決めるに当たり、エリオットをコンサルタントとして雇うことにした。そして、野菜の栽培にとって最高の土地を彼に選んでもらったのである。

エリオットが最初に僕たちを訪れたのは、二〇〇二年のある爽やかな秋の午後だった。一一月の終わりで、日が落ちると一気に冷え込んでくるなか、エリオットは落ち着かない様子だった。予め畑の候補地として、彼は敷地内の比較的平らで健康な土地に目星を付けていた。ところがこの日、見学を続けながら緩やかな坂道を見上げる場所に差しかかると、彼は歩みを止めて六エーカーの斜面を詳しく観察し始めた。坂の起点には大きな石造りの建物が建っている（将来〈ブルーヒル〉のダイニングルームにする計画だった）。

「おそらくここでは牛が放牧されていたんだろうな」と、エリオットはほとんど独り言のように静かな声でつぶやいた。そこで僕が振り返ってみると、彼はバッグを地面に投げ出して走り始め、かつて牧草地だった斜面をジグザグに進みながら横切っていった。岩やアザミをよけて走りながらも頭をひねり、沈みゆく太陽の位置を何度も確認する。トマト、キュウリ、ソラマメ、パースニップ〔ニンジンに似た根菜〕、そして八列フリントコーンの畑の予定地を通り過ぎ、斜面のてっぺんまでやって来ると太陽を指さした。そして再び走り始め、いちばん北東までいくと立ち止まり、腰に手を当てて地面を詳しく観察し始めた。このときすでに六〇代だったが（そして今日でも）、何かを熱心に追究するエリオットの姿は明るい希望に満ちている。まるで野生馬のようだ。好奇心が旺盛で、鋭く抜け目ない観察眼を持ち、自然からエネルギーをもらっている。その姿に僕はただひたすら驚嘆した。

「おい、これはすごいよ」と戻ってくるなり、エリオットは僕に言った。土で汚れたブロンドの髪は夕暮れの薄明かりに輝き、大きく見開いた目は脈打っているようで、まるで目から呼吸しているようにも見える。彼は土をひとつかみすくい取り、僕が確認できるようにその手を近づけた。

「これだけ黒ければ十分だろう？　これだよ。畑の土はこうでなくちゃ。ほかの場所のことは忘れよう。ここでどんな野菜が育つのかな。考えるだけで腹が空いてくる」。畑の候補地について心変わりしたのは太陽の位置も関係があるのかと僕は尋ねた。

「太陽だって？　まさか。ちょうどすごくきれいだったから眺めていただけさ」。エリオットはまぶしそうに眼を細め、遠くで夕日が沈んでいく最後の瞬間を楽しんだ。「そうじゃなくて、ここで牛が放牧されていたかどうか確認したかったんだよ」

牛が最もよく草を食べるのは、乳牛舎にいちばん近い場所だとエリオットは説明してくれた（朝五時から牛を必要以上に遠くまで歩かせる必要はないだろう）。たくさん食べればたくさんの排泄物が地面に落とされるから、どこよりもミネラルが豊富になるという。実際、彼の推測は正しかった。ここではかつてロックフェラー家の乳牛が放牧されていたことが後に確認されたのである。

「ここは絶対、有機物が厚い層になっているよ」とエリオットは断言した。「新鮮で、すごくおいしい野菜ができる」

畑の場所を決めると、エリオットにはつぎの仕事が待っていた。野菜を栽培する農家を見つけなければならない。賢明にも彼は、アミーゴ・ボブ・カンティサノに相談した。アミーゴはカリフォルニアの有機農業の世界では伝説的な存在で、大きな影響力を持つ人物である。僕がアミーゴと初めて会った場所は〈ラバーストーク〉〔元F1レーサーのジョディー・シェクターの農場。第1章を参照〕で、このときエリオットからスーパー農家一二人のひとりに選ばれていた。彼は口ひげを生やし、もみあげとあごひげがひとつながりになっている。白髪交じりの豊かな黒髪を背中まで伸ばし、ボブという平凡な名前から連想されるような素朴な人物ではなく、メキシコの革命家パンチョ・ビリャのようなインパクトがある（それで彼は「アミーゴ」と呼ばれるようになったが、これは高校時代のガールフレンドの兄弟がつけた呼び名だ）。

アミーゴが推薦したのはジャック・アルジエルという、オリーブの有機栽培で知り合って見込んだ人物だった。「これまでにおれはずいぶんたくさんの人間と農業をしてきた。でも時々、本人が望めばすごい科学者になれそうな人物がいるんだ。ここの中身が違う」とアミーゴは言いながら、人差し指を頭の側面に押し付けた。「ジャックもそんなやつなのさ」

糖度一六・九のニンジン

ジャックはアミーゴ・ボブの評価に違わぬ優秀な人材で、おいしい食材の追究に関してはエリオットに劣らず好奇心旺盛だった。

ストーンバーンズの〈ブルーヒル〉がオープンして数年後の二〇〇六年、この年は特に寒い日が続いていたが、ある日、ジャックが満面の笑みを浮かべて厨房に駆け込んできた。ジャックは髪が縮れていて、まだ豊かなあごひげを垂らしていたときは、いかにも自然のなかで作業している人間の風貌を備えていた。（本人は否定するが）ポール・バニヤン〔アメリカ入植者たちの民間伝承に登場する巨人〕と若き日のボブ・ディランを足して二で割ったような感じとも言ってもよい。

この日、彼は両手にひとつずつニンジンの束を抱えていた。青い葉っぱがポンポンのように揺れている。こんなとき——新しい品種や完璧な野菜を見せに来るとき——ジャックはすこぶる上機嫌で、こちらは何事かと驚かされてしまう。畑と隣接する厨房では、そんな経験は日常茶飯事だろうと思われるかもしれないが、実際は、畑と厨房がこれだけ近いとお互いに無視せざるを得ない。朝、畑で収穫された野菜が届けられると、その場で分類されたものがクーラーに保存され、ディナーが終わったときには全部なくなっている。そのサイクルがひたすら繰り返されていくのだ。

「結婚と同じさ。毎週一度ぐらいはデートしないと、実際のところ夫婦の会話がなくなってしまうだろう」とかつてジャックは言ったことがある。

厨房を訪れたジャックは、見事な出来栄えのニンジンの束をまな板にどさりと置くと、厨房のスタッフがそれを観賞できるように一歩下がった。彼が前回このような形で見せてくれたのは、珍しい品種のショウガだった。そしてその前は、手のひらにすっぽり収まるほど「超小型の」白菜だった。今回はなぜニンジンなのだろう。ニンジンは常に栽培されていて、春と夏は屋外で、秋と冬の大半は温室で育てられる。大体がおいしくできるし、特別よい味の出来だったとしても、そんなに自慢するほどの価値があるだろうか。

「一六・九なんだ」とジャックはようやく口を開いた。「一六、それも、九なんだよ」

「一六・九だって?」と僕は彼の言葉の意味が理解できぬまま繰り返した。

「糖度じゃないか」とジャックは言いながら、その証拠に、小さな携帯式の糖度計をポケットから取り出した。ハイテクの小型望遠鏡のような形状の糖度計は、糖度、すなわち果物や野菜に含まれる糖分の量を測るための器具として普及している。ブドウの甘さのレベルを確認するために長年使われ、ワインメーカーが理想的な収穫時期を決定する際に役立ってきた。

しかし糖度は、健康な油やアミノ酸、たんぱく質、ミネラルの存在を確認するための指標でもあり、特にミネラルはアルブレヒトによって、野菜や果物のおいしさには欠かせない成分と見なされていた。一六・九というのはニンジンの一六・九パーセントが糖分ということで、つまりミネラルの量が半端ではない。厨房のコックは自分の仕事のことしか考えないものだが、これだけ高い数値には、僕も度肝を抜かれるだろうとジャックは確信していた。

「グラフからはみ出すぐらい高いよ」とジャックは言って、僕が彼の自慢のニンジンをかじる様子を見守った。嘘ではなかった。モクムニンジンというこの品種では、これまでの最高の値が一二パーセントどまりだった。だからこの日僕が味わった格別おいしいニンジンは、文字通り突出していたのである。

ジャック・アルジエル

ジャックはロードアイランド州南部の出身で、ポーカタック川沿いに私道を約二キロメートルほど進んだ外れにある農場で育った。午前中、母親はキッチンのドアから息子を外に出し、夕食まで森や野原から戻るのを許さなかった。野山を気ままに探検しながら、彼は自然への情熱を育み、「生命や生命を予感させるものの成り立ちについて、当然のように興味を抱くようになった」★49。やはり子ども時代に同じような経験をした生物学者のE・O・ウィルソンは、この情熱を「生命愛」と呼んでいる。

高校を卒業したジャックは、農業を将来の職業に選ぶ。そしてその夏、家の近くの温室で働き、野菜だけでなく低木や樹木や様々な種類の花を育てた。どれも種から始めず、組織培養法を採用していた。「温室は大体がそうだよ」と彼は説明してくれた。「同じ形の野菜が五〇〇〇個も生まれる」。閉鎖的な環境でこれほどの遺伝的均一性——超単一栽培と言ってもよい——が実現すると、植物は病気への抵抗力が非常に弱くなる。温室での有機栽培が滅多に行われないのはそのためだ。

ジャックはこのシステムの失敗を間近で観察した。「ある日の朝、ゼラニウムに水をやりに行ったんだ。そうしたら、一本の茎に小さな黒い斑点を見つけた。これは大きな災難の前兆だよ」と言って当時を回想した。黒い斑点はかびの仕業だった。温室内のどの花も遺伝子が均一なので、抵抗力が自然に備わっているものはひとつもない。その日の正午には、すべての茎が黒い斑点に侵されていた。

そこでジャックは農場のオーナーのバッド・スミスに相談する。「バッドはそのとき旅行中だったけど、自宅のクローゼットに行ってくれとおれに命じた。そこには一通りの農薬がそろっていて、そこからいちばん強力な殺菌剤を選べと言うんだ。『ジャック、そいつの取り扱いには気を付けろよ』って言われたのを覚えている。バッドがそう言うときは猛毒なんだ」。ジャックは分厚い防護服を着用し、服のすき間はすべてダクトテープでふさぐよう指示された。

「温室に向かって歩く自分の姿は、まるでスペース・モンスターだったね」

そしてそれから四時間、ジャックはゼラニウムに農薬をたっぷり散布した。「一棟目の温室で最初の半分の散布が終わったときには、涙が出てきたね。結局のところ農薬に効き目がないことがわかると、つらくて胸が張り裂けそうになった。なんとか生き残ったゼラニウムは見るも哀れな姿で、皮肉なことに地元の墓地に捨てられた。でも、農薬を散布したときの記憶はいつまでも残った。まったく無意味な戦争のために激戦地に送られたような気分、そう言えばわかるかな。温室をあとにすると、こんなことは二度とやらないと自分に誓ったのさ。それでどうしたと思う？　本当に二度とやらなかったんだ」

ジャックは仕事をやめるつもりだったが、温室栽培農家としてのバッドの才能は尊敬していたので、心を引き裂かれる思いだった。それでも意を決してバッドのオフィスを訪ねた。「なかに入るとバッドがデスクに向かって座っていて、おれに視線を向けた。彼はわかっていた。何が起きたのか、はっきり理解していたんだ。こんな心細そうな表情を見るのは初めてだった。だからやめるとは言い出せなくて、『べつの方法はないんですか』と思わず口走ったのさ。そしてこのときわかったんだ。バッドも農薬を散布したいわけじゃなく、むしろ嫌っていた。従来型の農業をやっている農家は、みんな同じさ。

農薬なんか好きじゃない。彼は『でも、どうすればいいんだ。消費者はゼラニウムをほしがっている。それもたくさん。いい商売になるからね』と言うのがやっとだった」

ジャックはバッドを説得して温室の一部を譲り受け、有機農法に転換した。「それこそ数えきれないほど失敗したさ。でも温室の環境を変えることに成功したら、おれの人生までがらりと変わった。あのとき挑戦するチャンスを与えられず、有機農業が実際にうまくいくことを知らなかったら、おそらく農業をきっぱりやめていたと思うよ」

ジャックはもっと勉強が必要だと痛感する。そこで園芸学を学ぶためにロードアイランド大学に入学するが、二年目にふたたび覚醒した。「園芸学部も、そこで教える教授たちも、みんな現状を見て見ぬふりをしていた。化学産業の味方なんだ。化学産業には生かしておく価値があるって、誰かがどこかで決めたんだね。学校で教えてくれるのはかびを防ぐ方法じゃなくて、ゼラニウムを殺す方法じゃないか。そんな気がしたよ」とジャックは当時を振り返った。

ところが、そのとき彼は図書館で農業関連本のコレクションを見つける。そこにはアルバート・ハワード卿とルドルフ・シュタイナーの著書もあった。「読んですぐピンときて、ようやく頭のなかの霧が晴れたような気分だった。シュタイナーは一九二〇年代半ばの農民に呼びかけ、『化学物質にだまされるな』と訴えていた。そして、彼はおれにも語りかけていた。だってそうだろう。こんなものにだまされないでくださいって、そっくり同じことを、おれはバッドに訴えていたんだから。それまではなかなか自分が正しいと思えなかったけれど、シュタイナーの本を読んだ途端、かつて経験したことがないような自信がわいてきたんだ」

アミーゴ・ボブから〈ストーンバーンズセンター〉での仕事について打診されたとき、ジャックは妻のシャノンとコネチカット州の畑をまかされて幸せな日々を過ごしていた。彼は僕たちの依頼を受けてくれたが、それは自分の設計した農場でハワードとシュタイナーのアイデアを実践するチャンスが与えられたことが大きな理由だ。ジャックは土を周囲のあらゆるものと結びつけて考える。土はすべての動植物の成長に関わると好んで語るが、ひいてはその場所の文化にも影響をおよぼすという。

ただし、僕たちのプロジェクトは順調にスタートしたわけではなかった。

ジャックは当時をつぎのように回想している。

「〈ストーンバーンズ〉がオープンする直前から、おれはここで働くことになった。初日の午前九時、農場の入口のゲートまで車で行ったら、後ろに農薬散布用の大型トラックがいるのさ。トラブルはシューッと解消、そんなやつらだな。ゲートが開くのを待っているうちに、こいつ何者だという気持ちを抑えられなくなった。ついにクラクションを鳴らし、車から降りて尋ねた。『おい、今日はここで何をするんだ』ってね。相手はポカンとした表情で『農薬の散布じゃないか』と答えた。驚いたね。だってここはガチガチの有機農場だぜ。ゲートが開くと、農薬を積んだトラックもおれの車も、どちらもなかに入っていった。『ふざけるなよ』ってダッシュボードを蹴り上げながら大声で叫んだ。せっかく順調だった仕事をやめて、誰も知らない場所にカミさんまで連れてきたんだ。新しい職場に胸を膨らませてやって来たとたん、しょっぱなからつまずいたのさ。この先四年間、農薬の散布が続くと思うとたまらなくなったよ」

「そこで農薬作業員と一緒にオフィスまで行って、そいつにはちょっと待ってもらった。作業小屋には三〇〇人ぐらいいたけれど、肝心の担当者はどこにもいない。だから建設会社の責任者のところに行って、大型トラックの農薬作業員について尋ねた。すると、その日の作業計画表を確認し、間違いないねって言うんだ。温室の建設予定地と屋外の野菜畑の予定地のあいだに池があって、そこに午前九時から農薬のロデオを散布することになっていた。おそらく葦が大発生したからだと思う。葦はやたらに繁殖するだろう？　それに当時はまだ、〈ストーンバーンズセンター〉の完成前だったから、建設会社は必要とあれば何でも実行する。開拓時代の西部にやって来たような気分だったね」

「それはやめてくれと、おれはきっぱり言った。ここは有機農場になるんだ。それなのに農薬なんか撒かれたら、ゲームオーバーさ。建設会社の責任者はロデオがどんな除草剤で、それがどれだけ有害かまったく知らないし、おれが新しい仕事に就いてから、まだ一〇分も経過していないことも知らないよ。でも、こちらを気の毒そうに眺めていたね。そして、おれが農薬作業員なんか追い返してやろうと思っていたら、ロデオの散布は来月まで続き、すでに契約を交わしていると言うのさ。三万五〇〇〇ドルの契約で、署名も済んでいる。そこであわてて作業小屋を離れてジェイムズ（センターの初代最高経営責任者のジェイムズ・フォード）を呼び出し、早速計画を練ったのさ。農薬会社は料金を受け取るが、農薬を散布しない、ということに決め、実際その通りになった。相手は基本的に何もしないで、三万五〇〇〇ドルを受け取ったのさ。あの日、おれの到着が遅れていたらどうなっていたかな。いまでもぞっとするよ」

土の味

糖度一六・九パーセントのモクムニンジンは数食分しかなかったが、印象が強烈だった。そんなわけで翌週、凍てつくように寒い一月の早朝、僕はジャックの温室を訪れ、豊かな土に育まれて未来の「一六・九」が成長している様子をふたりで観察した。やがてジャックは、ニンジンがこれほどおいしくなった経過について詳しく説明してくれた。

二万三〇〇〇平方フィートの温室はしんと静まり返り、頭上で回るファンの機械音だけがかすかに聞こえる。温室を埋め尽くす豊かな黒土を眺めるジャックの顔は、いかにも誇らしげだ。この土は〈ストーンバーンズセンター〉の駐車場から掘り出されたもので、ジャックが愛着を感じるのも無理はない。廃棄される運命にあったその土を、ジャックが救い出したのだ。それから最高品質の堆肥を作るためのレシピを考案し、完成した堆肥を残土に混ぜて有機物の含有量を増やした。幾重にも連なる新しい野菜畑で、堆肥は一列ごとにていねいに埋め込まれていった。

僕は堆肥の効果について知っているし（理解しているから）、ジャックの工夫した堆肥の質の高さに強い印象を受けていた。数年間かけて熟成させた土から、糖度が一六・九パーセントもあるニンジンが育つのも納得できる。しかし実際、どのようなプロセスをたどったのだろうか。

ジャックは地面を指さして、「ここでは戦争が起きているんだ」と言った。

「戦争」とは、ずいぶんおかしな表現をする。堆肥が完成するプロセスは、密接な協力関係から成り立つものだと僕は常に考えていた。葉っぱやトゲや草が最終的に生命を終えると、土の上に炭素の茶色いカーペットが敷き詰められる。（牛などの）草食動物や（鶏などの）鳥が表面を定期的にかき乱すと、（蠕虫など）土壌生物が刺激され、有機物を地中深く引き込む。そして、枯れた根っこなどと一緒に地中で分解され、植物に栄養分として補給されるのだ。

ジャックは「戦争」という言葉の意味の説明に入り、それを聞くうちに僕の気持ちは揺らいできた。すべての土壌生物は目的を共有し、土のコミュニティを改善するために協力し合うものだと考えていたが、そんな単純なものではないことがわかってきた。そこには厳密な階級制度が存在している。第一次レベルの消費者（微生物）はコミュニティのなかで最も小さくて数が多く、有機物質の大きな断片を小さな残留物に分解する。第二次消費者（原生動物など）は、第一次消費者やその排泄物を餌として食べる。そして第三次消費者（ムカデや甲虫）は第二次消費者を食べる。ジャックの説明を聞けば聞くほど、土は危険に満ちた複雑なコミュニティのように感じられてきた。同レベルの生物のあいだでも攻撃し合うときがあり（たとえば菌類は線虫を食べるし、逆もあり得る）、どんな小さな捕食者も共食いする可能性があり、実際にその機会は多い。

地中のすべての生物は互いに影響し合わなければならないとジャックは説明を続けた。「もちろん協力関係は大切だよ。でも、生物系を維持するためには、乱暴に容赦なく振る舞う必要もあるんだ」だがそれを「戦争」と呼ぶのは少し大げさではないだろうか。ジャックの比喩について土壌学者のフレッド・マグドフに意見を求めると、彼は同じプロセスを「抑制と均衡」のシステムにたとえて言った。「土壌が形成される仕組みは、実に美しいと思うよ。色々な種類の食べものが十分に存在しているとき、生物は当然の行動をとるものさ。進化の過程で自分たちの食糧として選ばれたものを『食べて生きる』。たしかに生物は食べたり食べられたりするけれど、それを戦争と呼ぶのはどうかな。人間はニンジンを食べるけれど、ニンジンに宣戦布告しているわけじゃない。生物のコミュニティは複雑な関係を通して繁栄している」

食べものをおいしくするために必要なのは、まさにそんなシステムだ。戦いと呼ぶにせよ、協力と呼ぶにせよ、こうした行動の一部始終の結果として、不溶性分子は分解された後、植物が吸収しやすい形に作り替えられる。コーヒー作りに似たプロセスと言ってもよい。「コーヒー豆を濾過する場合と、細かく挽いた粉を濾過する場合との出来上がりの違いを想像してごらん」と、かつて僕は農業経営者から言われた。

うんと細かく分解された栄養素がいくつか結合すると、「ファイトニュートリエント」（植物由来栄養素）という味の決め手になる化合物が生まれる。「たとえばカルシウムだけれど、カルシウムが含まれていればおいしいわけじゃない。少なくとも、直接の原因ではないよ。微生物に食べられ分解された栄養素は、寄せ集められるとべつの分子に姿を変える。その複雑なプロセスがおいしさの素を作り出すさ。こうして分解された分子を植物があちこちから集めてきて、触媒作用をおよぼすと、ファイトニュートリエントが生み出される。味はひとつの化合物によって作られるものではない。いくつかの化合物がまとまることが肝心なんだ」とジャックは言った。

モクムニンジンにかぎらず、どんな野菜や穀物や果物を育てるにせよ、ファイトニュートリエント——アミノ酸やエステルやフラボノイドなど——は、おいしさに欠かせない要素だとジャックは説明した。そして地面にかがみ込み、不揃いの場所を手できれいにならした。それから「あともうひとつ、これもおろそかにできないことだけれど、いや、いちばん重要だと言ってもいいが、ファイトニュートリエントは植物の免疫系の形成にも欠かせない。成長を支える要素のひとつなんだ」と教えてくれた。殺虫剤や殺菌剤が使われると、植物に生来備わっている防衛機能が奪われ、ひいてはファイトニュートリエントがほとんど生み出されなくなってしまう。有機栽培される果物や野菜は通常栽培されるものに比べると、抗酸化物質をはじめ、防御に欠かせない化合物の含有量が一〇～五〇パーセントも高いという研究結果もある。★50

有機作物のほうが従来の作物よりおいしい一因として、一部の科学者はこの点を指摘する。土壌生物学者のエンレーヌ・インガムは、つぎのように説明してくれた。「ファイトニュートリエントはあらゆる風味化合物の基礎を成す要素なのよ。風味化合物の多くは複雑な構造をしている。生み出されるまでにはかなりのエネルギーを要するし、様々な栄養素で支えてあげなければいけない。植物がおいしさを表現するためには、優れた栄養素が欠かせないわ。本当においしいものは、そう簡単に手に入らない。甘味を加えるほうがずっと簡単。でも、微妙で複雑な味を出すのは無理でしょうね。本物のおいしさの決め手は、植物の健康よ」

僕はクラースとベルベットリーフのことを考えた。彼の畑の大豆はベルベットリーフへの抵抗力を持っている。それは土が健康な証拠だが、作物のおいしさも保証してくれるはずだ。

「その通りだよ」。クラースの畑について僕から聞かされると、ジャックは相槌を打った。「作物のおいしさと健康は、一心同体なんだ。どちらもお互いに欠かせない。土のなかの微生物の扱いを間違えず、繁殖に必要なものを全部与えてやれば、あとはおれのために働いてくれる。こうしてよい環境で育った作物を料理に出せばいいのさ」

温室をあとにしながら、おいしさが創造される仕組みの細かい部分はまだ謎に包まれていることをジャックは認めた。彼は何年も前、オリーブを栽培する試みでその事実を学んだ。最初彼は蒸留酢に注目した。塩を混ぜて溶かしたものを活力剤として使うと、予想どおりのオリーブの実がなった。だからおいしいけれども、味が画一的だった。「そこで今度は、殺菌も濾過もしていない酢を使うことにした。当然、なかには菌類や細菌が含まれている。半年から一年もすると、オリーブの一部はフルーツみたいな味になった。焦げ臭いのもあるし、挽き立ての豆にちかいものもあった。驚いたな！　土も同じさ。色々と工夫を凝らせば、それをきっかけに新しい味がいくつも生まれ、植物の可能性が十分に生かされ発揮される。肝心なのは行動を起こすことだよ。でも、土のなかで何が進行しているか、本当のところわからないね」

この話に僕は驚かされた。何しろジャックからは、土のなかで進行していることを正確に把握しているような印象を常に受けていた。しかし結局、彼の理解は正しい。たとえば一九四〇年に『農業聖典』を著したアルバート・ハワード卿も、地中のすべての微生物に命名するのは不可能だっただろう。ファイトニュートリエントを発見しても、それがどんな働きをするのかわからなかったはずだ。彼は化学の専門知識を持ち、堆肥の父とも言える存在だが、十分な堆肥を混ぜ込んだ土壌ではどんな化学反応が進行しているのか、そのすべてを説明することはできなかっただろう。そこまでする必要はなかった。ジャックと同じくハワードも、自分の知らないことがあっても問題にしなかったと思う。むしろちょっと謎めいた空白の部分があれば、相手に対する敬意や畏怖さえも感じられるものだ。

少し知らない部分があれば、収穫の状態を常に操作できるという誤解も生まれない。自然がどのように機能するのかわからないほうが謙虚でいられるし、はるかに健康ではないだろうか。生態学者のフランク・エグラーの言葉をかりれば、「自然は私たちが考えるほど複雑ではないが、私たちの考えがおよばないほど複雑なところもある」★51

*

微生物の豊富な土からおいしいニンジンが生まれるならば、生命が存在しない土からはまずいニンジンしか生まれない。有機農業と化学製品に頼る農業では、土の状態が大きく違う。堆肥に含まれる栄養素は、生物体系の一部に組み込まれている。土のなかの生物はお互いに食べたり食べられたりを繰り返すが、そのプロセスを通じていったん吸収された栄養素は絶えず土に放出される。その結果、植物には必要な栄養分が常に提供されていく。肥料に比べれば量は少ないが、安定して供給される。化学物質を一度に大量に施すわけではないが、じわじわと土に放出される栄養素が最終的に発揮する効果は絶大だ。

肥料を大量に施す際、土の存在は無視される。水溶性の化成肥料は植物の根の部分に直接与えられる。「それだと効き目が早い。水と栄養分がシューッと染み込んでいくだろう。作物はたちまち大きく成長するんだ」とジャックは言った。

通常栽培のサラダ用レタスはこのようにして成長を促される。だから、たとえばカリフォルニアのサリナスバレー産のアイスバーグレタスはほとんど味のないものが多い。大部分が水分で、しかも水は硝酸塩で飽和状態になっているので、ミネラルを取り込む余地が残されていない。

〈ラバーストーク〉でスーパー農家一二人のひとりに選ばれ、ヨーロッパ最大の有機農場を創設したトマス・ハルトゥングは、これを料理にたとえて説明する。「ハーブや新鮮な素材をたっぷり使ったイタリア料理のメインコースを想像してほしい。[★52] 素晴らしくバランスのよい一皿だよね。ところが、そこに塩の入ったボウルをひっくり返したら、まったく食べられなくなってしまう。素材の味は『死んでしまう』。化成肥料で育てられた穀物や野菜や果物にほとんど味がないのは、硝酸塩がミネラルを締め出すからさ」

生物のネットワークに頼らない育て方では、基本的な元素が土から根の部分に供給されない。おまけに土壌の生物は大事な食糧源を奪われてしまう。クラースは畑の泥を手にすくい、そのなかにペンヤンの人口よりもたくさんの微生物が生息していると言って、「これだけの生物から成るコミュニティを食べさせるのは大変だよ」と続けた。義務感に突き動かされていた彼は、「土のなかの生物にごみなんか食べさせたら、畑はどんな状態になるだろう。ひいては、どんな味の代物を口にする羽目になるだろう」と訴えた。

おいしいものを食べる手助けをしてくれる貴重な存在に、制約を課してはいけない。エリオット・コールマンはかつてこう語った。「わずかばかりの液体肥料で生体系全体の代わりをさせるなんて、とんでもない発想だ。[★53] 静脈注射の針を通し、おいしい食事を体内に取り込もうとするようなものだ」

地下の眺め

その年の一一月のある日の夕方、ジャックによるニンジンの個人授業はようやく終了する。このとき彼は、秋に収穫されるモクムニンジン畑の隣に九〇センチメートルほどの溝を掘った。僕たちはその溝のなかに入り、黒土の壁の断面を観察した。子どもの頃、七年生の生物の授業で、ガラス張りのアリの巣を観察したときのことを思い出す。薄闇のなかで、土はすべてをさらけ出しているような、逆に隠しているような、どちらのようにも見える。地下の案内人を務めるジャックはむき出しの土を小枝で指しながら、土のなかで作物の味がどのように作られるのか、課外授業を始めた。

「これを見てもらおうか。誰でも土について、化学や生物学の立場から話したがるだろう」とジャックは言いながら、壁に沿って指を走らせた。「でも、土の構造が有機体によって支えられていなければ、化学や生物学について話しても意味はない。何もうまく機能しないいさ」

根系は小さなハイウェイや裏道のように広がり、そこを微生物が自由に動き回る。ちょうど焼き立てのパンのような印象を受ける。おいしく焼けたパンはしっとりとした柔らかい手触りで、大小様々な気泡があちこちに現れている。溝のなかでは細くて白い根毛が密集し、土をつかみ取っている様子が観察できるが、オーブンでパンが膨らむために必要なグルテンにも似ている。これに比べて不健康な土は、ケーキミックスにたとえられる。土は乾燥して硬く、空気が循環したり微生物が動いたりするスペースが確保されない（クラースがスペルト小麦の輪作を提唱したのも無理はない。大きな根っこが地面深くまで張り巡らされるので、土壌のコミュニティが繁栄するスペースが創造される）。

ジャックはふたたび小枝を使い、今度は根っこのまわりの小さな部分に円を描いた。根圏と呼ばれるところだ。ここは土のなかで最も競争の激しい環境で、微生物の繁殖率はほかの場所より一〇〇倍も高い。根っこは周辺に栄養素の存在を感じ取ると、豊かな栄養分を確保するため地面を掘り進む。土が健康な状態なら、菌根菌と呼ばれる微生物が根の組織と結合し、無敵のパートナーシップを築く。根っこは地面深くまで張り、土壌から提供される栄養分をどんどん吸収していく。

「菌根菌と共生する植物は、石油会社のようなものさ」とジャックは言った。「石油探索をするときは、埋蔵量が豊かだと見当をつけた場所に巨額の費用を投じるだろう。根っこも同じさ。誘因を働かせるんだ」植物は菌類の助けをかりて根っこを伸ばすために、エネルギーの三〇パーセントを費やすという。こうして土のなかのわずかなスペースにも侵入し、栄養分を確保するのだ。

ちなみにこのメカニズムは、おいしいワインが作られる前提条件でもある。僕はそれをランダル・グラハムから学んだ。彼はカリフォルニア州サンタクルーズで〈ボニー・ドゥーン・ヴィンヤード〉を営む、前衛的なワインメーカーのオーナーだ。「菌根菌は小さな創造主だよ。植物にミネラルを運んでくれる。すると、どんな味になると思う？ 変わらないんだ。最高のワインはとにかく味が変わらない。鼻でにおいをかぐだろう。それから何度飲んでみても、あるいはボトルを一週間開けっ放しにしても、味が変わらないんだ。味が落ちないし酸化もしない。ミネラルが豊富だからだよ」と彼は説明してくれた。

つぎにジャックは目立たない場所を指さし、ここでミネラルが回収されると教えてくれた。「リンも銅も亜鉛も、土のなかの水分と一緒に根っこに吸収されたものはすべて、ここから栄養分として取り込まれていく」。彼は自身も感嘆した様子で続けた。「すごいだろう。おれの言っていることがわかるだろう。ここでは化学も生物学も関係ない。植物の物理的構造が微生物や菌類にやさしいものなら、すべてはうまく機能するんだ。植物が一日の終わりにおいしい晩御飯を探すときに、食卓を整えておかなければいけないのさ」

やがて僕は溝から頭を出して外を覗いた。ちょうど、高いところにある野菜畑が落ち日に照らされ黄金色に輝いている。僕は八年前の秋の夕暮を思い出した（そういえば、同じような日の同じ時間だった）。あのときエリオット・コールマンは原っぱを縦横無尽に走り回り、足元の土は有機物質の厚い層になっていると直感した。その判断に間違いはなかった。

「健康なシステムにとっては、見えない部分が肝心なんだ。外に見えるものが、それにふさわしい重量を持つ根っこと微生物によって地下から支えられている。どれもね」と言いながらジャックは、頭上のすべての野菜を手で指し示した。

ふさわしい重量と言われても、簡単には想像できない。生態学者のデイヴィッド・ウルフが、人間は「地下視覚障害」★54だと語っているように、僕たちは足元より下にあるものは見ることができない。景観の見方を変えるためには、言うなれば管制室を訪れてみなければならない（僕の場合は溝にもぐり、地下の世界を線虫の視点で眺めた）。野菜、樹木、野草、低木、草……地上に見えるものは、その大きさにふさわしい根系が地中に存在している。僕は突然、ウェス・ジャクソンが見せてくれた多年生小麦の写真を思い出した。根っこが氷山のように長く伸びていた。太陽の光を浴びて青くみずみずしいわけではないし、画家や詩人の創作意欲をかきたてるわけでもなく、野山を歩きながら観賞する気にもなれないが、その小麦は、自然の営みの半分は地下世界で進行していることを教えてくれたのだった。

糖度〇・〇——産業有機栽培のニンジン

厨房の場面に戻ろう。ジャックは糖度計を持ち出し、べつのモクムニンジンの束の糖度を測ったところ、どれもやはり一二から一四の良い数値を示した。そのとき誰かが冷蔵庫にストックしてあるニンジンを引っ張り出してきた。メキシコ産のありふれたニンジンで、大きくて形がそろっている。仕入れが安く、野菜や肉のストックの間に合わせとしては便利な素材だ。

モクムニンジンに可溶性窒素を加えれば成長が早くなるのかな。僕がそう尋ねると、ジャックはこう答えた。「いや。結局、何もかも破壊してしまう。窒素化合物を加えるなんて、爆弾を落とすようなものだ。窒素爆弾と同じさ。土壌の生物が暮らすコミュニティのど真ん中に爆弾を落としたらどうなると思う?」

「もしも僕が菌根菌だったら……★55」

「馬鹿なこと言うなよ。だめだよ、そんなの。窒素はね、アヽンヽモヽニヽアの分子を構成しているんだ。床の掃除に使うアンモニアだよ。あれは燃えるだろう。それよりも二倍、いや三倍も強力なんだよ。きみが菌類なら、寄せ付けちゃだめだよ」と言いながら、ジャックは絶対にだめだと伝えるかのように手で空を切った。

メキシコのニンジンは大規模な有機農家で生産された。マイケル・ポーランが「産業有機栽培」と呼び、かつてエリオット・コールマンが「浅い有機栽培」と語ったものの一例だ。★56 そのような農家は化学肥料や農薬を意図的に避け、技術的には有機栽培の規制を守っているが、あらゆる機会をとらえて有機的な理念に背く行為を繰り返す。単一栽培にこだわり、原因ではなく症状に注目し、攻撃してくる敵を直接退治するだけで、土を育てようとはしない。

「こうしたニンジンは全部、砂地で栽培されるんだ。砂と水と肥料だけさ」とジャックは教えてくれた。浅い有機栽培では、有機肥料が商売道具として使われる。化学肥料と同じく水溶液の形で施され、土壌ではなく植物を育てる。

ジャックはニンジンの汁を絞り、糖度計の数値をみてつぶやいた。「嘘だろう」

「いくつだった?」ジャックの表情から察するに、メキシコ産のニンジンの値は二〇・九だろうと見当をつけた。

糖度計を振ってさらに汁を絞り出し、ジャックはモニターに目を凝らした。「すごい……ゼロだよ」

「ゼロ?」

「〇・〇」と言いながら、僕に表示を見せてくれた。「糖分はいっさい検出されていない」

「糖分ゼロのニンジンなんて、あり得ないだろう」と僕は言った。

ジャックは一瞬沈黙し、まるで実験でもしているかのようにニンジンを光にかざした。「おれだってそう思うよ」

糖度がこれほど違うことにはいくつかの要因が考えられるとジャックは説明してくれた。そもそもモクムニンジンは、究極の味を求めて栽培された。だから収穫量や保存期間が重視されるメキシコ産のニンジンよりも、遺伝子レベルで有利な立場を確保している。実際、モクムとメキシコ産を比べるのは、ニンジン同士を比較しているとは言えない。そしてさらにモクムニンジンはストレス反応、具体的には、この地域でおなじみの寒波襲来への反応が優れている。気温が急激に下がると、ニンジンはでんぷんを糖分に変える。この巧妙な生理反応のおかげで内部温度が上昇し、氷の結晶の形成が抑えられ、ニンジンは寒さを生き延びることができる。対照的にメキシコ産のニンジンは、摂氏一五・六度という爽やかな環境ですら、一日たりとも生きられない。

しかしいま指摘したような事柄は、二種類のニンジンの根本的な違いから目をそらすための言い訳にすぎない。ジャックのニンジンは土から栄養分を十分に与えられたが、メキシコのニンジンは何も与えられていない。この肌寒い秋の日の午後が終わる頃には、僕は土に関するパラダイムシフトをもうひとつ経験した。それまで僕は、従来型農業についてかなり単純なイメージを抱き、気づかないうちに勘違いをしていた。化学に頼る農業では土が汚染されてしまう（実際にその可能性はある）と信じ、農薬の混じったものを食べてもおいしくないし、体に悪いと考えてきた（おそらくその通りだろう）。しかし、糖度一六・九のニンジンを目指すためのもっと大きな点を見逃していた。土のなかでは小さな生物たちが複雑かつ豊かなコミュニティを形成しているが、化学に頼る農業は――そして質の悪い有機農業も――そんな生物たちからおいしいものを食べる機会を奪い、やがて生物は死んでしまう。その結果、土は生命を奪われるのだ。

＊

「よいものを食べれば健康になる」とアルブレヒトは言った。[57]そしてよいものを食べるという表現は、単に野菜や果物を食べることだけを意味しない。彼は野菜や果物が何を食べているかについても知りたいと考えた（マイケル・ポーランも述べているように、人は食べるものだけで形成されるわけではない。「人が食べるものが何を食べるかによっても影響される」[58]）。

アルブレヒトは糖度○・○のニンジンがあると知っても驚かなかっただろう。土壌の微生物には「最高級の食卓を準備して」、ミネラルたっぷりの料理を提供すべきだと警告していたのだから。さもないと本当に健康な植物は育たないし、ひいては僕たちも健康になれない。

一九四二年、アルブレヒトは自説の正しさを証明した。第二次世界大戦が始まる直前、ほとんどのアメリカ人は自分の住まいの近くで作られたものを食べていた。あるとき彼は、ミズーリ州の徴兵記録をたまたま目にする機会があり、兵役にふさわしくないと判断された候補者とミネラルの足りない土壌との因果関係を発見したのである。[59]アルブレヒトは地図でミズーリ州をたどりながら、審査にはねられた集団の出身地を確認していった。ミシシッピ川に近い南東部は土がやせているから、出身者は体力面で劣るだろう。それに対して北西部は土が比較的乾燥して（ミネラルが豊富なので）、健康に育つはずだと見当をつけると、実際にその通りだった。南東部出身の候補者一○○○人のうち、四○○人が身体検査の段階ではねられたが、北部出身者は一○○○人のうち二○○人にとどまった。そしてアルブレヒトの予測どおり、ふたつの地域にはさまれた場所は土がまずまずの状態で、三○○人が不合格だった。

第二次世界大戦が終わると、アルブレヒトは土壌肥沃度の劣化に危機感を募らせ、わが国の将来は脅かされていると警告した。そしてアメリカで土壌の健康と肥沃度を回復するため、国の主導で大がかりなプロジェクトを進めるよう呼びかける。しかし残念ながら現状は反対の方向に進み、アメリカの農業は工業化されてしまった。当然ながら、野菜や果物、穀物、ミルク、畜産物さえも被害をこうむる。この五〇年から七〇年のあいだに、多くの野菜の栄養分が五〜四〇パーセントの範囲で失われてしまった[*]。いまでは研究者は大がかりな「バイオマスの低下」について指摘している[★60]。植物に含有される栄養素の濃度が低すぎると、いくら食べても十分な栄養は確保できない。

　僕はかつて「持続可能な食事に関する委員会」のメンバーだったとき、パネリストとして栄養素密度の低下について取り上げ、特に土のミネラル含有量の減少が様々な食事関連の病気を引き起こしていると指摘した。すると、ひとりの栄養士が反論してきた。食べものから微量元素の一部が失われたのは事実かもしれないが、人間は生きるためにこれらの元素をわずかしか必要としないし、いずれにしても排泄されるものだ。亜鉛、セレン、銅などが微量元素と呼ばれるのは、文字通り微量で十分だからだという。そしてこう続けた。

「現代の食事の何が問題かと言えば、間違った食事ばかり食べすぎることでしょう。それなのに、あなたは本当の問題から目を背けている。果物や野菜が安く大量に供給されるフードシステムを嘆くなんて、おかしいですよ。新鮮な食材が冷凍食品や缶詰などの加工食品として提供されるんですよ。ミネラルが犠牲になると言うけど、そんなものわずかな量で、一日の終わりにはトイレで流されてしまう。一体何が不満なのか、おそらくあなた自身、おわかりではないのでしょう」

　彼の批判にはいくつかの真実が含まれている。今日の世界では、八億四〇〇〇万もの人が慢性的な飢えに苦しんでいる。そんななか、食事に含まれる炭水化物や脂肪でエネルギーの大半を摂取できる国の人たちが、微量栄養素の不足した食べものに目くじらを立てることなど難しい。[★61] 窒素と水で膨らませたニンジンでも、栄養とカロリーを摂取できるニンジンには違いないのだ。糖度一六・九パーセントのモクムニンジンと比べるなんて、ぜいたくな話だろう。

しかし、微量栄養素は本当に微量で十分だと認めてしまうと、微量なものは食事に不要だと見なすことになってしまい、それはそれで困った状況に陥る。

この栄養士の反論を受けた数年後、僕はジョーン・ダイ・ガッソーに出会い、彼女のおかげで答えを見つけることができた。ジョーンはコロンビア大学の栄養教育で指導的立場にあった女性で、何年も前から産業化された食システムを分析し、批判し続けてきた。「私はマーガリンよりもバターのほうが好き。化学者よりも牛のほうが信頼できるもの」という彼女の発言は有名だ。彼女は〈ラバーストーク〉で選ばれたスーパー農家一二人のひとりでもあり、〈ストーンバーンズセンター〉がオープンするときには相談相手になってくれた。

土壌のミネラルは人間の栄養として欠かせず、健康な食事の中心的要素であるとジョーンは断言する。「何らかの理由で特定の栄養素にしか目が行かず、それが健康を促進する特効薬であるかのように考えてしまうケースが多いけれど、肝心なのは様々な食品を摂取すること。食事はひとつではないわ。色々なものを食べてこそ、必要な栄養を十分に確保できるのよ」と彼女は言った。

＊　ドナルド・デイヴィスによれば、この結果におよぼす遺伝子の影響はごく一部で、生産者が収穫量にこだわることが大きな原因だという。「実際、収穫量を重視する生産者は炭水化物の含有量にばかり注目する。ほかの栄養素や無数のファイトケミカル（植物由来の化学物質）が収穫高に比例して増える保証はない」と彼は述べる。

ではジョーンなら、あのとき栄養士の質問にどう答えただろうか。おそらく相手にも質問していただろう。「XもYも必要な量はわずかで、たくさん摂取しても排泄されるだけだと言うけれど、どうしてそれがわかるの」と。壊血病のような欠乏性疾患ならビタミンCが特効薬として機能するかもしれないが、今日の僕たちはほかの病気の心配もしなければいけない。

いいこと、とジョーンは続けた。「変性疾患〔細胞や組織などが徐々に変質し、ついには死滅して機能を失う疾患の総称〕についても考えないといけないわ。変性疾患は長い時間をかけて進行していくものよ。特効薬なんてない。食事の面から健康な生活を心がけるしかないの」

残念ながら欧米の食事は、健康な生活の支えになるとは思えない。過去一〇〇年のあいだには食生活に起因する様々な病気が急増したが、肥満がこれほど流行するとは予測できなかっただろう。しかしすでに一九三〇年代、アルブレヒトは問題の核心にかなり近づいた。ミネラルが豊富な土に育った草を食べる牛は、食事のバランスがよいことに彼は注目したのである。これに対し、家畜小屋に閉じ込められて予め決められた穀物を餌として与えられる牛は、いつまでも食べるのをやめようとしない。食べものに含まれていない栄養分を何とか補おうとして食べ続けるが、満たされない状態が続く。僕たちが体に食べものを詰め込もうとするのも同じ理由からだとアルブレヒトは確信した。微量栄養素が足りないので、それを確保するまで食べ続けたくなるのだという。

もちろん、肥満の問題には様々な事柄が影響している。それでも、アルブレヒトの母校であるミズーリ大学の農業経済学部名誉教授のジョン・イカードは、ミネラル不足と肥満との関係に注目したアルブレヒトの研究はもっと真剣に考慮されるべきだと論じている。

かつてイカードは「もしもアルブレヒトの指摘どおり、人間とほかの動物の体の仕組みが基本的に同じだとすれば、食材の選択肢が限られた場合に私たちはどんな行動をとるだろうか。[★62] 基本的な栄養素が十分に摂取されないと、不足を補おうとするあまり、ほかの栄養分を必要以上に取り続けるだろう。食事のなかに基本的な栄養素が足りないと、足りないのが少量でも満腹感が得られず、健康を損なうほどたくさんのカロリーを摂取してしまう」と語った。

そしてイカードは恐ろしい統計を紹介する。一九〇〇年から一九五〇年にかけてアメリカ人の運動量は減少し、それに伴ってカロリー消費量も減った。ところが二〇世紀後半になると、運動量の減少に反比例して食事の量が増えている。「体を動かさない生活様式がアメリカ人のあいだで普及した結果、肥満が増加したのは間違いない。[★63] しかし、食べすぎによる肥満が、新しい生活様式を生み出したのも事実だろう。そして多くのアメリカ人が食べすぎるのは、いくら食べても必要な栄養素が得られないからだ。人類はこの一〇〇年間で大して進化していないが、食システムは確実に変化した」とイカードは述べている。

栄養分の不足した土と肥満との関連性については、これまでほとんど考えられてこなかった。ミネラルの豊富な土が健康な植物を育てることを科学者が理解するようにはなったが、摂取した栄養分を植物が利用していく仕組みについては未だにほとんど解明されていない。

「ミネラルから分子が作られるメカニズムについて正しく理解している人間はひとりもいない」とジョーンは語った。しかしこの合成作用は、健康な植物にも健康な人間にとっても欠かせない。「食べものは、ミネラルの代謝によって生まれた様々な分子が混じり合っていなければならない。食事にはあらゆる成分がまんべんなく含まれるのが本来の姿なの。それなのに食事の栄養分がかたよってしまうと、少なくとも栄養的にはまったく役立たずになってしまう」。ところがほとんどの栄養学者はその状態に満足し、野菜や果物、パンに含まれる特定のビタミンにだけ注目する。これにはビタミンAが、こちらにはカルシウムが、そしてあれには葉酸が一日当たりの推奨栄養所要量だけ含まれているといった具合に。

しかし、アルブレヒトは違った。ほかの研究者とは逆に、健康な人たちを観察するところから始めたのだ。「彼は、健康な食事はどうあるべきかを考えるのではなく、健康な人たちを観察し、何が健康の秘訣か考えたんだ。そしてほぼ常に、最後は健康な土まで遡ったね」とクラースは言った。

食事には、ミネラルの代謝から生まれた様々な分子が混じり合っているべきだとジョーンは語ったが、結局はそのプロセスが味を創造するのだろう。ジャックも指摘しているように、料理の味を決めるのは個々のミネラルではない。カルシウムやマンガン、コバルトや銅が存在するだけでは十分ではない。そのすべてがひとつの化合物に合成されて初めて、味は生まれる。ミネラルの代謝がさかんであればあるほど、優れた味が生まれるチャンスは増えていく。

ミネラルを豊富に含み、生物学的に豊かな土で育てられた食べものは、本当においしく感じられるし、味が安定している。結局のところ僕たちの味蕾《みらい》は、どんな科学者のツールよりもはるかに感度が優れている。

エリオット・コールマンも同感だろう。彼はかつて僕にこう語った。「畑から収穫したばかりのニンジンを、食卓で妻と食べた夜のことは忘れないよ。ふたりともしばらくは夢中で食べ続けた。でもそのうち、フォークを持っている手を動かせなくなったのさ。ニンジンがオレンジ色の光を放っているんだ。驚いたね。本当に、照明を当てたみたいに光っているのさ。僕はただ座ったまま、目の前のニンジンを眺めるしかなかった。何かが進行していたんだよ。どうしてこうなったんだろう。栄養学者なら『まさか、ニンジンはしょせんニンジンにすぎない』と笑い飛ばすだろうね。科学者は『ニンジンなんて、どれも同じだ』って素っ気ないだろう。でも、食べればわかる。味が絶品なんだよ」

第Ⅱ部

大地

――自然からの贈り物

第7章　スペイン産のおいしいフォアグラ

アメリカの農村地帯で屋上に立ったところを想像してほしい（最近では農村の風景も万国共通になったが）。どこまでも続く畑には、同じ種類の野菜が整然と植えられているはずだ。その光景から判断するかぎり、人間は自然との戦いに勝ったと言えるのかもしれない。第二次世界大戦後に続けられてきた戦いで、自然は僕たち人間に白旗を揚げたようにも見える。どこもかしこも画一的だ。アイダホ州ブラックフットの屋上からは、何十万エーカーものアイダホポテトの畑が見渡せる。フロリダ州イモカリーではトマト、カリフォルニア州キャストロビルではアーティチョーク、テキサス州ヘレフォードではアンガス牛、カンザス州サムナー郡では小麦が膨大な面積を独占している。そしてアイオワ州の農村では、トウモロコシと大豆の畑しか視界に入ってこない。

これはアグリビジネスの究極の姿だ。現代のアメリカの食事は、ひとつの農産物の大量生産によって支えられている。その対極にあるのが小規模農家だろう。家族の目が行き届くこぢんまりとした畑で生産された作物は、地産地消愛好家のあいだで人気が高く、ファーマーズマーケットに並べられ、そのおかげで地元のCSA（地域のコミュニティに支持された農業）は成り立っている。五〇〇〇エーカーの畑で単一栽培された作物や閉鎖的な畜舎で育てられた家畜に比べると、野菜の種類も家畜の品種も豊富で多様性に富んでいる。しかし、これは特殊化という弊害も伴う。農家は野菜、果物、穀物、食肉用の家畜のいずれかを手がけ、四つに同時には取り組まない（様々な作物を上手に輪作するクラースの農場は例外だが、それでも家畜は含まれない）。

僕はクラースの農場で土について学び、〈ストーンバーンズ〉の農場ではジャックが掘った溝のなかに潜り、地下の世界を観察した。そのことはすでに紹介したが、実を言うとそれ以前、べつの場所で広大な土地を屋上から眺める機会があった。それは地球のちょうど裏側にあるスペインのエストレマドゥーラ州で、このとき僕が目にしたのはまったく異なる田園風景だった。ここでは農業が自然の景観を支配するというより、自然を見事な造形作品に仕立て上げている。低い石垣で仕切られた草原がつなぎ合わされた様子は、まるでパッチワークのベッドカバーのようだ。

僕が屋上から眺めた土地はデエサと呼ばれ、ここでは二〇〇〇年以上にわたって独自の農業が実践されてきた。樫の木の森が点在する広大な牧草地の面積は一万三〇〇〇平方マイル〔約四・七ヘクタール〕以上にもおよぶ。この景観は何千年も昔の姿をとどめているが、ある事実がなければほとんど話題にのぼらないだろう。そう、ここは世界で最も愛される食べもののひとつ、ハモンイベリコの誕生の地なのだ。マホガニーのように濃い赤色のこの塩漬けハムは、ユニークな飼育方法から生まれた。眼下に広がる有名な樫の木の森では、イベリコ種の黒豚が昔ながらの方法で放牧され大事に育てられている。

サバンナを髣髴とさせるデエサがイベリコ豚の完璧な生息地になったのは、自然の地形を生かした設計が理想的な形で実現したおかげだ。僕もそのくらいの予備知識は持ち合わせていたが、いざ現地を訪れ、天候にも恵まれたその風景を実際に自分の目で確かめてみると、素晴らしさに圧倒されてしまった。かつてここは深い森に覆われていたが、農民たちが計画的に伐採を行った。その結果、広々とした空間のところどころに樹齢五〇〇年の大きな樫の木が残る独自の景観が生まれたのである。イベリコ豚はよく繁った草を嬉しそうにかき分け、ドングリをつぎつぎと見つけては口に入れる。その豚から作られるハモン（ハム）はナッツのような香ばしい風味で、脂肪は驚くほどきめ細かい。

だが屋上から全体を俯瞰して初めて、デエサは豚だけの天国ではないという事実を理解することができた。羊や牛がのんびり草を食んでいる広い牧草地は、鬱蒼とした森でところどころ仕切られている。遠くのほうには耕作地があり、大麦、オーツ麦、ライ麦などの穀物が栽培されている。そして小さなスペイン風の住居も点在しており、庭には野菜が栽培され、洗濯ものがぶら下がっていて、何とも不思議な風景だ。日々農業が営まれている土地の真ん中に、人間のコミュニティが現実のものとして存在しているのだ。

デエサはスペイン人のアイデンティティの拠りどころとまではいかなくても、そこから生まれる古い樫の木や伝統的なハモンは人びとの尊敬の対象になってきた。しかし、デエサにはもっと大きな存在意義がある。工業型農業に支えられた今日の食体系に代わるものとして、小規模で多様性に富んだ農業コミュニティは最善の選択肢だと言われるが、抽象的な言葉からは具体的なイメージがなかなか思い浮かばない。ところが僕は幸運にも、屋上からデエサの全景を遠くまではっきり見渡すというまたとないチャンスに恵まれた。目の前に広がるその風景は、持続可能な農業の未来の青写真のようであり、料理の未来の青写真のようでもあった。

＊

僕はエストレマドゥーラ州を何回か訪れたすえ、屋上から眺めた風景によって大事なことを学んだ。スペイン西部に位置するこの州は、田園地帯に広がるデエサで名高い。だが僕がここにやって来たのは、完璧なハムを探すためでも、二〇〇〇年前から変わらない景観を見学するためでもない。天然のフォアグラを食べるためだった。

シェフにあるまじき行為と思われても無理はないだろう。わざわざスペインまでフォアグラを食べにいくなんて、おいしいバーベキューを食べにカナダを訪れるようなものだ。だいいち、「天然ものの」フォアグラなんてあり得ない。

美食家にとっては垂涎の的で、嫌いな人からは悪魔の食べものとも酷評されるフォアグラは、「太らせた肝臓」という意味のフランス語で、まさにその言葉どおりの一品だ。ガチョウやカモの食道には殺される前に、大量の餌が流し込まれる。その前の数週間で食べさせられる穀物は、一生涯で口にする量よりも多く、餌を過剰供給された肝臓は、通常の一〇倍にまで肥大する。体重およそ八〇キログラムの人が、毎日およそ二〇キログラムのパスタを食べるようなものだ。[★1] フォアグラという言葉にはおいしそうな響きがあるが、果たしてこれは自然な食べものだろうか？　残念ながらそうとは言えない。

少なくとも僕は長らくそう信じてきた。ところがある日、〈ブルーヒル〉の共同オーナーである兄のデイヴィッドが、「ニューズウィーク」誌の三段におよぶ記事の切り抜きを僕のデスクに置いた。そこにはエストレマドゥーラ州で農業を営むエドゥアルド・スーザという人物が紹介されていた。なんとエドゥアルドは、強制肥育をしないでフォアグラを生産しているのだという。その記事によれば、彼は季節の変化に敏感なガチョウの本能を利用して、放し飼い方式で餌やりをしている。渡り鳥の例に漏れず、ガチョウは生来備わっている能力によって寒さに本能的に反応する。気温が下がると食べる量を増やして脂肪を蓄え、長い移動への準備を整える。その結果、肝臓は自然に肥大するのだというが、そんなことがあり得るのだろうか。僕はこの記事をデスクの前のボードにピンで留め、詳しく調べてみようと思った。

　フォアグラはとかくマスコミの注目を受けやすいが、本書執筆当時は特に取り上げられる機会が急に増えていた。すでにシカゴでは二〇〇六年にフォアグラの販売が禁止され、カリフォルニアとニューヨークの両州でも関連法案が審議中で、動物の権利を擁護する活動家もこの問題には大きく関わっていた（フォアグラの支持者は一連の動きに激しく反発した）*。「ガバージュ」と呼ばれる強制肥育においては、ガチョウの喉に金属の棒を突っ込んで強制的に餌を与える。それが痛みを伴う残酷な行為だと非難されたのである。ファーム・サンクチュアリ〔畜産動物の権利を擁護する団体〕のビデオには、太りすぎて衰弱したガチョウが登場するが、この映像を見れば、この習慣が物議を醸していることも納得できる。動物福祉という点からは、ガチョウの強制肥育はまったく賛同できるものではないからだ。

　このように道徳的な理由で特定の製品を非難するのは簡単だが、料理に使うことを拒むのは難しい。なぜならフォアグラはおいしい。これは僕たちシェフにとって由々しき問題である。口のなかでとろけるような味わいはまさに絶品で、その滑らかな脂肪は、どんなに質素な料理も豪華に変身させてしまう魔力を持っている。要するにフォアグラを使えば、誰でも一流シェフに見えてしまうのだ。

＊

僕が初めて食べたフォアグラは、缶詰に入っていた。一九七〇年代半ば、商売を営む父のもとにふたりのフランス人がやって来た。子どものボードゲームのアイデアの売り込みのためで、自宅の居間で商談が行われた。そのときふたりが持参したのが、黒い缶に入ったフォアグラだったのだ。父はメルバトーストを持ってくると、「おい、こっちへ来い。うまいものがあるぞ」と、テレビを見ていた僕と兄に声をかけた。客のひとりが大げさな動作で、ぬめりのある灰色のフォアグラの厚切りを缶のなかから取り出す。その間もうひとりの客は、フォアグラの長い伝統について宗教家のような情熱を込めて語り、フランス人の上質な生活がこの品によっても証明されると講釈を続ける。口に入れたときの第一印象は、正直なところまずかった。においも歯ごたえも、何もかも受け付けられなかった。ただし、賞賛しかねる食べものへの不快感は長続きせず、なぜか尊敬する気持ちだけがいつまでも残った。

それから一二年後、僕は別の形でフォアグラと再会する。当時の僕は、ロサンゼルスの高級レストランで見習いの仕事を始めてからまだ一週間足らずだった。ところがある日、ジャン＝ルイ・パラディンがゲストシェフとして招かれ、夜の特別メニューを準備することになったのだ。

＊ シカゴでのフォアグラの販売禁止は後に取り消されたが、カリフォルニアでは二〇一二年からレストランでのフォアグラの提供が正式に禁止された。

「パラディンって誰？」と僕はソーシエ〔ソース作り専門の料理人〕のマットに尋ねた。

「シェフのパラディンじゃないか。アメリカ最高のシェフのパラディンだよ」と、マットは驚きの表情を浮かべて教えてくれた。

彼の言葉は決して誇張ではなかった。フランス南西部のガスコーニュでパラディンが営業していたレストランの〈ラ・ターブル・デ・コルドリエ〉がミシュランの二ツ星を獲得したとき、彼は弱冠二八歳で、それまでの最年少記録だった。ガスコーニュ地方と言えば、ピレネー産のラムや山羊の乳から作られた高品質のチーズが特産として知られるが、なんと言ってもフォアグラが名高い。ほとんどのシェフが独り立ちを目指して奮闘しているような年齢で、すでにパラディンはあこがれの三ツ星を獲得するのも時間の問題だと見られていた。三ツ星ともなれば、世界最高のシェフの仲間入りができる。ところが彼は、突然故郷のフランスを去り、アメリカの首都ワシントンのウォーターゲートにレストランの〈ジャン＝ルイ〉をオープンしたのだ。

パラディンが一九七九年にアメリカにやって来たとき、アメリカの料理界は冬の時代を迎えていた。生活の近代化が進むなか、大手食品企業は国民への売り込みに成功を収めた。一九三〇年代には一部の消費者のアイテムだった加工済みの冷凍のファーストフードは、一九七〇年代になると広く食卓に定着していた。この頃にはスーパーマーケットの数も増え、激しい価格競争が展開される。そして薄利を少しでも増やすための競争は、食品の販売方法だけでなく、食材の生産にも影響を与えた。多様性は失われ、品質は低下し、味よりも量が優先されるようになったのだ。農業の規模が大きくなり効率のよさが追い求められると、小規模農家は販路をほとんど奪われてしまう。ファーマーズマーケットはまだ誕生したばかりで、消費者が直接アクセスする手段はなかった。結局、大勢の農家が土地を開発業者に売却して現金を懐に収めた。

大抵のフランス人シェフならこのアメリカの料理界の惨状を見て、不毛の地だと酷評するところだが、パラディンは違った。「アメリカが遅れているという話は、あの頃は毎日のように聞かされたよ」とニューヨークでレストランを経営するドリュー・ニーポレントは、一流フレンチレストランで働いていた当時を回想して言う。「バターはフランス産のほうがおいしい。豆もフランスのほうがおいしい――そんなふうにフランスの優れた食材は絶対権力者のように崇められていたが、でも、そんなのは神話だった」

パラディンは最初にこの神話の仮面をはがしたひとりだった。彼はバージニアハムやスウィートコーンなど、アメリカの象徴的な食品の価値を素直に認め、フランス料理の伝統的なテクニックで魔法をかけた。その結果、素朴なベイクドポテトやクラブケーキは料理の芸術品へと変身した。さらに彼はフジツボやブラッドソーセージ、豚の耳など、評価が低くて（顧みられないことの多い）食材もメニューに取り入れる。

しかし彼にとって最も大切な食材であるフォアグラは、当時アメリカでは手に入らず、輸入も禁止されていた（缶詰は許されていたが、味にこだわらない人でも拒みたくなるほどまずかった）。それでもパラディンはくじけなかった。フランスまで出向き、ガチョウのフォアグラをアンコウの食道に詰め込んで密輸したのだ。[★2] 帰国の際、密輸品を取り締まる税関の職員も魚のなかは調べないと見越してのことで、その予想はみごとに当たった。密輸の全盛時、パラディンは一週間におよそ二〇個のフォアグラをせっせと持ち込み、本物の味にこだわる食通のため、メニューには載せられていない特別の一品として提供したのである。

この大胆不敵な行動のおかげで、パラディンはシェフのなかのシェフとして評価され、料理界の押しも押されぬスターに上り詰めた。こうしてジャン＝ルイ・パラディンが新たに創造したアメリカ料理を味わうため、全米のシェフやグルメが彼のレストランを訪れるようになった。

＊

当時の僕はそんなことをまったく知らなかった。それでもその日、ロサンゼルスのレストランに入ってきたときのパラディンは、注目されることに慣れている人間に独特のオーラを放っていた。強い印象を受けないほうが難しいだろう。背が高くスリムで、大きな頭は驚くほどの縮れ毛で覆われている。堂々と男らしい様子で小さな厨房を所狭しと動き回り、低く野太い声で指示を連発していく。大きなメガネの奥の目は、相手を射貫くような鋭い眼光を発する。常に動き回り、チキンソースを準備する仕上げの段階ではその動きが頂点に達した。チキンの首肉とモモ肉を焼いたあとの肉汁に赤ワインを注ぎ、かき混ぜ、泡立て、香りを出していく最中、数秒ごとに味見をしているように見えた。

午後六時、すべての準備が整って客が到着し始めると、ジャン＝ルイ・パラディンは料理用レンジの前を落ち着かない様子で行ったり来たりしながら、大きな手を叩いてつぎの行動を促す。「注文！」と命じるとすかさず注文が入り、厨房はいきなりエンジン全開となり、僕もその喧騒に巻き込まれた。

この喧騒のなかで、いつまでも記憶に残る料理があった。ひとつは普通なら捨ててしまうような部位を使ったチキン料理で、砂嚢、とさか、それに「ソリレス」と呼ばれる骨盤のあたりの筋肉すべてを、一緒にソースで煮込んだ一品だ。調理されるプロセスをそばで見ているだけで、深い感動を味わった。一方、フォアグラと栗のスープは、実際に味見をして素晴らしさを確認した。パラディンは魔法使いのようだった。

フランスの伝統

フランスの伝統料理フォアグラは農家で誕生した。[★3] フランス南部の農村地帯では、箱に閉じ込められたガチョウの飼育を女性が担当していた。ガチョウは一日に三回、お湯でドロドロにした飼料を食道に流し込まれ、腹部に円を描くようにていねいにマッサージを施される。そしてクリスマスに間に合うよう殺され、商品となったフォアグラは、大事な食卓に欠かせない一品となった。

やがて一七七八年、アルザス地方の知事の料理長だったジャン＝ジョセフ・クローズが、「コンタード風パテ」を考案する。トリュフの香りが加えられ、フォアグラをパイ生地で巻いて焼き上げたこの一品は絶妙の味に仕上がった。おそらく国王の賞賛がほしかった知事は、このパテをルイ一六世のもとに送り、「国王の料理」と絶賛される。結局、知事はそのままの地位にとどまったが、シェフのクローズはピストル二〇丁を賜り（今日なら四ツ星に匹敵？）、フォアグラは世界の料理の頂点に上り詰めたのだ。

フォアグラはフランスで最も愛される料理のひとつで、フランスのクリスマスの食卓を飾る一品として未だに重宝されている。しかし伝統料理の例に漏れず、フォアグラは大きく変化したことで消滅を免れた。その背景にあったのが、産業革命をきっかけとした技術の進歩と価値観の変化である。産業革命は生産技術の飛躍的な進歩を促した。衛生環境が改善され、大麦やミレットの代わりにトウモロコシが飼料として使われるようになると、家畜はどんどん体重を増やし、やせた落ちこぼれがいなくなった。しかし産業革命は、目に見えない部分にも変化を引き起こした。大量生産される画一的な動物を、人びとは商品とみなすようになったのだ。

一八六二年にアルザス料理の研究書『*L'Ancienne Alsace a Table*』を発表したシャルル・ジェラールは、つぎのように書いている。「ガチョウそのものは大した存在ではない。[★4] しかし人間はそれを、素晴らしい料理を作るための手段に作り替えた。ガチョウという生きた温室のなかで、美食家にとって最高の果実が育てられている」。肝心なのはガチョウそのものではなく、飼育のプロセスなのだ。この時代には、自然を人工的に操作して食品の生産に生かす技術がどんどん進化していった。

一九六〇年代になると当時の農業の例に漏れず、フォアグラ作りのプロセスも機械化と集約化が進み、専業の生産者が増えていった。そして大量生産に適しているという理由で、ガチョウの代わりにカモが「食材」として好まれるようになった。ガチョウは興奮しやすく敏感な鳥で、ストレスを受けやすいので、肝臓を肥大させるためには十分な配慮が必要だ。だが、カモなら順応性に優れているので、余計な気を使わなくてすむ。

一九七〇年代にはカモの新しいハイブリッド種が登場し、カモの肝臓はフォアグラの食材として不動の地位を確立する。このときブリーダーは、バリケン〔カモ科のノバリケンを家禽化した〕のオスとペキンダックのメスを交配させ、モーラードという「雑種」のカモの新種を作り出した。カモにかぎらずどの動物でも、異なった品種同士の交配によって生まれた新しい世代のなかには、優れた特性が見られることが多い。これは「雑種強勢」という現象で、時には両親のいずれよりも健康で成長が早くなり、おいしい肉を確保できる。交配種をうまく誕生させれば、雑種強勢によって畜産農家のふところが豊かになる可能性があるわけで、モーラードはその一例だ。親のバリケンやペキンダックと比べ、モーラードは工場の環境に耐える能力が高い。病気への抵抗力もあるし、従順で、体重も増えやすいので肝臓が大きくなる。しかも人工授精によって、いくらでも作り出すことができる。

シェフにとって、この新しい交配種は看過できない利点をもうひとつ備えていた。ガチョウやバリケンの肝臓はきめが細かく、鍋で熱すると脂肪の大半が融けてなくなる。これに対してモーラードの肝臓は熱しても原形をとどめているので、おいしいフォアグラを火で調理して、客に感動を味わってもらうことができる（それまでは、ステーキのような厚切りのフォアグラなど想像もできなかった）。要するにモーラードは、農家にもシェフにも恩恵をもたらした。丈夫な鳥を手に入れた農家は、インフルエンザの流行で利益の三分の一が失われる悩みから解放された。そしてシェフは、八〇ドルもするカモの肝臓の大半が鍋のなかで融けていっても、だまって見守るしかなかった状況から解放されたのである。

二〇〇七年になると、フランスではフォアグラ用に三五〇〇万羽のモーラードが飼育され、ガチョウはわずか八〇万羽にとどまった。[★5] 今日、フォアグラの作り方は万国共通で、フランス、アメリカ、ハンガリー、イスラエル、どの国でも変わらない（イスラエルでは、二〇〇五年にフォアグラの生産が禁止された）。ところが、スペインの片隅では、エドゥアルド・スーザがまったく異なったやり方に挑戦していた。

一八一二年以降、エドゥアルドの一家が静かに受け継いできた伝統は、二〇〇六年にニュースの一面を飾った。エドゥアルドのフォアグラがパリ国際食品見本市（ＳＩＡＬ）で革新性を認められ、特別賞を授与されたのだ。何千人ものライバルを押しのけての快挙で、このコンペにフランス人以外のフォアグラ生産者が参加するのは初めてだった。後に感想を尋ねられたエドゥアルドは、「スペイン人がフォアグラで賞を獲ったんだよ。フランス人なら怒るよね」と言った。

フランス人はエドゥアルドのフォアグラを非難した。最初は不正行為だといって責め立て、つぎはフォアグラと呼ぶことさえ拒んだのである。フランスフォアグラ生産者委員会の事務局長マリー・ピエール・ペーは、「これをフォアグラと呼ぶことはできません。★6 なぜならフォアグラには、人工的に太らせた動物から作られた製品という厳密な定義が存在しているからです」と述べた。

要するに強制肥育が行われなければフォアグラではないというわけだ。

反すう動物の気持ち

何カ月ものあいだ、エドゥアルドについての「ニューズウィーク」誌の記事は僕のデスクの上のコルクボードに貼られたまま、ほとんど忘れられていた。フォアグラは〈ブルーヒル〉の定番メニューではないし、必要なときも困ることはなかった。〈ハドソンバレー・フォアグラ〉というニューヨーク州北部の熟練した生産者が、国内の腕利きのシェフたちに完璧なフォアグラを常時提供してくれるからだ。

僕にとって、そして大半のシェフにとって、フォアグラのことで議論するとしたら、どのように下準備するのがベストかということぐらいだった。

ところがある出来事をきっかけに、僕はフォアグラに対する見解を改めた。フォアグラのことで心を痛めるようになったのは、過熱する政治論争や胸の痛むようなPETA（動物の倫理的扱いを求める人びとの会）のビデオ映像の影響ではない。七月はじめ、子羊と一緒に過ごした朝のひと時がきっかけだった。

その朝、僕は牧草地まで歩き、〈ストーンバーンズ〉の農場で家畜担当アシスタントを務めるパドレイクの行動を観察した。彼は一〇〇頭ほどの羊を新しい牧草地に移動させるところで、このとき僕は想像力を膨らませ、タバコのCMに登場するマルボロマンのような勇ましいパドレイクの姿を心に思い描いた。身の丈一九〇センチメートルで彫りの深い顔立ちのパドレイクは、眼光鋭く、太陽のもとでカウボーイハットを斜めに傾けてかぶっている。そろそろ噛みタバコのスコールの缶を開けるのではないか、革の鞭を使って羊や子羊を追い立てるのではないか。僕はそんな展開を期待したが、見事に外れた。彼はやさしい声で羊たちに呼びかけ、グラスファイバー製のフェンスを開けると、最初の一頭の子羊を新しい草地に穏やかに導いた。そのメスの子羊は、新しい食事にありつける喜びを全身で表現しながら小走りしていった。

「よしよし」と言いながらパドレイクが子羊の尻を軽く叩くと、ほかの羊たちもまとまって、新しいパドックめがけて一斉に押し寄せていく。その様子はバイソンの群れの小型版のようにも見えた。

僕はその瞬間まで、おいしいラムについて十分理解しているつもりだった。長年にわたって地元農家からたくさん調達してきたし、数えきれないほどのラムチョップを焼き、すね肉もたくさん調理してきたから、正しく育てられたラムは一口味わえばすぐにわかると思っていた。ところが実は、僕にはまだ知らないことがあった。クラースからウィリアム・アルブレヒトについて教えられるのは後日になってからで、「見ているものの本質を理解する」姿勢が僕には欠けていた。ラムは何を食べたいのか、それまで僕は考えようともしなかったのだ。

たしかにこれは、おかしな疑問かもしれない。しかし、広い草原で子羊たちが新しい餌をめがけて嬉しそうに押しかけていく様子を眺めていると、羊たちが自分の食べるものに十分に気を使っていることは容易に認識できた。群れは強制されているわけでも、おだてられているわけでもない。むしろ、選り好みしていると言ってもよい。少年時代、僕が〈ブルーヒルファーム〉で祖母と見ていた牛たちと同じで、目当ての草に向かって一目散に突進していく。クローバーやマスタードグラスをおいしそうに食べるが、ホースネトルやウシノケグサには見向きもしない。ラスベガスのビュッフェで、はやる気持ちを抑えながら料理を取りにいく空腹の客のようだと言えば、おわかりだろう。草をむしゃぶる子羊は食べさせられているのではなく、自分から食べている。その違いは決して小さくない。

僕がまだ若いラインクック〔厨房でサブチーフに当たるスーシェフを補佐する〕だった頃、〈ル・ベルナルダン〉のオーナーシェフとして有名なジルベール・ル・コーズが、シーフードに特化したレストランを始めるに至った経緯について話すのを聞く機会があった。彼は、餌を食べたり戻したりする反すう動物への痛烈な批判を始めた。「牛ほど愚かなものはない。★7ただぼんやりと、一日じゅう草を食べているだけで、まったく気力が感じられない。でも魚は自然界の生き物だから、牛とは次元が違う」。でもあの夏の日の朝、母親のまわりを飛び跳ねる子羊たちの姿は生き生きとしていた。目には生気が宿り、羊毛は太陽の光を浴びてキラキラ輝いている。その様子をパドレイクの隣で眺めていると、ル・コーズの意見には賛同しかねた。

パドレイクは僕たちから少し離れた場所にいる一頭の羊を指さした。草の葉に鼻づらを突っ込み、せわしない様子で朝食のおかずを探し回っている。反すう動物にとってあごの下の部分の毛は、探しものをする際にレーダーのような役目を果たす。その獲物が何になるかは、天候や季節、さらには一日のなかの時間など多くの要因に左右される。そして僕たち人間と同じように、羊はたんぱく質やエネルギーを確保するために植物を厳選し、食事のバランスを維持している（しかも、七〇年前にアルブレヒトが行った牛の野外観察で証明されたように、人間よりも上手にこの仕事をこなす）。

パドレイクは家畜担当責任者のクレイグ・ヘイニーの指示に従い、羊にとってよい環境を整えている。牧草地に連れていかれた羊が草を食べ始めるとき、豊かで栄養価の高い数種類の草がそろっているように事前の準備を怠らない。彼は「半分食べさせ半分残す★8」ルールを徹底させている。まだ若くて急成長を始める直前の草は柔らかくて糖分をたっぷり含み、羊にとっては最高のごちそうだ。パドレイクは草がそんな状態の場所を選んで羊の群れを連れてくるが、草が全部食い尽くされないうちに移動させる。そうすれば、つぎに群れがやって来るまでに牧草地は十分回復できる。

もちろん羊は、こうして草が慎重に管理されていることなど知る由もない。様々な種類の草の種を蒔き、羊以外の動物を順番に連れてきて、土地には天然の肥料を加え、苦労を重ねて準備した成果が広大な土地を埋め尽くすおいしい牧草だとは、夢にも思わないだろう。僕はパドレイクと過ごしたあの朝、ラムについての真実を舌で味わうのではなく、目で観察することによって理解した。そう、子羊があんなに楽しそうな様子をしているのは、餌を探す行為そのものが面白いからなのだ。体を動かして食事のおかずを見つけなければならず（それを自分でも望んでいる）、だから目的意識を持っているように見えるのだろう。釣り針から逃れようとする魚のような荒々しさはないが、餌にかける情熱には驚かされる。ル・コーズは気づかなかっただけで、羊は間違いなく高い次元の動物だ。

ただし、ル・コーズを弁護するわけではないが、過去数十年間に人間が反すう動物に行ってきた所業について取り上げた結果が、あの発言になったとも考えられる。動物たちが自発的に餌を探すことを僕たちは許さず、代わりに準備して与える。トウモロコシのような穀物を食べさせ、食事を制限して活気を奪い、おまけに行動を制限する。アメリカでは、ほとんどの反すう動物は牧草地で人生を始めるが、最後は狭い肥育場に閉じ込められて死んでいく。僕たちは動物から活力を奪っている。そしてル・コーズの指摘するような、愚かな動物に仕立て上げているのだろう。

たとえばコロラド産のラム肉は、どの部位も脂身が多いことで有名だ。実際、肉の香りとジューシーな味わいは脂肪に由来している。肥育場で短い生涯を終えた子羊の肉は歯ごたえが柔らかい。しかし、ガリソン・ケイラーが現代の鶏肉について指摘した言葉がそのまま当てはまり、噛むたびに「みじめな味」[★9]が口のなかに広がる。ベテランのシェフに尋ねれば、その原因はギトギトの脂身だと教えてくれるだろう。甘くて柔らかく、木の実の香りがするが、それだけ。羊らしさは感じられない。草履のように大きなステーキを出されても、残念ながら大きいぶんだけラム本来のおいしさが薄められているような感じがする。

おまけに、ほとんどのラムの調理法には「脂身を取り除いて捨てるように」と書かれている。そして僕たちは、荷物を解くときと同じように何も考えず指示に従う。僕はニューヨークのレストランで食肉処理の研修をしていた頃、ディナーに出す四〇人分のラムのあばら肉を準備したことがあった。年輩のフランス人の解体処理スタッフからは、腰部を厚く覆っている脂身をひとつひとつ丁寧に取り除くよう命じられた。骨の近くに小さく切り込みを入れ、グイッと引っ張ると、脂肪の層はグレープフルーツのように剥けていく。もったいないなあ。切り離された脂身を大型のごみ容器に捨てにいく途中、僕は考え込んでしまった。レストランはこの部位を手に入れるために高い料金を支払う。ところがその一〇パーセントをごみ箱に捨ててしまうのだ（基本的に脂身は餌となったトウモロコシの塊のようなものだから、アイオワ州を粗末に扱っているのも同然だ）。

シェフはなぜ脂身を取り除いてほしいのかと僕が尋ねると、解体処理スタッフはひと言、「脂身がたくさん残っていたら、気持ち悪いじゃないか」と答えた。フランス出身の彼は、二、三センチの厚さの脂身付きのラムのリブなんて、見たこともなかったのだろう。穀物を餌として与えて（家畜を集約的に管理する）方法は、最近になって発明された。今日ではこのやり方が広く定着しているが、人気の高いコロラド産ラムにしても、正直言っておいしくはない。

パドレイクやクレイグが草原で家畜の群れを見張っている姿は、アメリカから失われた古きよき時代の農業のひとこまのようにも見えるが、もっと大事なことを物語っている。子羊に好きなものを自由に食べさせれば、おいしい肉でおいしい料理が出来上がるのだ。複雑な味の肉は脂っぽさがなく、嚙みごたえがあり、しかも香りは季節によって変化する。

天才シェフ、パラディン

かつてパラディンはこう言った。「アメリカで料理を作るのは大変だけれど、挑戦のしがいがある。[★10] いちばん新鮮で最高の食材の所在地があちこちに散らばっている。ウナギやヤツメウナギの稚魚はメイン州、新鮮なカタツムリはオレゴン州、フグはノースカロライナ州とサウスカロライナ州、カキはカリフォルニア州から調達する。そのうえで、これだけの素材をひとつの料理でうまく生かす方法を考えなければならない」

しかしパラディンは各地の名産品を寄せ集めるだけでなく、それぞれの食材の市場を創造するほどの徹底ぶりだった。有名なアメリカ人シェフのトーマス・ケラーはラインクックだった頃、尊敬するパラディンのレストランを見学するため何度かウォーターゲートに足を運んだ。そして当時を振り返り、まだ「ファーム・トゥ・テーブル（農場から食卓へ）」という呼び名の存在していない頃から、彼はこれを実践していたと述べている。技術に根差した斬新で芸術的なスタイルは、料理の業界に影響を与えた。「本物のプロが関わると、その行動を誰もが見倣い、じわじわと効果が波及していく[★11]」とケラーは語る。アメリカのシェフはパラディンの発明した新しいスタイルを模倣した。農家との関係を構築し、メニューの食材を提供してもらう傾向を強めていったのである。パラディンが登場するまで、「シェフは農家やガーデナーや漁師と関係を築こうとしなかった」とケラーは語る。

料理本の著者で「ワシントン・ポスト」紙の元ライターであるジョーン・ネイサンは、新しい農家と積極的に関係を築いたことはパラディンの最大の功績だと語っている。「どこかの農家が何か新しいものやスゴイものを作っているという噂を耳にすると、それが極上のハムなのか新鮮なズッキーニの花なのか、いちいち確かめずにパラディンはバイクに飛び乗った。探し物を見つけるためなら、バイクを何百キロメートル走らせても苦にならなかった。そしてその日のディナーが始まる頃には、その食材がメニューにちゃんと載せられている」。食材が見つからないときは、栽培するよう農家を説得した。

パラディンは決して、ジョンとスーキーのジャミソン夫妻にラムを放牧して育てるよう説得したわけではないが、ふたりを発見した功績は注目に値する。クレイグやパドレイクらが取り組み始めるずっと以前から、ジョンとスーキーはペンシルバニアの農場で集中的な輪換放牧管理にこだわっていた。そして早い段階から、自分たちの製品が「不揃いであること」を尊重するべきだと理解していた。

「うん、食べてみれば違いはわかるさ」とジョンはかつて、自分の農場のラムについて僕に語った。「年齢や食べるものによって味は変わってくる。いちばん香りが強いのは五月と六月。野生のニンニクやオニオンの若芽を食べるだろう。夏の終わりは野生の花を食べるから、味が淡白になっていく。秋に寒い季節の草が生えてくると、脂肪は一年でいちばんまろやかになるんだ」

僕はジョン・ジャミソンとの初対面の際、夫妻が集中的な放牧を始めたいきさつについて尋ねた。「僕たちはヒッピーだったから、ウッドストックを終わらせたくなかった」とジョンは語った。一九七〇年代は石油ショックの影響をまともに受けた時代で、ガソリン価格はわずか数カ月で四倍に跳ね上がった。供給不足と不安定な国際情勢のダブルパンチで穀物価格も二倍から三倍に上昇していた。

そしてちょうどその頃、移動式の電気柵が開発される。(これはすべての家畜が草地で放牧されるニュージーランドで発明された製品で)、ひとりでも設置や取り外しが可能だった。ジョンによれば「この柵のおかげで、輪換放牧を集中的に行うためのきっかけが生まれた」。広い牧草地に家畜を放して滅多に移動させないやり方と、大きく差別化することができたのだ。移動式のフェンスを手に入れた小規模農家は、バイソンの群れが何千年にもわたって大草原で草を食べてきたやり方を模倣する機会が与えられたのである。★12

ジャミソン夫妻がペンシルバニア州西部の二〇〇エーカーの土地で始めた集中的な放牧は成功を収めたが、ふたりの価値観が主流になることはなかった。石油危機が終わり、石油も穀物も以前の価格に戻ると、家畜を閉じ込めて育てる従来のやり方が改めて注目される。そしてそれ以来、僕たちは反すう動物を愚か者に祭り上げてきたのだ。

ジャミソン夫妻によって放牧された家畜は、穀物で肥育されたライバルとの競争で長年苦戦してきた。おまけにラムそのものが、アメリカではあまり売れなくなっていた。ところが一九八七年、運命が逆転する。ウォーターゲートホテルで行われる議員たちの夕食会に、ラムを何頭か提供してほしいとジャン＝ルイ・パラディンから依頼されたのだ。

「ラムを背中にかついで厨房に入っていったら、最初にパラディンから自己紹介された。彼はジョーダッシュのジーンズにハイトップのスニーカーという服装だったよ」とジョンは当時を回想した。パラディンはラムを隅のテーブルに置いて、ジョンやスタッフが見守るなか、腕を大げさに振り上げた。そして解体が進んで臓器を確認する段階に入ると、ようやくジョンに声をかけた。このときパラディンは、腎臓を取り囲む脂肪の状態からラムの年齢を推測したが、正解とは三日のずれしかなかった。つぎに彼は胴体に沿って指を走らせ、切り開いた肉のなかに鼻を深く突っ込んだ。「あのもじゃもじゃの髪の毛で大きな分厚い眼鏡をかけたまま、頭全体を突っ込んでにおいを嗅ぐんだ。まるでこれからビンテージもののボルドーワインを味わうみたいにね」とジョンは語った。

その日からパラディンのレストランではジャミソン夫妻のラムを注文するようになり、メニューには夫妻の名前が掲載される。するとほどなく、ふたりのもとには全米中のシェフから注文が届くようになった。ジャミソン夫妻の方式を自分のところでも採用したい農家からは、見学の問い合わせも入ってきた。

「おかしなものだね」とジョンは僕に語った。「妻とふたりで、六〇年代の理想にこだわり続けてきただけだよ。質素に暮らし、土地を改良し、世界をよい場所にしたいと願い、フランスの農家の素晴らしい伝統を見倣ってきたんだ。そうしたらある日突然、アメリカの大富豪や大物たちの料理を作っているシェフが現れて、僕たちのラムをいきなりアメリカじゅうで有名にしてくれたんだから」

ジャン＝ルイ・パラディンの料理への貢献は絶大で、あちこちで紹介されてきた。ただし、今日まで長く受け継がれてきた彼の遺産のひとつは、十分な評価を受けていない。それはジャミソン夫妻の成功を後押ししたことだ。ふたりの成功に刺激されて畜産農家の小さなネットワークが生まれ、家畜は穀物肥育から解放されたのである（小さなという言葉には大事な意味がある。本当に草だけで育てられたラム――穀物を一粒も口にしないラム――は、アメリカ全体の二パーセントにも満たない）。

新世代のシェフのあいだで意識革命が起きたのは、パラディンのおかげだとジョンは考えている。「最初にラムを届けた日のことは忘れない。スタッフがそれぞれの部署に戻ったあと、スーキーと僕はパラディンと一緒にラムの前に立っていた。そのとき彼の目は感動のあまり涙で潤んでいたよ」。パラディンはブッチャーペーパーを切り取ると、フランスの地図の輪郭をさっと描き、ラムの味によって各地域に分けていった。そして手を動かしながらも、味に違いが生じるのは食べる草の影響だと説明を続けた。穀物を食べると味が平凡になる事実を理解しているシェフに、ジョンはこのとき初めて出会った。パラディンにとっては、草が不揃いなことが大切だった。

ジョンは回想を続けた。「それからつぎに、牧草や野草の状態が最高で、フランス最高のラムが生まれるのはここだよと教えてくれた。そしてなおも地図をじっと観察し、いま味見をしたばかりの僕たちのラムはどの地域に該当するか、一生懸命考えていた。場所ごとの味の違いが記憶に叩き込まれているんだ。新しいラムを分類する作業に、わくわくして取り組んでいたよ」

パラディンが穀物肥育されたラムを購入しなかったのは、残酷だからでも環境を破壊するからでもない。本当においしい料理を作れなかったからだ。

＊

パドレイクと一緒に羊の群れを観察してから数カ月後、僕は厨房のスタッフが特大のフォアグラを血抜きしている様子を観察していた。すると突然、あの七月の朝、〈ストーンバーンズ〉の子羊たちが草を食んでいる情景がよみがえってきた。時期に合わせて最高の餌が完璧な形で準備されている牧草地で、子羊は朝食のおかずを元気に探し回っていた。あの牧歌的な風景は、目の前にある肥大化されたフォアグラとはなんと対照的だったことか。大きなフォアグラを見ていると、厚さ二、三センチの脂肪のついたコロラド産ラムのあばら肉を思い出した。

もちろん、このふたつを同じ土俵で比べることはできない。そもそもガチョウやカモは雑食動物だから、反すう動物よりも穀物を上手に消化できる。それに僕だって、大好きなフォアグラをごみ箱に放り込んだりしたくない。でも、僕の行動は矛盾していないだろうか。家畜には自由に餌を選ばせるべきだと言っておきながら（〈ブルーヒル〉で提供するすべての動物はそうあるべきだと主張してきた）、その一方で、トウモロコシを強制的に与える育て方を肯定し、しかも、どちらも同じようにメニューに登場させている。これはかなり矛盾しているのではないか。

ところがこのとき幸運にも、友人のリサ・アベンドから連絡があった。「タイム」誌のジャーナリストでスペインに駐在しているリサは、エドゥアルド・スーザという人物について聞いたことはないかと尋ねてきた。ふとデスクの右側に目をやると、兄から渡された「ニューズウィーク」誌の切り抜きがコルクボードに貼り付けられている。エドゥアルドについて記事を書き、例の天然のフォアグラがフォアグラの名に恥じないもので、本当においしいかどうかをシェフと一緒に評価する仕事をリサは任されたのだという。

フォアグラを使った料理ではアメリカで右に出る者がいないパラディンなら、スペイン人のフォアグラと聞いただけで電話を切っていたかもしれない（フォアグラの本場ガスコーニュの出身者にとっては侮辱的だろう）。いや、逆の反応もあり得る。農場を見学して実際にフォアグラを試食してみませんかとリサに誘われたら、僕と同じ反応を示したかもしれない。「もちろん、行くよ」と僕は即答していた。

第8章　天然フォアグラがおいしい理由

エドゥアルドとの出会い

僕はニューヨークを夜のフライトで出発し、翌日の昼前にスペインのエドゥアルドの農場に到着した。マドリードの空港でリサの出迎えを受け、南西のバダホスを目指した。車は乾燥したエストレマドゥーラ州を横断して走り続ける。エルパソに冬があれば、きっとこんな様子なのだろう。

スペイン中西部のエストレマドゥーラ州はふたつの県で構成される。南のバダホス県と北のカセレス県で、どちらも人口は少ない。以前ヨーロッパ史の教授をしていたリサの説明によれば、中世にイスラム教徒からスペインを奪還したキリスト教徒は、この地を「セストレマドリー」と呼んだ。これはラテン語で「ドゥエロ川の向こう」を意味する。アメリカ人が一三植民地以外の場所をすべて「西部」と呼んだのと同じね、とリサは言った。

たしかにその名称は正しいが、エストレマドゥーラには「特別に過酷な」環境という呼び名もふさわしい。実際のところ夏は暑くて乾燥が激しく、冬は寒さが厳しい。おまけに荒野を横切って険しい山脈が延々と連なる。そんな過酷な場所にもかかわらず、いや、それだからこそ、この地方は有名なコンキスタドールを輩出したのだろう。兵士であり冒険家でもあったコンキスタドールたちは、アメリカ大陸に渡って傍若無人のかぎりを尽くした。そういえば、僕が子どもの頃に見たテレビでは、いかにもたくましいカウボーイが画面狭しとばかりに暴れ回っていた。リサの意見もあながち的外れではない。

車窓の外には、スペイン中西部の典型的な風景が広がっている。果てしない大地とまばらに点在する町。家々は白い漆喰の壁と重厚なアーチ型の扉が目立ち、ムーア人の影響を感じさせる。荒野はどこまでも続くように思えたが、フエンテ・デ・カントスを過ぎてエドゥアルドの地元パラレスに近づいたあたりから、様相は一変した。突然アフリカのサバンナのような景色に囲まれ、緑の草原と涼しげな木陰が目を楽しませてくれる。

標識のないでこぼこ道を進んでいくと、ようやくエドゥアルドの農場に到着した。周囲には誰もいないので、おそらくここが目的地だと見当をつけた。小屋の横につながれた犬が怒ったように吠え、僕たちを手荒く歓迎してくれた。エドゥアルドは携帯電話を手に持って、狭い野原に寝そべっていた。彼のまわりでは、二十数羽のガチョウが騒々しい声をあげ、羽を勢いよくばたつかせている。

「ボニータ！（かわいいねえ）」。鮮やかなオレンジ色のフェンスに近づくと、彼がそう話しかけている声が聞こえた。「オラ、ボニータ！（よし、いい子たちだ）」。てっきり電話で話しているのだと思ったが、そうではなかった。エドゥアルドはガチョウたちのスナップ写真を撮っていたのだ。黒ワシが低空飛行して危険なほど近づいているが、それにも気づいていない様子だ。

「オラ（こんにちは）、エドゥアルド」。リサが話しかけるが、エドゥアルドは写真撮影に夢中だ。近づいてみると、顔には笑みを浮かべている。

「エドゥアルド！」リサが今度は大声で呼びかけると、驚いたガチョウたちはフェンスの向こう側へ逃げ去った。すかさずエドゥアルドは立ち上がり、屈託のない笑顔を一瞬不安で曇らせた。そしてガチョウのいる方向に何かつぶやくと、先程よりもさらに大きな笑みを浮かべ、振り返るとようやく僕たちの存在に気づき、やさしく手招きしてくれた。エドゥアルドは大柄だが肥満ではない。目は小さく、頬は膨らみ、頭には黒々とした髪が密集している。丸いお腹とグリーンのベストと茶色のローファーからは、建物の管理人のような印象を受ける。

リサが僕たちを紹介してくれた。「バレ（紹介するわ）。こちらはニューヨークのシェフさん」。エドゥアルドは僕のほうを向いて眉をひそめた。

「お会いできて光栄です」と僕は堅苦しい言葉でエドゥアルドにぎこちなく語りかけた。相手が眉をひそめたのを見た途端、せっかくの長旅が失敗に終わるのではないかという不安に僕はおしつぶされそうになってしまった。大体、強制肥育なしでフォアグラを作ることができるのだろうか？　ほら話ではないか？　そもそも、このエドゥアルドというやつは胡散臭い。こいつの話があやしいことは、コロンボ刑事を雇って問い詰めなくてもわかるだろう。外見からして、農業をやっているような雰囲気じゃないし、この場所だって、農場には見えない。トラクターも、納屋も、サイロもないじゃないか。グリーンのベストを着た小太りのおやじにすぎない。ガチョウたちの午前中の活動を写メで撮りまくり、にやけているのだから呆れたものだ。

しばらく沈黙が続き、僕は正直に言ってみたい衝動を必死で抑えた。大体において、シェフという人種は話に遠慮がない。決してほめられたことではないが、厨房で長年働いていると、そんな性格が染みついてしまう。厨房での会話は短くて素っ気ない。微妙な物言いで要点を婉曲的に表現しようとする姿勢を何よりも嫌う。温かい料理が冷めないうちに要点に触れることが最優先される。この処世術はたしかに役に立つ。でも厨房の外では、この衝動を抑えるために苦労することも多い。

「どのくらいの頻度でガチョウを新しい場所に移動させるの？」と僕は唐突に尋ねた。いきなり飛び出した質問だったが、通訳のリサはていねいな表現を心がけながらそれをスペイン語に直した。

エドゥアルドは頭《かぶり》を振り、「おれは決めないよ。ガチョウの声に耳を傾けるんだ。相手がほしがるものを与えるだけだよ」と答えた。僕たちはフェンスに沿って歩き始めた。

「それで、餌は何をやっているの」

「餌？　餌なんてないよ」

「ガチョウに餌をやらないのか？」と僕はリサのほうを見ながら尋ねた。不可能だと思われていることが実践されていると聞き、その実態を学ぶために僕はわざわざ地球を半周してきたのだ。強制肥育が不要なフォアグラについて知りたかったのに、まさかこんな農場だったとは。餌をやらないとはどういうことか。

エドゥアルドはにっこり笑って腕を伸ばすと、手首を支点にして手をひらひらと軽く振った。まるで僕たちを、まあ、そうあせらないで。理解するまでには時間がかかるものさと諭しているかのようだ。

「ガチョウは好きなものを食べるんだ。地面から好きなものを取って食べる。難しいことじゃないよ」

僕たちがフェンスに沿って歩いていくと、その後ろをガチョウたちがついてきた。最初は動いているのがわからないほど遠慮していたが、それもほんの少しのあいだで、ひとかたまりになって行進を始めた。そして僕たちから数メートルの距離まで近づき、嬉しそうに鳴き声をあげて羽を逆立てた。

エドゥアルドは電流の走るオレンジ色のフェンスの電源であるソーラーボックスを指さした。ここで太陽のエネルギーが電気に転換されるのだという。「ガチョウはフェンスに近づきすぎない。警戒しているんだろうね。近づいたって、問題ないのにさ。だって、電気が通じているのはフェンスの外側だけだよ」

「外側だけ？」

「うん、外側だけさ。内側には電流が走っていない」

僕はリサと顔を見合わせて笑った。「電気の通じていないフェンスってことは、動物たちは自由に出て行けるわけか」

「自由さ！」とエドゥアルドは言って、どれだけ自由か表現するために両腕を翼のように大きく羽ばたかせた。

ガチョウに好きなものを与えるのが自分の仕事で、それがうまくいけばガチョウは外に出たがらないとエドゥアルドは説明した。しかもこれなら、ガチョウはフェンスに閉じ込められている実感がない。そう思わせてしまうと、人間に操られているみたいな気分になる。

「操られている気分のときは、食が細くなるのさ」

「でも、電気が通っていなくても、実際にフェンスのなかにいるわけだろう」と僕は痛いところを突いてみた。エドゥアルドを怒らせないよう、リサは言葉の選び方に苦労しながら通訳をした。しかしこの質問は彼にとって想定の範囲内だったようで、四苦八苦しているリサをさえぎって説明を始めた。

エドゥアルドによると、ガチョウがまだ小さくて、捕食者から身を守れないときだけフェンスは本来の機能を果たすのだという。そしてそのときも、「ガチョウはフェンスのなかに閉じ込められているとは思わず、守られているような気分だ」。実際のところエドゥアルドの農場には、フェンスに閉じ込めるという発想が存在しない。このときまで、僕にとってフェンスとは動物を囲い込んで管理する手段以外の何物でもなかった。ところがエドゥアルドにとって、フェンスは動物を肉体的にも精神的にも守る手段だった。操られている気分がしなければガチョウは解放感を味わうことができる。そしてエドゥアルドによれば、自由でのびのびしているガチョウほどお腹が空きやすい。

僕は、パドレイクが〈ストーンバーンズ〉の農場で育てている子羊のことを思い出した。肉がおいしくなるためには、動物がよいタイミングで草を食べることだけでなく、強制されない自由気ままな食べ方も大切なのだろうか。おそらく、天然のフォアグラの成功の秘訣は、極上のラム肉のケースと同じなのだろう。ガチョウを解放感にひたらせ、好きなときに好きなものを食べられる環境を整えておけば、あとは自然がうまく取り計らってくれる。

イベリコ豚との共生

「ほかの場所も見てよ」とエドゥアルドは僕たちを誘った。フェンスで守られることは大事だけれど、自由に歩き回って餌を見つける環境がなければおいしいフォアグラは生まれない。ガチョウがのびのび活動しているところを見てもらいたかったのだ。

エドゥアルドの車は僕たちを乗せて裏道を走った。タイヤがパンクしたのではないかと思うほど、車はゆっくりと進んでいく。道が曲がりくねっているのは、周囲の環境に配慮したからだ。樫の木の森が点在する広い草原を縫うように走っているうちに、そうだ、ここは有名なデエサなんだという実感が初めてわいてきた（リサにもエドゥアルドにも打ち明けていないが、実は旅の前にスペインの地図を予習していなかった）。デエサの写真は見たことがあるし、歴史についても聞いていたが、実際にデエサを訪れることは、ほとんどのシェフにとって（そしてスペイン人にとっても）、聖地への巡礼に等しい。なんといってもここは、あのハモンイベリコの産地なのだ。

シェフは素晴らしい食材へのこだわりが強く、料理を引き立ててくれる食材には目がないとフードライターは指摘する。ペリゴールのトリュフ、イタリアの職人技のオリーブオイル、ブルターニュの海塩などはたしかに垂涎の的だ。あらゆる職人の例に漏れず、シェフも技を磨くためには妥協を許さず、おいしい料理作りに役立つ食材に心を惹きつけられる。しかし、なかでもごく一部の食材だけは、シェフの手をいっさい煩わせない。厨房に到着したときもフロアに向かうときも形が変わらず、付け合わせも必要ない。シェフのパレットのなかでは食材というより、完成された芸術品のカテゴリーに属する。たとえば完熟チーズ、太陽の熱が残っている獲れたてのエアルーム・トマト、そしてハモンイベリコがそれに該当する。どんなに才能あるシェフも（おそらく才能あるシェフは特に）、これらの食材はどれも手を加えないほうがおいしいということで意見が一致している。

しかし、完熟チーズやエアルーム・トマトならばどこでも絶品を作り出せるが、ハモンイベリコの味は簡単に再現できない。世界でいちばんおいしいハムであることに疑問の余地はない。コクがあってもサラリとした味わいで、スペイン産アーモンドや年代物のシェリー酒のような木の実の風味が鼻を刺激する。口いっぱいに何とも言えぬまろやかさが広がり、心は深い満足感に包まれる。

僕とハモンイベリコの出会いはロサンゼルスを離れてから数年後に実現した。当時の僕は、偉大なフランス人シェフのミシェル・ロスタンが経営するパリのレストランでラインクックとして働いていた。シェフ・ロスタンは古典的なフランス料理を現代風にアレンジしたことで有名だが、業界内では激しい気性の持ち主としても知られる。ディナーの準備で溜まりに溜まったストレスを厨房で思い切り爆発させ、若いラインクックには泣き出す者もめずらしくない。僕も二〇年近く前にその現場を目撃した。犠牲者はギヨームという野菜担当の若い見習いで、人はよいがおっちょこちょいなところがあった。このときはフリカッセ〔白い煮込み〕の付け合わせに使うポテトの種類を間違えたのだが、明らかに何度も前科があったようだ。この晩、厨房から運ばれていくポテトの皿を見たシェフ・ロスタンは、厨房が真っ二つに裂けるのではないかと思うほど激しい様子で雷を落とした。おい、ギヨーム、と大声で呼びつけ、口汚い言葉を機関銃のように浴びせ、相手の態度や知性や外見など、きわめて個人的な事柄について侮辱の限りを尽くした。これだけの怒りが体じゅうを駆け巡ったら、ロスタンの心臓はそれに合わせて鼓動を調整できないだろうなと僕は思った（実際、彼はすでに二度の心臓発作を経験していて、どちらもディナーの準備の最中だった）。

怒りはいつまでも収まらず、ついにはダイニングルームの会話も途絶えてしまった。とそのとき、給仕長のブルーノが厨房に現れた。両手で抱えているのはハモンイベリコの塊で、スライスしやすいよう、金具をねじ込まれてハモネロ（固定台）にしっかり固定されている。この瞬間まで、僕はハモンイベリコを写真でしか見た経験がなかった。そして初めての出会いの場所がパリの有名レストランになることは無論、ハムに怒りを鎮静する効果があることなど想像もしていなかった。ブルーノは怒り狂うシェフの隣にハムを置いた（わざとそうしたとあとから教えられた）。シェフ・ロスタンはハムに視線を移すとほぼ同時に、自分の右手をハムの脚に添えた。すると罵声はぴたりとやみ、ベビーベッドで眠る新生児を眺めるような愛おしさで、ハムに温かい視線を注いでいるではないか。あまりにも完璧な存在を突然目にしたシェフ・ロスタンは、それまでの自らの行為を恥じているようにも思えた。

＊

道を走り続ける車の窓から、僕は樫の木の森を眺めた。イベリコ豚が食べる有名なドングリは、この樫の木からとれる。樫の葉は灰色がかった緑色で、幹は節くれだっている。古そうだが力強く、生い茂った草地からほとんど意思の力だけで大きく成長したような印象も受ける。

僕はデエサをようやく自分の目で見ることができて、どんなに感激しているか言葉で伝えようとした。「写真より美しい。感激したよ」

「でも、いまは一年でいちばんパッとしない時期なんだ」とエドゥアルドは言って、僕の賛辞を聞き流し、右手の人差し指で樫の木をまっすぐ指さした。「もっと緑が鮮やかで、陽射しが穏やかなとき、もう一度来てくれよ。こんな姿しか見せられないなんて、すまない」

デエサに強い愛着を抱く地元の人たちは、最高の景色をお見せできずに残念だと嘆くのが習慣になっているとリサから教えられた。「私がデエサを訪れるようになってからずいぶんたつわ。でも、なんて美しい場所でしょうと言ってほめると、かならず同じ反応が返ってくるの。誰かの家を初めて訪問したとき、散らかっていて申し訳ありませんと謝罪されるのと同じ」

車は右に大きく曲がり、でこぼこ道に入った。そして迷路のような森のなかをゆっくりと進んでいくと、最後に視界が開けた。緑の草原が広がり、そのなかに樫の木の森が点在する風景が目に飛び込んできた。有名なイベリコ豚を飼育しているの？　と、僕はエドゥアルドに尋ねた。

「豚？　もちろん何頭かいるよ」と、納屋に住みついたネコの子どもを無視するかのように気のない返事をした。

そのエドゥアルドが突然、「ほら、あれだ！」と叫んで急ブレーキをかけ、体を前に乗り出し、車の窓ガラスを手で叩いた（恐竜でも現れたのかと僕は思った）。エドゥアルドは最愛のガチョウたちを遠くからでも見分けることができる。草のなかをよちよち歩きながら餌を探している姿を毎日観察しているからだろう。少なくとも二四〇メートル以上は離れているのに、彼は車から飛び降りると、そろりそろりと歩き始めた。少し身をかがめ、よく聞こえないが何やらつぶやいている。僕もすぐ後ろに付き従った。やがて、エドゥアルドはいきなりわざとらしく地面に倒れ込み、四つん這いになって前進を始めた。間近で見ていなければ、それが愛情ゆえの行動だとはわからなかっただろう。

僕たちは後に続き、「オラ、ボニータ」と話すスペイン語をリサが通訳してくれた。「可愛いねえ」とエドゥアルドはガチョウに話しかけていた。「いい子たちだ。ご機嫌はどうかな」

エドゥアルドは立ち止まり、木の茂みからガチョウがオリーブの実を探し回っている光景を見せてくれた。準備の整った食卓に勢揃いした子どもたちを眺める父親のように、顔にはやさしい笑みを浮かべている。ガチョウの食べものに費用がかかることは、エドゥアルドも認めている。一番搾りのオリーブオイル用にオリーブの実を売るほうが、レバーよりも金になるはずだという。

「結局、オリーブの実の半分を食べさせ、残りの半分を出荷している」。草食動物の放牧地を循環させる際には、「半分食べさせ、半分残す」のがルールだが、ここではそれがガチョウで実践されている。エドゥアルドは立ち止まり、オリーブの実をガチョウたちがいくつ食べているのか数えようとしたがあきらめ、「いつもかなりフェアだよ」とだけ言った。

「ガチョウがリラックスして幸福でいられる環境を整えてやれば、そのご褒美として、よく肥えたレバーが手に入る。ガチョウたちにおいしい餌を与えれば、神様はそんな形で祝福してくださる」という見解は説教じみているわけでもなく、不可解でもなく、十分に納得できるものだった。

いや、それともエドゥアルドは謙虚なふりをしているだけなのだろうか。僕は突っ込んだ質問をして、もう少し本音を引き出してやろうと考えた。「きみやお父さん、あるいはおじいさんが厳しい自然環境に苦労したことはなかったの?」そう尋ねると、エドゥアルドは首を横に振った。苦労はしたけれど、それは自然環境ではなく市場のせいだという。シェフも流通業者も顧客も、みんなが黄色いフォアグラを求めたのだ。

＊

フォアグラの品質は複数の要因によって決まるが、なかでも色は最も重要視される。黄色いほど評価は高く、薄い色のレバーは値段がうんと下がる。

シェフは見習いの頃から、色の薄いレバーを選ぶなと教えられる。僕の場合は料理学校の生徒だった時代、有名な高級食材販売店〈ダルタニアン〉に経営者のアリアーヌ・ダガンを訪ねたときにそのことを知った。僕たち生徒は、最高級の食材――キャビア、トリュフ、そしてもちろんフォアグラ――がどのように輸入され、どのような経過をたどってアメリカの最高級レストランまで流通するのか、詳しく講義を受けた。店内を見学していると、倉庫の隅のほうに小さな冷蔵室があった。通り過ぎたときに中を覗くと、A、B、Cという三つの表示が、スペースを空けて後ろの壁に貼り付けられているのが見えた。どの表示の下にも長いテーブルがあって、そこにレバーが並べられていた。そして壁の奥のほうには、ノートから切り取ったページにA++と走り書きしたメモが貼り付けられ、その下の小さなテーブルにはおそらく一〇個以上のレバーが並べられている。僕はもっとよく見ようと近づいた。こんなに滑らかで、鮮やかな黄色をしたレバーは、これまで見たことがなかった。

＊

「真っ黄色のレバーがわざわざA++と評価されているのは、超有名シェフに届けられるからですか?」そう尋ねると、アリアーヌは僕に視線を向けて「ノン、違いのわかるシェフのもとへ送られるの」と答えた。

人気の高い黄色を出すためには餌にトウモロコシが必要で、それがエドゥアルドにとって厄介な問題になっていた。餌に含まれるトウモロコシの量が多いほど、鮮やかな色のフォアグラになる可能性は高い。ところがエドゥアルドの場合、時々トウモロコシを餌として提供し、それを食べるか否かはガチョウに任せていたので、当然ながらレバーは薄灰色になった。長年彼はこの風変わりな特徴を長所と見なし、自分のやり方にこだわり続けてきたが、なかなかよい結果に結びつかなかった。「レバーをもっと黄色くしてくれなんてガチョウに頼めないだろう」と彼は嘆いてみせた。ガチョウにとって、レバーの色などどうでもよい。しかし人間は黄色いレバーを好み、その色が濃いほど評価が高くなる。エドゥアルドは厳しい競争を迫られた。

ところが数年前、幸運が訪れた。農場で放牧されていたエドゥアルドのガチョウたちは、ルピナス〔マメ科の植物〕の密集した場所で最後の数週間を過ごした。ルピナスはたんぱく源として優れ、飼料としても人気が高い。しかもデエサのいたるところに自生しており、一カ所に密集することも多い。おまけにこのルピナスは鮮やかな黄色の花を咲かせた。エドゥアルドのガチョウたちはルピナスが成熟して種をつけるまで根気強く待ったりしない。花の咲いているうちに攻撃を仕かけ、種だけでなく植物全体を食べ尽くしてしまった。

「夢中で食べていたよ」とエドゥアルドは、なつかしそうに当時の光景を回想した。そのときはガチョウがルピナスをたらふく食べていたことなど忘れていたが、解体した後に驚くべき発見があった。まるでガチョウがトウモロコシを大量に食べたかのように、レバーが黄色くなっていたのだ。そこで翌年、同じルピナスの野原にガチョウを連れていくと、やはりレバーは黄色くなった。その結果、これが習慣になったのである。

僕はハモンイベリコを思い浮かべ、有名なドングリの実だけをガチョウに食べさせたいとは思わないのかと尋ねた。鮮やかな黄色は出せないかもしれないが、木の実の風味が十分それを補ってくれる。しかし、エドゥアルドは肩をすくめ、「それはあいつらが決めることさ」と答えた。

「ドングリか」と、突然彼は苛立たしげに話し出した。「ハモンイベリコというと、いつでもドングリの話題になる。ドングリは世界最高の飼料だ、ドングリの脂肪は世界一だと絶賛される。でも、ドングリなんて世界中のどこにでもあるんだよ。それなのにハモンイベリコを再現できないじゃないか。誰もそれを考えないのかな」。一気にそう話すと、一息ついてから、こう言った。「ガチョウたちはドングリを何トンも食べるさ。でも自由に動き回ることが、そして草をたっぷり食べることがなにより大切なんだ」。それから、緑の草原を表現するかのように両腕を高く上げて続けた。「草がなけりゃ、ドングリなんて何の役にも立たないさ」

エドゥアルドの説明によれば、草とドングリは食べ合わせがよい。だからガチョウはたくさん草を食べるほど、たくさんのドングリを食べたくなる。実際、草とドングリの間には化学反応が起きる。ドングリだけを食べていても発生しない化学反応のおかげで、ガチョウの体重は増え方が早くなるのだという。

ちょうどそのとき、二〇頭ぐらいの豚がこちらに向かってきて僕たちの視界に入った。イベリコ豚は胴体が不格好で、まるでビヤ樽に足がくっついているようだ。大きな耳がベースボールキャップのひさしのように突き出し、地中海の強い日差しから目を守っている。そして鼻は尋常でなく長い。これならドングリの実を探し出すのも簡単だろう。

イベリコ豚をこれだけの至近距離で見るのは初めての経験で、僕は胸がわくわくするほど感動した。なにしろ、世界一有名な豚がほんの数メートル先にいるのだ。しかし感動した理由はそれだけではない。イベリコ豚や有名なハモンイベリコというと分厚く波打つ脂肪が常に連想され、ドングリをガツガツ食べている豚のイメージが定着していた。僕の心のなかでは、カウチポテト族と同類だった。ところが近くで見ると、体は筋肉質で足は長く、従来の評価が間違っていたことを思い知らされた。僕は幸せそうな豚にはずいぶんお目にかかってきた。放牧されオーガニック飼料を食べ、嬉々として餌を探し回り、子どもを生んで育てる豚は、決してめずらしくない。でもこのとき、僕は従来の豚にはないものを見て胸を躍らせた。どの豚も誇らしげな様子だったのである。

エドゥアルドは豚に興味を示さず、むしろ苛立たしげに見えた。「あの豚たちより、おれのガチョウのほうがドングリをたくさん食べるんだぞ」と言いながら、有名なイベリコ豚に向かって手を振った。「だけど、ガチョウのサイズは豚の半分なんだよ！」

革命税

そろそろお昼時で引き返そうとしたとき、エドゥアルドから予定の変更を提案された。もう少しガチョウを見学していこう、近くにべつの集団がいるはずだというのだが、あちこち歩き回っても、草原の何カ所かで目を凝らしても、姿はどこにも見えない。「おかしいなあ。おれにもわからないよ」とエドゥアルドは素直に認めた。

これもまた、彼の農場のおかしなところだ。自分の動物の居場所がわからないなんて、あり得るだろうか。たとえばガチョウは彼の趣味で、有名なイベリコ豚のほうが本業だというなら、居場所がわからないのも納得できる。でも、フォアグラの生産者が大事なレバーのありかを追跡できないなんて普通じゃない。しかも、わからないことが自慢の種になっているのだから解せない。

僕たちは捜索を続けた。エドゥアルドは両手を背中の後ろで組んで歩いている。その姿はガチョウにそっくり。前を向いたり後ろを向いたりせわしなく、そうかと思えば、においをたどるかのように鼻を空に向けている。四〇分たっても、ガチョウは一羽も見つからない。

先程とはべつの黒ワシが丘の頂上から舞い降りてきた。僕はワシについてエドゥアルドに尋ねた。

「ああ、たくさんいるよ。食べものがたくさんあるからね」

「たとえば何を?」

「ガチョウの卵じゃないか! 卵の半分以上はワシに奪われる」と彼は大きな声で明るく答えた。

「信じられない。本当に半分なのか?」と僕はリサに念を押した。

「嘘じゃないさ! ガチョウは一年に一度、四〇個から四五個の卵を産む。運のよい年には一八個から二〇個が生き残るかな。だから半分以上がなくなる計算だね」

ひな鳥は常に生命の危険にさらされる。病気になるし、捕食動物に狙われるし、激しい雨でずぶ濡れになって命を落とす恐れもある。でも、卵から孵化する前にストックの半分(すなわち潜在的利益の五〇パーセント)が失われるのは大きな痛手だ。空を見上げると、さらに二羽のワシの姿が見えた。おそらくエドゥアルドの悩める集団の方角に向かっているのだろう。

「はっきり言って、ワシは最大の障害じゃないの」

「そうは思わないね。だからガチョウがたくさんの卵を産むように、自然界では配慮されているのさ。外で暮らすためには革命、つまり突発事態への備えが必要なんだ。革命税を払える準備はしておかないとね」とエドゥアルドはていねいな態度で答えた。

密集した藪を抜けた先には、緑の草原が広がっていた。胸の部分が鮮やかな黄色のフィンチが、近くにある樫の木のてっぺんの枝で一生懸命さえずっている。太陽は地平線を金色に輝かせ、草原を柔らかな光で包み込んでいる。樫の木々の長い影は、連なって倒れた兵士たちのようにも見える。

エドゥアルドが再び空を見上げている。視線を向けているのは数百メートル左のあたりで、そこにはワシではなく、野生のガンの小さな群れが見えた。群れが僕たちのほうに近づいてくると、ここまで付き添ってきたエドゥアルドのガチョウが大きな声でけたたましく鳴きだした。やがて距離が五〇メートル近くまで狭まると、ガンも負けじと大声を出しているのがはっきり聞こえる。聞きなれない僕の耳には、議論を戦わせているようにも感じられた。どちらの集団の声のほうが大きいのか、僕には判別できない。

「野生のガンがここを訪れるの？」

「時々やって来ては滞在するんだ」

「滞在するって……？」

「居座るんだよ」

アメリカで養豚場をたまたま訪れたイノシシが、そこに腰を落ち着けるのと同じじゃないか。僕は比喩を使って驚きを伝えようとした。でもエドゥアルドは僕の言葉の意味を理解できないようだった。それは通訳のせいではない。むしろ彼には、一万頭もの豚が豚舎に押し込められている状態を想像できなかったようだ。最初は本当にそんな環境があるのかと信じられず、ようやく理解してからも、それ以上の興味を示さなかった。

「でも、エドゥアルド」と僕はなおも食い下がった。「ガンは冬になったら南の地方へ行くように、DNAで決定されているわけでしょう。そして北に行くのは――」

「違うよ」と彼は僕をさえぎった。「そうじゃない。生きるために都合のよい状況、幸せを膨らませてくれる状況を求めて移動するように、DNAで決定されているんだ。ここに来るのはね、居心地がよいからさ」

＊

二〇分後、僕たちはモネステリオのレストランの奥のテーブルに落ち着いた。モネステリオはセビリアの真北の静かな町というより、厳密には町の要素が欠けている。小さな商店がちらほら見えるが、他に目だったものはない。

光が射しこむ部屋は人気がない。カントリーウェスタン調の安物の調度品が置かれ、バーのテレビではスペインのメロドラマが放送されている。がらんとした室内で、エドゥアルドは椅子にどっかと腰を下ろし、両手をポケットに突っこんでいる。油断のない表情を浮かべ、あごをしきりに持ち上げている様子は落ち着きがなく、寒い戸外のほうが性に合っていることがよくわかる。自分が手塩にかけたガチョウのフォアグラが出されるのを待つ間も、不安げな笑みを浮かべたり、心地よい風に当たっているかのように目を細めたりしている。

ウェイターが僕たちのテーブルの脇を何度か通り過ぎた。いつも手は空っぽで、最後のときは軽く肩をすくめた。「おれはシェフじゃないよ」と体で表現しているようにも感じられる。エドゥアルドはウェイターが通り過ぎるたび、敬意を払うようにうなずいてみせる。ウェイターが後ろを振り返ってそれを確認している様子から判断するかぎり、ふたりにとってこれがルーティンになっているようだ。

ようやくウェイターはフォアグラを持ってきた。「ヴォアラ（どうぞ）」とフランス語で言ってから、つぎに僕のほうを向いて、精いっぱいの英語でゆっくり「放牧のフォアグラです」と説明してくれた。白い皿にはフォアグラのパテが載せられ、その中心にチャイブの小枝が三本、突き刺してある（エドゥアルドは余計な付け合わせに感情を害したのか、それとも困惑したのか、三本とも手でさっさと抜いてしまった）。フォアグラの隣に、ウェイターは海塩とブラックペパーのふたつの小皿と、薄くスライスしたバゲットの皿を並べた。そしてエドゥアルドが高価なワインの味をほめてくれるのを期待するかのように、テーブルを離れずに待ち構えた。

エドゥアルドはフォアグラの皿を鼻に近づけ、においを嗅いだ。それからテーブルに皿を戻すと、またいきなり鼻のところまで持ち上げた。今度は鼻の穴が触れそうなほど近づけている。そして、皿を時計回りにゆっくり動かし、フォアグラの香りを周囲に撒き散らしていった。

しょせんガチョウのレバーなのになんともおかしな儀式だが、実はこのパテは前年の冬、エドゥアルドと少人数のスタッフによって準備されたものだ。ガチョウたちが殺されると、レバーはいま目の前にあるようなパテか、あるいはコンフィ（スライスしたフォアグラをガチョウの油脂に付け込む）として瓶のなかで保存される。いまエドゥアルドは、自分の作品の出来栄えを評価しているわけだ。

彼はふたたび息を吸い込んだ。先程よりも深く吸い込み、両肩を天井に向かって大きく持ち上げた。それからウェイターにうなずくと、ようやく彼はテーブルを離れた。

「前のシーズンのフォアグラだよ」とエドゥアルドは皿をテーブルに戻すと、鼻にしわを寄せながらすまなそうに「いまはこれしかないんだ」と、弁解した。このレストランの雰囲気も装飾も料理を披露する場にふさわしいとは言えないが、室温に戻されたエドゥアルド手作りのフォアグラのパテも同じで、大して期待できそうには見えない。

僕がパテを少し切り取り、自分の皿に移す様子をエドゥアルドはだまって観察した。「去年のレバーなんだ」と笑みを浮かべながら、なおも弁解を繰り返した。

僕は最初の一口を賞味した。うん、初めて経験する味だ。口いっぱいに肉の味が広がっていく。特にレバーの味がきつい。一般にフォアグラはおいしいレバーには分類されない。白いトリュフが香りの強いキノコに分類されないのと同じだ。しかし、いま味わっているのは紛れもなくレバーだ。ただしレバーといっても、金属や泥のような味ではない。甘くてコクがあって、いかにもレバーらしいレバーだ。もう一口食べながら、そうだ、基本的にフォアグラとは、少量のレバーがたっぷりの脂肪によって独特の風味と香りを醸し出している一品のはずだと僕は思い出した。それまでこんなことを考えもしなかったのは、それ以外のフォアグラを知らなかったからだ。ところが、エドゥアルドのフォアグラは、過去に食べたどのフォアグラともまったく違う。たっぷりのレバーと少量の脂肪が独特の風味と香りを醸し出している。

エドゥアルドはまだ料理に手を付けていなかったが、僕の感想に相槌を打った。「脂肪の味だけじゃあ、味がないのと同じさ。独特の風味と香りを出すためには、ほかの要素も欠かせない」。僕はさらにもう一口味わい、今度は歯ごたえに感動した。室温に戻したバターのようだが、それでいて深い肉の味わいが感じられる。信じられないほどおいしい。

ウェイターがべつの皿を運んできた。今度は皿の真ん中に、エドゥアルドお手製のフォアグラのコンフィの入った瓶が載っている。中心部分までスプーンを入れると、霜降りのプライムリブのようなものが現れた。まわりには黄色くてツヤのある脂肪がこびりついている。僕は一口食べ、さらにもう一口食べた。クローブの香りが広がる。

「エドゥアルド、このクローブはパーフェクトだよ」

「クローブ？　クローブなんて使っていないよ」

「本当？」僕はまだ彼の話を素直に信用できなかった。「じゃあ、スターアニスかな」

「いや、スターアニスじゃないね」

シェフを怒らせるためのいちばんよい方法は、味覚を試すことだ。「クローブでもない、スターアニスでもないのか」とつぶやきながら、僕は少々不機嫌になった。

エドゥアルドは違うなというように首を振り、一切れのバゲットの上に肉を広げながら、「香辛料は使わない」と言った。時々塩と胡椒を使うことは認めたが、ガチョウが正しい食事をとっていればそれも必要ないという。そして、塩の味を引き出してくれる植物や胡椒の成分の代わりになる植物の名前をすらすらと列挙した。「こうした植物を適量食べれば、肉にもその成分が含まれるのさ」

「レバーを畑で味付けしているわけか」と僕は尋ねた。

「ガチョウは心のおもむくままに食べるんだよ」と言いながら、エドゥアルドは左胸の上で指を細かく動かし、心臓は動物の本能を司る器官だと僕に教えようとした。「ガチョウのほしいものが手に入るようにすること。それがおれの仕事さ」

僕はさらに二口三口と味わってから、エドゥアルドが食べる様子を観察した。肉を噛んでいないときも、彼は唇を静かに動かしている。考え事に没頭しているのか、あるいは祈っているようにも見える。

「エドゥアルド」と、僕は瓶からもう一口分のパテをすくい取りながら尋ねた。「きみのフォアグラを使っているシェフは何人いるの?」

彼は肩をすくめて首を左右に振った。

「どこのシェフ?」僕はフォアグラのお代わりをしながら再び尋ねた。「スペインのシェフだけなの?」

彼は首を振って、言葉を強調するかのように下唇を突き出して言った。「シェフは使わないよ」

僕はフォークを置いた。世界で最も有名なシェフのなかにはスペイン人もいる。そして超有名なシェフは最高の食材だけを求める。しかもこれは極上のフォアグラだ。そのフォアグラをシェフに売らないなんて、そんなことはあり得ない。

「シェフ?」彼は口元をそっとぬぐいながら言った。「シェフはおれのフォアグラにふさわしくない」

第9章　シェフは料理の芸術家

素材に勝るものはない

シェフの価値の大半は、優れた食材をどうアレンジするかによって決まる。

一九九四年に僕が〈シェパニーズ〉の厨房で働き始めた頃のある晩、ダイニングルームに運ばれていくデザートに僕の目は釘づけになった。というよりも実のところ、信じられない光景に少々唖然とした。デザートが美しかったからでも（実際に美しかったのだが）、そんなデザートを見たことがなかったからでもない（たしかに見たことはなかった）。唖然としたのは、常軌を逸していたからだ。デザートの皿に桃がひとつ載せられているだけ。ミントの小枝もなければ、ラズベリーソースもかかっていない。桃はいっさいの装飾を排除されていた。

こんなデザート、ニューヨークではあり得ない。僕はパティシエの持ち場に出向いた。桃はカウンターにきれいに並べられ、セロファンにていねいに包まれて兵隊のように整列して出番を待っている。パティシエたちは桃をひとつひとつ愛おしそうな様子で手に取り、皿の上に載せる。それをウェイターは受け取り、デザートが桃ではなくてスフレであるかのように、そろりそろりと運んでいく。でも、これを特別なメニューと思っている様子は誰からも感じられない。新鮮なフルーツとよい気候に恵まれたカリフォルニア人ならではの発想だ。

実に面白い。「ふーん、よく考えたね」と僕は女性パティシエに話しかけたが、彼女はこちらをちらりと見ただけで、何も答えない。仕方なく僕はデザートのメニューを手に取った。あとから考えれば、それがカリフォルニアの農家との初めての出会いだった。メニューには「マス・マスモト。サンクレスト・ピーチ」とだけ書かれていた。

食材の購入先の農家について、かつてのシェフはいちいち名前を紹介しなかった。しかもその習慣がつい最近まで続いていたとは、容易に想像できないだろう。以前はレストランのメニューでオーガニックや地元産といった言葉を見かけることはなかった。一月の半ばに輸入物の特大のラズベリーを提供するようなレストランが、高い評価を受けた。そもそもシェフが修業先に選ぶのはカリフォルニアではなく、フランスだった。まだ若いラインクックだった僕は、カリフォルニアのあちこちの厨房で修業を重ねたが、最終目的地はフランスだった。このときカリフォルニアで最後に働いたのが、アリス・ウォータースの経営で有名なこの〈シェパニーズ〉だった。この厨房での数週間は中身が濃く、レストランに食材を卸している農家について多くを学んだ。いちいち現地を訪れていたら数カ月はかかるほどの成果を得ることができた。

僕がここに長居したのはこの桃の影響が大きい。あの夜、僕はあとから桃をひとつ試食してみた。一口ほおばった途端にあたりが薄暗くなり、敬虔な気持ちで心が温かく満たされた……というわけではない。でも、こんなに桃らしい桃を食べたのは初めてだった。その意味では、後に八列トウモロコシを食べたときの経験と似ていて、かじりつきながら、なんて味のしっかりした桃だろうと感心したことを覚えている。じっくり煮込んだ肉のような力強さがあり、フルーツとは思えない豊かな味が口いっぱいに広がった。甘さはむろん、酸味がまた素晴らしく、絶妙なバランスのワインのようだ。僕は口のまわりを汚しながら、あっという間に一個を平らげてしまった。

僕にとってこれは人生最高の桃になったが、それも無理はない。この半世紀のうちに生まれた大抵のアメリカ人の例に漏れず、僕は桃本来の味を知らなかったからだ。一九七〇年代や八〇年代のブリーダーが開発した新種では、味よりも機能性が重視された。酸度が低くて糖分の高い桃ならば、まだ硬いうちに収穫が可能で、国土を横断する輸送の厳しさにも十分耐えられた。

とにかくマスモトの桃は信じられないほどおいしい。そして、ただおいしいだけではなく、よい食べものは優れた農業と切り離せないことを実感させてくれた。そんなの当然だろうと思われるかもしれないが、シェフはその真実を見えにくくするのが得意だ。桃にせよフォアグラにせよ、どんな食材でも、シェフが調理したあとには原形をとどめない。フォアグラは表面を焼き、マンゴーを添えてシェリーワインビネガーを振りかける。桃は皮をむき、レモングラスとバニラで味付けする。料理の腕や味の組み合わせによって、意外な一品や美味な一品が出来上がる（大胆なテクニックを使うほど、あるいは意外な形で味を組み合わせるほど、めずらしさへの評価は上昇するだろう）。いずれにしても食材がシェフの手元に届いたら、すべてのベクトルはシェフという一点に集中する。ここからは、食材よりも調理のプロセスのほうが重視される。

「マスモトの作品を食べてみて。私にはこれ以上のことができない」とアリスは語った。ほかの多くのシェフのようにマスモトの桃で作った私のデザートを食べてちょうだいとは言わなかった。

ヌーベルキュイジーヌ

シェフには特権があると言われるが、意外にも、つい最近まで特権など存在しなかった。今日の高級料理店では、シェフの権威（や名声）は広く受け入れられている。だからつい忘れてしまうが、二〇世紀もかなり後になるまで、メニューの決定権を握るのはシェフではなく、ディナー客のほうだった。常連客は定番のメニューを食べに訪れ、家庭では味わえないぜいたくな気分を味わう。もちろん、レストランで楽しい時間を過ごすことも目的のひとつだが、便利さと快適さも大切な要素だった。そもそもレストランは、元気の出る《レストラティブ》スープを大鉢に入れて供する場所として始まった。★13

初期の古典音楽と同じで、古典的な料理のなかには作者不明のまま伝えられてきたものが多い。シェフは伝統の重みをひしひしと感じながら、世に知られることなく料理に打ち込んだ。いや、実際にはそこまで単純ではなく、フェルナン・ポワン、オーギュスト・エスコフィエといった有名シェフも例外として存在している。しかし大体において、シェフはずっと昔に考案されたレシピの実践者でしかなかった。フランスの優れたレストランを紹介する『ミシュランガイド』にしても、おいしい料理を星の数で評価す企画を一九二六年に始めたが、シェフにはほとんど注目していない。

伝説的なフランス人シェフのポール・ボキューズは、一九五〇年当時のシェフの実態について、かつてつぎのように語った。「煙の充満した地下室に閉じ込められ[★14]、いちいち行動を命令され、創作のチャンスはいっさい与えられない」。自分の意思で行動できず、世間からも認知されないシェフの人生は、とにかく苦労の連続だった。

特に厨房のひどさは目に余る。仕事はきつく、過酷で、ほとんど散らかり放題で危険だらけだった。ジョージ・オーウェルの回想録『パリ・ロンドン放浪記』（岩波書店、一九八九年、小野寺健訳）には、修羅場のような厨房に足を踏み入れたときの有名な記述がある。「厨房のような場所は、これまで見たことも想像したこともなかった。天井の低い穴倉は炎で真っ赤に照らされ、息が詰まりそうに苦しい[★15]。怒号が飛び交い、鍋や釜が騒々しい音を立て、耳がおかしくなりそうだ」

かつてプロの厨房は不潔で殺気立ち、ぎすぎすしていた。今日のシェフは雑誌やテレビや資金集めのイベントに登場して大いに注目され、もてはやされるのだから、ずいぶん変わったものだ。昔のシェフの大半は無名の大酒のみで、いくら働いても生活は楽にならなかった。そう考えると生活スタイルはむろん、シェフという仕事の内容も様変わりしている。

今日、シェフの影響力や名声は拡大する一方だが、これほどの変化はどのようにして訪れたのだろう。重要な転機になった人物や出来事を特定するのは難しいが、ポール・ボキューズには注目すべきだ。高級フランス料理に対して世の中の人たちが認識を改めるきっかけを提供しただけでなく、シェフにとってフランス料理はどうあるべきかという点においても、発想の転換を促した人物である。

フードネットワーク〔食をテーマとしたアメリカの民放テレビ局〕が放映されず、コマーシャル契約が交わされず、シェフの特別料理が冷凍食品で販売されていなかった時代において、ボキューズは自分のイメージを積極的に売り込んだ。彼はいつまでも無名のまま重労働を続けるつもりはなく、自分のレストランに自分の名前を冠した。このアイデアはいまではめずらしくもないが、当時はまだ習慣として定着していなかった。ボキューズは経営にも関わり、給仕長の代わりを務めた。自分を売り込む才能に恵まれていなかったら、当時としては奇抜な彼のやり方は失敗していたかもしれない。

一九六〇年代から七〇年代にかけての時代背景を考えれば（そして今日の基準から見ても）、ボキューズはグローバルなシェフとしてパイオニア的な存在だった。たとえばフランスの製品を初めて日本に輸出したのは彼だし、一九七五年には「ニューズウィーク」誌の表紙も飾り、世界で最も有名なシェフになった。

＊

ボキューズが有名になっていった時期は、フランスで新しい料理が誕生した時期と重なる。ミシェル・ゲラール、トロワグロ兄弟、アラン・シャペルといったシェフたちが、ボキューズをいわば首謀者としてヌーベルキュイジーヌを考案した。[★16] 古典的な料理法、いわゆるグランドキュイジーヌは制約が多いわりにぜいたくで、あまり素直に受け入れられなくなっていた。

この運動は一九七三年、料理評論家のアンリ・ゴーとクリスティアン・ミヨーによって初めて注目され賞賛された。「典型的な美食家は時代遅れになった」とふたりはレストランガイドの『ゴー・ミヨ』に記した。「太った名士があごの下にナプキンをはさみ、子牛の肉汁やベシャメルソースやボローバン

〔肉・魚などの入った軽焼きのパイ〕のフィナンシエール風で口を汚している光景は、もはや時代遅れとなった。[★17] ブラウンソースやホワイトソースの出番は終わった。エスパニョールソース、トリュフのペリグーソース、ベシャメルソースにチーズを加えたモルネーソース……名前を聞くだけで胸やけがしそうだ。肉をこってりと覆い尽くし、本来の味を台無しにしている。これは無用のソースだ！」

対照的にヌーベルキュイジーヌではさっぱりとしたシンプルさが強調された。世界中からインスピレーションを集めながらも、シェフが実際に作る料理は地域に密着していた。伝統的なレシピに新しい調理技術（電子レンジや真空調理法）も取り入れ、作り方に修正を加えていった。

そして何より、ソースの作り方が見直された。ソース（骨と肉と野菜を水から煮込んでおいしいストックを作るところから始める）はフランス人が成しえた料理に対する最大の貢献と言ってもよい。ソースのなかには様々な食べものの要素が凝縮されており、主食を補うために添えられる薬味やピクルスとは対照的な存在である。ソースによって、味には豊かさと深みとコクが加わる。ヌーベルキュイジーヌが登場するまでは、ベシャメルやベアルネーズなどのソースが無条件によしとされ、流行とも無縁だった。

ところが新進気鋭のシェフたちは、こうした古典的なソースが皿の上の肉の風味を台無しにしていると主張したのだ。新しい料理では、もっとさっぱりしたソースで主食そのものの味を引き出すことが重視された。バターやクリームの量は減らされ、粘り気を出すための小麦粉も使用量を控えた。それほど重大な変化ではないと思うかもしれないが、ほとんどのフランス人はこのやり方を異端と見なした。料理や文化遺産に対する大胆な挑戦で、言うなれば、アメリカのシェフがハンバーガーにバンズを使うことに異議を唱えるようなものだ。

それと同時に食材そのものも見直された。あまり知られてはいないが、ヌーベルキュイジーヌは「ファーム・トゥ・テーブル」運動の走りだった。アラン・シャペルをはじめとするシェフは朝市に出品する農家と直接やりとりを始め、市場で見つけた食材をもとにメニューを考え、逆にメニューを決めてから特別に注文するときもあった。新しいシェフたちは、食材が自由に意思表示できることを目指した。丹念に作られた料理が大皿に載せられて登場し、テーブルの横で切り分けられ盛り付けられていく儀式は顧みられなくなった。その代わり、個々の皿に最初から料理が盛り付けられ、数種類の異なる風味を少しずつ同時に味わってもらうことが重視された（ヌーベルキュイジーヌはムニュ・デギュスタシオン、すなわち小皿メニューの元祖とも言える）。

その結果、ヌーベルキュイジーヌという現代的で革新性に富み、きわめて個人的なスタイルの新しい料理が誕生した。食材の調達から調理の方法、料理の提供の仕方にまでこだわるこの新しいスタイルは、客が料理の美しさと味をじっくり楽しめるように配慮されている。斬新な料理の創作者であるシェフは芸術家として見られるようになり、料理だけでなくシェフの社会的地位にも革命がもたらされた。

そして影響は世界中におよんだ。ヌーベルキュイジーヌの厨房からは優秀なシェフがつぎつぎと生まれ、一九八〇年代から九〇年代にかけて目覚ましい活躍を見せた。ウルフギャング・パック、ジャン＝ジョルジュ・ヴォンゲリスティン、ダニエル・ブールー、デイヴィッド・ブーレー、ジャン＝ルイ・パラディン。彼らはいずれもボキューズと同じもの――才能と評判――を利用しながら、シェフは厨房から飛び出して活躍できることを世に示した。そして世間の人たちとの交流を通じて食や文化に対する理解を深められることも証明し、世界中のあちこちにレストランを開いた。

たとえばジャン＝ルイ・パラディンの料理と言えば、（国境にとらわれない）フュージョン料理、香りづけしたフルーツ、華麗な盛り付けなどのイメージが浮かぶが、それをヌーベルという言葉で表現するのを本人はいやがった。しかし、アメリカの料理に現代的な要素を持ち込んだ最初のシェフという点では、フランスでヌーベルキュイジーヌを始めたシェフたちと変わらない。彼は最高の食材のみを求め、手に入れた食材を独創的な料理法で見事な一品仕上げた。

パラディンがあの晩、僕の前で披露したチキン料理がそれを如実に物語っている。このときの食材には、普段なら捨てるような部位ばかりが使われた。この料理の素晴らしい点は、普通は顧みられない肉を使ったことでもなく、養鶏業者がパラディンの注文通りの肉を届けたからでもない。たっぷり時間をかけて作られたソースが、絶品だったのである。平凡な切り身が見事な料理に生まれ変わったのは、素晴らしいテクニックと結びついたおかげだ。

＊

料理史研究家のポール・フリードマンはヌーベルキュイジーヌについて、つぎのように書いている。「ここでは、無駄をそぎ落とした簡素な料理を追求するだけでなく、洗練された技巧を徹底させる[★18]。だから新鮮で信頼できる食材を重視する一方、シェフは想像力を自由に働かせることができる。言うなれば、『すべてが許される』とか『禁じることを禁じる』といった一九六八年のフランスのスローガン〔パリ五月革命のスローガン〕が掲げられている」。そして実際、本当に優秀なシェフはこのスローガンを実践しているのだ。

では、シェフは自分のフォアグラにふさわしくないと言ったエドゥアルドの言葉の真意はどこにあるのか。アリス・ウォータースは桃にいっさい手を加えずに提供し、ありのままの事実——サンクレスト農園産マス・マスモトの桃——をそのままメニューに掲載した。おそらくエドゥアルドは、自分のフォアグラを同じように扱ってもらいたかったのだ。さもなければ、オリジナルに手を加えたほうがおいしいと認めることになってしまう。エドゥアルドのフォアグラは、すでにそのままで十分に素晴らしい。だからシェフは彼のフォアグラにふさわしくないのである。

しかし、自然からの贈り物に敬意を払うための手段は、フォアグラをまるごと提供することだけとは限らない（桃も、それ以外の食材も同じだ）。ボキューズやパラディンのような腕のよいシェフは優れた食材に磨きをかけ、絶妙の料理に仕上げてしまう。そのとき自然からの贈り物は、なお一層の輝きを放つ。

第10章　チキンの悲劇

エストレマドゥーラから〈ストーンバーンズ〉に戻ってほどなく、僕はレストランの厨房の受取口に立っていた。外では家畜担当責任者のクレイグ・ヘイニーが車を止めて荷物を降ろしている。ここの農場では、毎週一五〇羽の鶏が解体されている。クレイグの服装は乱れ、見るからに疲れている。最寄りの食肉処理場とのあいだを九時間かけて往復してきた後なのだから、それも無理はない。「調子はどう？」と僕は声をかけた。

「もう火の車だよ」と、クレイグはカントリーソングを口ずさむように応じた。

チキンの話になると、途端にクレイグは冴えない表情を浮かべる。養鶏の仕事がつまらないからでも、市場を確保できないからでもない。〈ストーンバーンズ〉の農場で育てられ、処理場に送られる一五〇羽のうち、一〇〇羽はレストランで購入する。クレイグが希望すれば、もっと購入するときもあるし、残りは〈ストーンバーンズセンター〉のファーマーズマーケットで販売される。彼のチキンはおいしいので、需要は圧倒的に大きい。

問題は利益だった。一五〇羽分のチキンは一ポンド（約四五〇グラム）当たり三ドルの小売価格で取引される。鶏の平均体重はおよそ三・三ポンド（約一・五キログラム）だから、一羽につきおよそ一〇ドルの総収入が確保される。

しかし総収入は紛らわしいもので、農家の経営においては特にその傾向が顕著だ。あらゆるものには費用がかかる。ひよこを購入し（一羽一ドル）、七週間の短い生涯のあいだ餌をやり（クレイグは有機飼料を与える）、電気を使い、ガスを消耗する（車のガソリンのことではない。車体やクレイグの精神状態が消耗することも、もちろんここには含まれない）。そして処理作業には一羽につき二ドル二五セントの費用がかかるし、ほかにも細かいことで（色々と）費用がかかる。結局、必要経費を差し引くと、一羽当たりの純益はおよそ三ドル――一週間に一五〇羽分を出荷して得られる利益は四五〇ドルという計算になる。

「これだけ手間がかかるんだよ」と、紙に数字を書き留めている僕にクレイグは訴えた。「それなのに、ただ働きも同然じゃないか」

「もっとたくさん鶏を育ててみたら？」考えたことはないのという意味を暗に込めて僕は尋ねた。

「そりゃあできるよ。でも、そのぶん何かを犠牲にしないとさ」

そう言われて、まず頭に思い浮かんだのは採卵鶏だった。クレイグは一二〇〇羽の鶏を採卵用に飼育しているが、農場の環境にもたらす恩恵はブロイラー鶏と基本的に変わらない。羊を追いかけ、肥料となる糞をあちこちに落とし、地中や地上の昆虫を食べ、草の窒素濃度を増やしてくれる。どうせ変わらないなら、手始めに採卵鶏の数を減らしてみたらどうか。いや、全部なくしてもかまわないだろう。

「うん、それは考えたさ。でも、そうすると卵が少なくなる」

そうか、なるほど。でも、採卵鶏の代わりにブロイラー鶏を一〇〇〇羽追加すると、最終的な収益はどのように変わってくるのだろう。僕は暗算してみた。なんと、一羽当たりの純益は五〇セント近く増加するから、悪い選択肢ではない。

僕はほかにもいくつかアイデアを提案した。たとえば、クレイグの養鶏場では鶏が広い鶏舎のなかを走り回っているが、そこにあと一〇羽、増やしてみたらどうか。ちょうど前日、僕は彼の鶏舎を見せてもらったが混み合っておらず、ニューヨーク市の基準から見れば、ゆったりとした居住空間になるだろう。利益を底上げするために、鶏たちには少々窮屈な思いを我慢してもらってもかまわないのではないか。クレイグが最後の荷物を降ろしているあいだ、どの鶏舎にも鶏を一〇羽ずつ増やして得られる利益について僕は計算してみた。最終的に、収益は大幅に改善する。

かつて兄のデイヴィッドがレストラン経営について教えてくれたとき、これは航空業界と仕組みがよく似ていると言われた。一回のフライトのコストはほぼ一定だから、収支が釣り合うだけの乗客を確保すれば、あとはひとり増えるごとに純益が膨らむことになる。たとえば航空機の休日パックやレストランの早割のようなことを、養鶏でもできないだろうか。数字の上では可能だろう。鶏の数を増やせばよいのだ。

「羊をやめたらどうかな」と、帰り支度をしているクレイグに僕は尋ねた。軽い冗談のつもりだったが、可能性として悪くないことにすぐ気づいた。

草だけを飼料にして羊を育てるためには、必要なスペースが馬鹿にならない。一週間に数頭を食肉用に処理すれば、とりあえず利益は確保されるかもしれない。でも、ほかのものに資本投資するほうがよい結果につながるのではないか。〈ブルーヒル・ストーンバーンズ〉ではオープン以来、ひと月に一頭の子羊をクレイグの農場から購入しており、客の多い夜には一時間ほどで使いきってしまう。クレイグのラムが絶品なのは事実だが、ほかの農家から購入するラムも負けず劣らずおいしい。どうせたくさん出荷できないのだから、羊にこだわる必要もないだろう。ラムをやめれば、チキンの生産量は一〇倍、いや、もっと増えるよとクレイグに提案した。

荷物をまとめて帰ろうとするクレイグに、僕はさらにしつこく、鶏を育てるための費用について尋ねた。航空業界はひとりでも多くの乗客を確保しようと努力する一方、コストカットにも注目するではないか。数字が頭から離れなくなった僕は、もうひと押ししてみた。「どこに無駄があると思う?」

人件費を除けば、最大の出費は間違いなく有機飼料と加工処理費用のふたつだ。有機飼料を使うと費用は四〇パーセントも跳ね上がる。うん、これは高いぞ。でも、クレイグのチキンは有機栽培をセールスポイントにしている。そのおかげで高い価格設定ができるのだから、ここには手を付けるべきでない。

では、ひよこを購入するための一ドルと、加工を依頼するための二ドル二五セントはどうか。この数字とにらめっこしているうちに、どちらも短いフライトで温かい料理を提供することのように思えてきた。ここには無駄がある。「飼育と解体の現場を見学すること」。僕はそうメモに書き留めた(あとからデイヴィッドに話すと、「きみの考えていることはつまり、垂直統合〔企業が商品の開発・生産・販売を自社で一手に行うこと〕だね。でも、二〇〇羽や三〇〇羽程度の鶏を育てても利益が出ない農家には、垂直統合はふさわしくない。ほかの農家と契約するほうがいいよ」と言いながら、メモに数字を走り書きしていく。僕たち兄弟は、利益にこだわる遺伝子を受け継いでいるのだろう。「契約先には、クレイグのユニークな育て方を採用してもらうべきだね。鶏にストレスがかからないし、危険も少ない」)。

数字とにらめっこしているうちに、僕は一種のトランス状態に陥った。余計なコストをかけずに利益を増やすにはどうすればよいか、知恵を絞る作業にどんどん没頭していった。一方に費用、もう一方に利益というシンプルな分類は、肥育場の管理に使われるエクセルのスプレッドシートと同じだ。何を投入して利益を出せばよいか、工夫していくのは面白い。このとき、現場で発生する複雑な事柄(たとえば窒素を豊富に含む鶏の排泄物が増えると、草の品質が落ちるなど)については考慮しない。決して本意ではないが、そのほうが確実に計算しやすい。僕は夢中で計算に取り組んだ。

でも、なぜこんなことに興味を持ったのか。一〇分程度の立ち話をしただけで、数字を通して鶏の世界を分析する作業に取り付かれてしまった。なぜだろう。僕は農場の所有者ではないし、こんな計算をしても懐は豊かにならない。しかも、おいしい鶏を育てる方法を話題にしているわけでもない。むしろ、計算どおりに物事を進めれば鶏は確実にまずくなる。シェフにあるまじき発想ではないか。ブロイラー用の鶏をどのように育てれば利益が膨らむか知恵を絞るなんて、いまになってみればずいぶんおかしなことを考えたものだ。しかも、この計算は株主のためでも投資家のためでも、いや、クレイグのためでもない。ただ面白かっただけだ。

ウェンデル・ベリーは著書『*The Unsettling of America*(アメリカの不安)』のなかで、あるレポーターのつぎのような発言を紹介している。「現代の農業はスケールが大きい。★19 圧倒されるほどの規模の大きさは、誰でも賞賛しないわけにはいかないだろう」というものだ。僕もほんの一瞬、〈ストーンバーンズセンター〉を鶏肉加工場にしてみたらどうかと考えた。たしかに、たくさんの鶏肉がずらりと並べられていたら圧倒されるだろう。

最後に僕はスプレッドシートをクレイグに渡した。彼は数字を眺めてから笑みを浮かべ、「つまり、拡大せよ、さもなければ退出せよ」ということだね、と一九七〇年代にニクソン政権で農務長官を務めたアール・バッツの言葉をもじって言った。「それじゃ過去六〇年間のアメリカの農業と同じじゃないか。おれたちはそれを、ようやく後戻りさせ始めたばかりだというのに」

歴史への侮辱

その週の後半、僕はエドゥアルドの農場を訪問したときの記録を読み返した。そこには感嘆符、二重線、農場のスケッチなどがあふれている。終わりに近いページには、欄外にメモが記されていて、それによると、従来のフォアグラについてどう思うか、僕はエドゥアルドに尋ねていた。世界に出回っているガチョウのレバーの九九・九九パーセントは強制肥育されたものだが、それについて彼がどう思っているか、僕は知りたかったのだ。

彼は「歴史への侮辱だよ」と答え、そこに僕はアンダーラインを引いている。

フォアグラの作り方に関しては様々な感想が寄せられるが、「歴史への侮辱」というエドゥアルドの発言は、何を言いたいのかわかりかねた。そこで少し勉強が必要だと思い、僕はフォアグラの歴史をひもといてみた。その結果、これまでずいぶん勉強不足だったことが判明する。アメリカ人らしいと言ってしまえばその通りなのだが、僕の知っている歴史は過去数百年のものに限られていた。実際のところ、フォアグラの歴史は五〇〇〇年前まで遡る。古代エジプト人は、渡り鳥のガンがナイル川を離れる前にイチジクをたっぷり食べていくことに注目した。★20 このガンの肉は当然ながら美味で、支配階級のあいだでたちまち人気を博した。

不幸にも、自然は人間の要求に追いつくことができなかった。そこで問題の解決策として選ばれたのが強制肥育という方法で、おかげでよいレバーが一年中確保できるようになったのである。古代エジプトの役人の墓で発見されたフレスコ画には、召使の手で餌の穀物を強制的に詰め込まれているガチョウが描かれている。この強制肥育がレバーと肉のどちらを目的にしていたのか、いまとなっては確認のしようがない（レバーはローマ時代まで食べられなかったという説もある）。しかし、肥育されたガチョウやカモの脂肪をユダヤ人がシュマルツ〔動物性脂肪を融かして精製した食用油〕として利用したこともあり、この習慣はヨーロッパ全土に瞬く間に広がった。

いずれにせよ、エドゥアルドの発言は核心をついている。肥大したガチョウのレバーは自然の産物である。雄大なナイル川のほとりで、ガンは長旅に備えてお腹がいっぱいになるまで食べ、その結果としてレバーは肥大した。それはいたって自然な現象だったが、この自然の営みを商業ベースに乗せて、美味なレバーを一年中確保しようという魂胆は、エドゥアルドにとって歴史への侮辱以外の何ものでもなかった。

鶏にまつわる物語

エドゥアルドの考えるいわゆる歴史への侮辱は、アメリカにも存在するのだろうか。ここでは最も身近な事例として、鶏の物語を紹介しよう。★21

ほとんどすべての農家が少量多品種の鶏を飼育していた時代は、そう昔のことではない。鶏の卵は安定した収入源だったため、かつては食肉用のブロイラーではなくメンドリが重宝された。一時はアメリカだけで、少なくとも六〇の品種の存在が確認されている。ひとつの品種だけ、あるいは他の動物を犠牲にして鶏だけを育てるやり方は、かなり最近のスタイルで、工業的な発想によるものだった。今日、〈ストーンバーンズ〉のように複数の種類の動物を飼っている農場はめずらしいが、同様に一〇〇年前、鶏だけを飼育する農家はユニークでめずらしい存在だった。

状況はがらりと変わったのは、まったくの偶然からだった。一九二三年、デラウェア州のデルマーバ半島で、ミセス・セシル・スティール★22というひとりの女性が孵化場に五〇羽のひよこを注文した。ところが注文を読み間違えた相手から、五〇〇羽のひよこが送られてくる。十分な環境が整っていないのに、突然ひよこが五〇〇羽もやって来たらどうすればよいだろう。送り返すのもひとつの方法だろう。しかしミセス・スティールは五〇〇羽のひよこのために小屋を建て、鶏を食肉用に育てたのである。一八週間後、彼女は一ポンド当たり六二セントで鶏を売った。この金額は今日なら、一ポンド当たり五ドル以上に匹敵する。翌年には彼女の夫が仕事を辞め、妻がさらに注文した一〇〇〇羽のひよこ（今度は意図的な注文である）の飼育を家で手伝った。三年後には年間一万羽を育てるまでになり、まもなく近所の農家も同じことを始める。そして一〇年後、デラウェア州の半島の半径三二〇キロメートルほどの地域は、一年に七〇〇万羽のブロイラー鶏を飼育するまでに発展した。

彼女の成功を見て、鶏だけを飼う農家は増えていった。そして第二次世界大戦後には、いわゆる「ブロイラーベルト」が誕生する。デルマーバ半島からノースカロライナ、サウスカロライナへと続き、ミシシッピからアーカンソーに至るブロイラーベルトを地図で確認すると、ドミノ効果によって養鶏産業から古い習慣が駆逐されていった様子が確認できる。農家は近所の人の成功する姿を見て、同じ船に飛び乗ったのだ。隣人と見栄を張り合ったのである。

鶏に特化した農家の利益は膨らんでいったが（僕のスプレッドシートでもそれは明らかだ）、長続きはしなかった。同じような農家が一気に増えた結果、ついには供給が需要を上回り、値崩れを起こしたのだ。利益が落ち込むと、農家はコストを切り詰めて効率を高めるための方法を模索した。

メリーランド州ソールズベリーにある養鶏加工業者のペルデュは、徹底的に効率を追求した。一九二〇年、創業者のアーサー・ペルデュは養鶏ビジネスに参入する。★23 当初、鶏肉の販売は卵の生産の副産物にすぎなかった。ところが、一九三九年に息子のフランクが参加したことをきっかけに、ペルデュ社は経営方針の大きな変更を決断し、第一弾として卵ビジネスを放棄する。一九四〇年代にトリ白血病というめずらしい病気が大流行し、産卵鶏が全滅した結果、アーサーとフランクは食肉ビジネスへと舵をきることにしたのだ。ふたりは肉の価格が上昇するほうに賭け、その目論みは見事に的中する。

ブロイラー産業の急成長の一因は、ブロイラーの品種改良だ。一九三〇年代になると、従来よりも成長が早くて餌の量が少なくてすむ品種が、ブリーダーによって開発されるようになっていた。フォアグラ産業は遺伝子操作の発展によって様変わりしたが、養鶏業も同じ経過をたどり、ブロイラーも産卵鶏も大成功を収めた。その恩恵は今日のクレイグにまでおよんでいる。彼がひよこで購入したブロイラーは、市場で販売できる重さに成長するまでわずか七週間しかかからない。これはミセス・スティールが鶏を太らせるために要した期間の半分で、しかも成長に必要な餌も半分で足りる。

スティーブ・ストリフラーが著書『*Chicken : The Dangerous Transformation of America's Favorite Food*（チキン――アメリカで好まれる食べものの危険な変化）』で述べているように、これは単なる進歩ではない。動物の育て方に根本的な変化が生じたのである。「農家の庭でのんびりと鶏を飼う時代は終わり、養鶏は効率が重視される機械的な作業になった。そして穀類に代わり、たんぱく質を含む安い動物の肉が餌として与えられるようになった」のである。[★24]

この新たな金を産む機械になった鶏肉がもたらす利益を最大化するため、フランクは鶏に与える餌に細工を凝らし、それはたちまち大成功を収めた。彼の考案した混合飼料は安価で、しかもこれまで購入したどんな餌よりも早く鶏の体重を増やした。一〇年もたたないうちにペルデュは飼料工場を持つようになり、その穀物貯蔵施設は東海岸でも最大規模を誇った。しかも同社は鶏肉の処理装置まで所有した。ペルデュ社は他の企業に委託するサービスに費用をかけすぎていると考えたフランクが、鶏の解体から洗浄、肉の包装まで、いっさいを自分たちで引き受ける体制を整えたのだ（鶏を一羽殺すのに、クレイグが二ドル二五セントかけていることを知ったときの僕の結論と同じだ）。

しかし、フランク・ペルデュの最も重要なイノベーションはその後だった。一九六八年、ペルデュは鶏肉業者としては初めて、鶏肉をブランドによって差別化したのである。[★25]農業が現代のような形に変容するまでにはいくつかの重要な瞬間があったが、これは間違いなくそのひとつだ。ヌーベルキュイジーヌを始めたシェフたちが、伝統を断ち切り独自のスタイルを料理に取り入れたことに匹敵する出来事だった。消費者はブランドの鶏肉を好み、相応の金額を進んで支払うだろうとフランクは確信していたが、当時これは非常に斬新な発想だった。ポール・ボキューズは高級フランス料理をビジネスとして軌道に乗せるために貢献したが、フランク・ペルデュはこうして食品ビジネスに革命をもたらしたのである。

では、フランクはどのようにして鶏を単なる商品から本物のブランドへと変化させたのだろう。メイン州の加工業者が、黄色い鶏肉の販売価格を通常よりも一ポンド当たり三セント高く設定していることに注目したのだ。黄色い鶏肉が市場で最高級と見なされたのは、シェフが黄色いフォアグラを高く評価するのと同じだ。＊そこに注目したフランクがトウモロコシのグルテンとマリーゴールドの花を飼料に加えてみると、味はほとんど変わらないまま、鶏肉は黄色く変化したのである。

＊

フランクの黄色味を加えたブランド肉の戦術は功を奏し、売り上げは上昇した。そして一九七〇年代になると、フランクはペルデュ社の正式なスポークスパーソンになる。二〇年以上にわたって何百もの広告に登場し、「タフな男は柔らかいチキンを育てる」という有名な文句を考え、フランク・ペルデュはまたひとつ、従来の殻を破った。それまで企業のリーダーは、ブランドの安売りを恐れて自社製品の宣伝を控えてきた。しかしフランクの誠実な態度に惹かれ（そしておそらく、彼が鶏に似ていたため）、人びとは俄然注目した。「アドバタイジング・エイジ」誌のある市場アナリストは、「ピープル」誌でこう語っている。「彼はいかにも信頼できる人間に見えたから、そんな彼が宣伝するブロイラーは特別だと誰もが信じたのだ[★26]」

ペルデュ社は健康志向の人たちにも支持された。鶏以外の肉は次第に栄養価の点で非難されるようになり、特に一九八〇年代から九〇年代にかけては人気が低下した。そして牛肉や豚肉の消費が衰えるのと反比例して、比較的ヘルシーと見なされたチキンの売り上げは五〇パーセント近く跳ね上がったのである。[★27]

いまや業界のナンバー3にまで成長したペルデュ社は、需要に応えるだけでなく新たな需要を掘り起こすため、チキンを丸ごとではなく、各部位に小分けして提供するようになった。これは決して新しい発想ではない。ペルデュ社の長年のライバルであるタイソン・フーズ社のドン・タイソンは一九六〇年代、アメリカ陸軍に鶏肉を卸す際、予め部位ごとに分けたほうが食べるのに簡単で、おまけに費用もか

＊　黄色い食肉には象徴的な意味合いが込められていたとも言われる。食歴史学者で人類学者のマーガレット・ビサーは名著『*Much Depends on Dinner*（多くはディナーから）』のなかで、人間は生まれながらにして「黄金色の食べもの」に惹かれる傾向があり、料理においても常にその点が配慮されてきたと指摘している。「中世以来、料理をサフランやマリーゴールドのソースに浸け込んだり、肉を卵の黄身と煮込んだり、黄色いパン菓子を焼いたり、あるいは肉の関節や菓子の大きな塊に金箔をかぶせるなど、様々な工夫が凝らされてきた。金色は未だに神話の一部で、私たち人間を強く惹きつける。鶏の半端肉が加工され、ナゲット〔天然の金塊〕という名前で市場に出回っているのが何よりの証拠だ」。一方、人間が黄色を好む傾向には薬理学的な効果があると科学者は指摘する。鶏肉や卵が黄色いのはキサントフィルという成分のおかげで、これは一部の果物や野菜、あるいはジャージー牛の黄色いミルクに含まれるカロチノイドと同じだ。その酸化防止効果は証明されている。

からないとアピールしていた。★28 これもまた、鶏肉ビジネスにとっては重要な転換点になった。チキンを部位ごとに分ければ、市場に提供する機会は限りなく創造される。一九八〇年代には、鶏を一羽まるごと販売する習慣は消滅し、鶏肉業者は、付加価値を添えて何千種類もの製品を売り出すようになった。予め調理したり、冷凍したり、下味を付けたり、あるいはミンチにするケースもあった(最も悪名高いのがマックナゲットだ)。こうして小さな部位に分けるだけで、まるごと一羽を販売するよりも大きな純益が確保できたのである。

しかし、不思議なことにペルデュ社はまるごとの鶏だけでなく、養鶏そのものを放棄してしまう。フランクはキャリアを始めてまもなく、重大な事実に気づいた。僕が多少とも自信を持ってそう言えるのは、僕自身、クレイグの養鶏に関しておおよその計算を行い、同じ事実を発見したからだ。要するに、養鶏は基本的に問題を抱えたビジネスで、何もかも自分でやるのは割に合わないのだ。今日、ペルデュ社の年間売り上げは四五億ドルを超えるが、ウェブサイトによれば、同社は「二二〇〇軒以上の農家とパートナー関係を結んでいる」という。つまり、鶏の飼育を農家に委託し、基本的にリスクをアウトソーシングしているわけだ。こうすれば諸経費をかけずにすむし、土地所有権の問題に煩わされない。病気や悪天候を心配する必要もない。つまり、農業を回避したのである。

鶏を飼育する農家には、「拡張せよ、さもなければ退出せよ」というクレイグの指摘した原理が当てはまる。鶏肉業者は様々な規模の農家と契約を結ぶが、数は自明というより、数はすべてを物語っている。小さな農家の純益は年間およそ一万八五〇〇ドル程度だが、★29 規模が二倍の農家の収入は四倍近く跳ね上がり、年間七万一〇〇〇ドル近くにまで達する。

そして、兄デイヴィッドの言うとおりだった。ペルデュ社のビジネスでは、垂直統合に飼育の管理から加工やマーケティングまで含まれるが、養鶏場だけはそのなかに含まれていない。

第11章　魚の餌になるチキン

負のスパイラル

最近、僕はある前衛的なレストランを訪れた。メニューは最先端で、小皿の料理は手が込んでいる。全部で三〇種類から成るコースを食べ終わると、シェフに厨房を案内された。

狭い通路に立っているシェフから合図を送られたコックが、冷凍庫から取り出されたばかりのガーゼにくるまれた鶏を持ってきた。シェフの説明によれば、この丸ごとの鶏はフランスの農業協同組合から送られてきたものだという。めずらしい品種なので、優れた遺伝子を守るために大切に育てているらしい。これまで食べたなかで、おそらく最高のチキンであることはシェフも認めた。しかし僕のほうを向いて、彼はいかにもすまなそうにこう言ったのである。「でも、鶏を丸ごともらって、どうすればいいんでしょう？　困っちゃいますよ」

やれやれ、料理のプロであるシェフがこんなことを言うとは困ったものだ。こんな時代になったのは、フランク・ペルデュのような業者の責任が大きい。鶏を各部位に分解し、いちばん好まれる部分だけをつまみ食いするように仕向けたからである。しかし、フリッツ・ハーバー（第5章に登場）の遺産も忘れてはいけない。彼が合成肥料を開発したおかげで、安い飼料が際限なく供給されるようになった。さもなければ、肉を中心とする現代の食習慣は実現しなかったはずだ。

今日のアメリカ人は、かつては考えられなかった段階に到達した。僕たちが消費できる肉の量には上限がない。なぜなら、消費者が動物のどの部位を食べたいかによって――脚よりは胸の部分（あるいは脚肉よりは背肉）――処理する動物の数が決められるからだ。こうしてどの動物の肉もいちばん高価な部位が選ばれる「ぜいたくな」食べ方ができるようになると、他の部位の相対的価値は急落した。需要に応えるため家畜の飼育数は際限なく膨らむが、肉の一部にしか興味のないサプライヤーは――生産者、加工業者、小売業者、そう、僕たちシェフも――大半の部分を放り捨ててしまう。

いまやこの傾向は日常化し、アメリカのスーパーマーケットでは各部位に切り分けられた肉がステーキなどの形で大量に提供される。そしてレストランのシェフは、仕入れてきた肉の部位を七オンス（約二〇〇グラム）にカットして調理する。特殊な食材を扱う市場に行かないかぎり（あるいはエスニックレストランで食事をしなければ）、肝臓や心臓や胃袋を食べる機会はほとんどない。

かつて厨房のなかで、ブッチャー（食肉解体処理スタッフ）の序列は高かった。しかし、ほしい部位だけを注文できる便利なシステムが確立されると、ブッチャーの権威は失墜する（僕がフランス人のブッチャーのもとで初めて修業したときには、一頭の動物を解体する作業はなく、ラムの置いてある棚を掃除しただけだった）。レストランのブッチャーは、地域のスーパーマーケットの肉売り場にいるスタッフのような存在に成り下がった。ステーキの注文を受けると、ようやく作業を開始する。いや、加工業者から直送されてきた肉はすぐ食べられる形に準備されているので、包装を解くだけかもしれない。

これはまさにポール・ロバーツが著書『*The End of Food*（食の終わり）』で指摘している「プロテインパラドックス」[★30]に他ならない。いまや、食べきれないほどの肉が生産される時代になった。家畜の育て方や餌やりの方法が長足の進歩を遂げた結果、肉一ポンド当たりのコストは過去に先例がないほど低下した。ただしそれは世界の飢饉を緩和したわけでも、肉食の大衆化につながったわけでもない。実際のところ、この進歩のおかげでアメリカ人はぜいたくな食べ方ができるようになり、しかもそれが奨励され、言うなればポークチョップが独裁者としての地位を手に入れたのである（ホワイトミート、すなわち赤色の深くない部位の主権が確立されたわけだ）。今日の僕たちは有り余るほどの肉を食べるが、あまりにもたくさんの部位は食べられることもなく捨てられてしまう。

農業が飛躍的に効率化されたことの影響は見逃せない。今日の農家は、たくさんの動物を育てすぎている。いや、正確を期するなら、たくさんの動物をあまりにも安く育てすぎている。しかしアメリカの消費者にも責任はある。多くの女性たちが働くようになると、それまで彼女たちが担っていたキッチンでの仕事は割り当てが見直されるどころか、放棄されてしまった。今日、アメリカ人が一日のなかで食事の準備にかける時間はおよそ三三分[★31]。フランクが柔らかいチキンの訪問販売を始めた時代の半分である。一九七〇年代〜八〇年代にかけて販売されていたチキンは、八〇パーセントが「加工されていない」状態で（すなわち、骨や皮のついている自然な状態で）、一六パーセントが加工食品だった。しかし一九九〇年代の終わりになると、この数字は逆転する[★32]。

十分すぎるほど処理された調理済みの製品が市場にあふれると、キッチンは組み立て工場の様相を呈した。いまや下味のついたフライドチキンが簡単に手に入るようになり、しかも必需品になっている。僕たちは調理済みの食品を食べるだけでなく、料理をしない国民になってしまった。

料理を職業とするシェフにも責任の一端はある。僕たちが完成に努めたアメリカ料理では、肉が主役として舞台の中央に並べられる。ディナープレートに載せられた七オンスの厚切り肉はアメリカ人による発明であり、肉に対するアメリカ人の期待の表れでもある。エスニック料理では、肉はもっとつつましやかに登場する。

これほど肉がぜいたくに食べられるのは、工業型農業が発展したおかげだ。しかし工業型農業に必然性があったわけではないし、実際のところ、おいしいものはほとんど作られていない。いちばん美味なのは顧みられない部位だという点で、シェフの意見はほぼ一致している。ただしこれらの脇役には、食べるために何度もよく噛まなければいけないという不利な点があり、それがスターダムにのし上がるための妨げになっている。

鶏の胸肉、ラムの腰肉、ヒレステーキ、ポークチョップなどは、どれも人気が高い料理だが、動物が生きているあいだ、これらの部位の筋肉はほとんど使われない。そのおかげで柔らかくなり、それが好まれる理由のひとつでもあるのだが、味が淡白である点は否めない。ほとんど動かされなければ、筋肉内脂肪がほとんど発達しない。そして、脂肪がなければ豊かな風味は創造されない。これに対し、人気のない部位の筋肉には重労働が課せられる。脚は動かさなければならないし、肝臓や腎臓は体内をきれいに掃除する役目を担い、心臓は生きるために鼓動を繰り返す。食べるほうも労力を使うのは事実だが、正しい方法で準備すれば見返りは大きい。豊かで深みのある風味が鼻を刺激するだけでなく、肉だって柔らかくなる。ただしそのためには調理にじっくり時間をかけ、様々な工夫を凝らさなければならない。

かつてシェフのトーマス・ケラーは「ヒレステーキを料理して、自分はシェフだと宣言するのは簡単だ。[★33] しかしそれは本当の料理ではない。過熱しているだけだ。それに比べ、胃袋を調理するためには匠の技が要求される」と記した。

芸術家と同様、シェフは度肝を抜く作品で世間を驚かせることができるし、場合によっては、それを期待する周囲の声に応えなければならない。斬新な発想に触れた人びとは、常識の枠から解放され、発想を飛躍させていく。パラディンがあの晩にロサンゼルスで披露した料理は、そんな作品のひとつだった。普段は捨てられる部位で作られたチキン料理は絶妙の仕上がりで、僕の脳裏にその後何度もよみがえった。マザーグースの童謡に登場するハンプティ・ダンプティは、落ちて粉々に割れてしまうが、アメリカでは愛すべき鶏が同じ扱いを受け、バラバラに分解されてしまう。しかしパラディンは、バラバラになった断片を再びつなぎ合わせ、しかも美味に仕上げる方法があることを示してくれたのである。

もちろん口で言うのはたやすいが、商売にするのは難しい。たとえば鶏の砂嚢（厚みのある筋肉質の器官で、鶏が食べた餌はここで粉砕されてから胃袋に送られる）は少しかじっただけでも口全体に豊かな味が広がり、そのおいしさは胸肉にはとても太刀打ちできない。でも残念ながら、注文する客はほとんどいない。[*] シェフが鶏を一羽丸ごと購入しないのも無理はない。

鶏肉産業にも言い分はあるだろう。それの何が悪い？　アメリカ人が食べたい部分の肉を食べて、なぜいけないのかと。そのために食品サービス業は存在している。骨も皮もない鶏の胸肉をほしい人がいたら、どうやって提供するか知恵を絞るのがアメリカの企業文化ではないか。たしかに、ある程度は彼らの言い分が正しいのかもしれないが、すでにその限界に到達している。

このわずか三〇年のあいだに、鶏肉産業では生産量がおよそ五一〇万トンからおよそ一六八〇万トンへと三倍に増加した。[★34] しかし僕たちは、これだけの量をすべて食べるわけではない。そして食べない部分もどこかで活用しなければならない。たとえば、チキンマックナゲットなど栄養のかたよった食品が一時は大いにもてはやされたが、そうした加工食品になったり、あるいはペットフードになったりする。

もっと最近では、余ったチキンは牛の餌に使われている（牛は肉食動物ではないのだから、これにはたまげる）。いや、魚の餌にもなる。魚とはまたどうしてだろうと思うかもしれないが、水産養殖で餌として使われてきた天然の魚の価格が高騰する一方、チキンの相対的な価格が下がったことが影響している。チキンを与えたほうが安上がりになったのである。要するに鶏の餌になる穀物が大量に生産され、それがチキンの大量生産につながり、余った肉が魚の餌となり、この恐ろしいシステムが制御不能に陥っているのだ。かつて僕は、チキンを魚の餌にして持続可能な養殖が成り立つのかと、ある水産養殖の

＊　料理史研究家ベティ・フッセルはかつて、アメリカ人は没個性を好む傾向が際立っていると述べていた。彼女が牛肉の味についてのテストを実施したところ、獣のにおいがするものはすべて嫌悪の対象にされた。私たちが口にする食べものは自然の形からはかけ離れてしまったので、それを連想させるものは拒絶感を引き起こさないまでも、不快感を催すのだと彼女は分析している。

専門家に尋ねたことがある。すると、返ってきた答えは「でもね、この国には有り余るほどのチキンがあるんですよ」というものだった。

　不要な部位を処理するためには、海外市場も解決策として利用されてきた。いらないものをよその国に丸投げするのだ。今日アメリカは、鶏製品に関して中国への最大の輸出国である。ペルデュ社をはじめとする鶏肉業者にとって幸いなことに、中国人は黒ずんだもも肉を好むからだ。一九九〇年代には、中国が輸入するチキンの九〇パーセントをアメリカの製品が占めるようになり、中国当局からは、アメリカの鶏肉業者が余剰製品を不当に安い価格で売りたたいていると非難された。[★35] あるいはロシアは、アメリカから輸入されるチキンを nozhki Busha（ブッシュの脚）と呼んで揶揄した。これはジョージ・H・W・ブッシュ大統領〔父親のほう〕がロシアへの輸出を積極的に進めたことにちなんだ呼び方だ。

　そして最近では、アメリカで余ったチキンを売りさばく先として人気が高いのがメキシコである。二〇〇八年、メキシコが輸入品に対する関税を完全撤廃したことをきっかけに、鶏のもも肉が何十万トンもなだれ込んでくるようになった。このメキシコ政府の決断は、養鶏業が国内で最も盛んなハリスコ州をはじめ、小さな州をたちまち深刻な状況に陥れた。メキシコの鶏肉生産者の一部はコストを下げるための統合に踏み切り、一九六〇年代のペルデュ社と同じ道をたどった。一方、養鶏場での職を奪われたハリスコの労働者は住み慣れた場所を離れ、不法移民としてアメリカに大挙して押し寄せた。[★36] そして自分たちのスキルに見合った職を見つけたが、それはペルデュのような鶏肉加工施設だった。

　やはり、鶏はすべての部位を料理すべきではないだろうか。しかし現実には、チキンの一部だけが提供される食システムが構築され、そのなかでは、国家規模の連鎖反応が進行している。穀物の過剰生産は鶏肉の過剰生産を引き起こし、そのためにチキンの価格が下落すると、収入の減少分を補うため、飼育する鶏の数が増やされる。そうなると不要なチキンがますます増え、養殖される魚の餌のように、本来はそれを食べるのにはふさわしくない生き物の餌となる（穀物の過剰生産によって沖合の海洋汚染が深刻化したことが一因となり、魚の養殖は増加している）。

あるいは、過剰生産されたチキンがメキシコなどに投げ売りされると、メキシコも対抗措置として、アメリカと同じシステム、すなわち「拡大せよ、さもなければ退出せよ」という方針を採用し、それが定着していくと、安い価格設定でのチキンの生産が増えていく。一方、鶏肉工場から解雇されたメキシコの労働者の多くは不法移民としてアメリカで働き、そのおかげで工場の賃金は下がり、それが鶏肉会社の生産拡大を促し……、こうしてますますたくさんのチキンが作られていくのだ。

第12章 デエサの恵み

眠るような穏やかな死

一〇月に入ってまもなく、リサから嬉しい知らせがあった。エドゥアルドが、これからガチョウを処理するので僕を招待したいと言っているのだという。「ガスを使ったいけにえの儀式」は一一月一〇日に行うので、その日に僕がスペインに来られないかと打診してきたのである。

そういえばエドゥアルドは、ガチョウを上手に殺さないと、おいしいフォアグラは確保できないと強調していた。やり方がまずいと、フォアグラは台無しになってしまう。彼のところでは、ガチョウたちはあっという間に殺される。しかも「ストレスがいっさいかからない。浴槽で手首を切るのと同じさ。こんな穏やかな死に方はない」と謎めいた説明をしていた。よいたとえだと思ったわけではないが、間違いなく興味をそそられた。

ところが出発の数日前になって、せっかくの企画が予定通り実行されそうにないという連絡がリサからあった。エドゥアルドはその理由を教えてくれないらしい。出発直前でキャンセルもできないので、僕はとにかく出発することにした。ガチョウたちは殺されるにあたって必要条件を十分に満たしていないのだろうか。丸々と太っていないのかもしれない。でも、準備は進められてきたはずだし、少なくとも一見の価値はあるだろうと僕は判断した。

農場に到着すると、エドゥアルドから驚くほど熱烈な歓迎を受けた。まるで幼馴染みとの再会のようだ。予定を変更したことを心からすまないと思っているのだろうか。

「エドゥアルド、ガチョウのことは気にしていないよ。今年じゃないと困るわけじゃないし」と言って、僕は彼の気持ちを楽にしようと努めた。

リサが僕の英語を通訳すると、彼は眉を吊り上げ、「うん、わかった」とスペイン語で応じた。言い訳するわけでも事情を説明するわけでもない。そしていきなり、食肉処理について詳しい解説を始めた。おそらく、実際に目撃できない現場の再現を僕が望んでいると考えたのだろう。そして「ガチョウは眠るのさ」と言うと、目を閉じ、少し傾けた頭に右手を沿えて、柔らかい枕で眠っている真似をした。

「一斉に？」僕は興味をそそられたというより、彼の言葉が信じられずに思わず尋ねた。

「嘘じゃない、本当さ。みんな一緒に眠る。痛みも何にも感じない。まったくね」とエドゥアルドは強調する。

大きな隔離部屋の前にはグラスファイバー製のフェンスが設置されている。その罠の仕組みについて、彼は実演を始めた。「ほら、ガチョウをおびき寄せるために、こうやってトウモロコシを撒いておくだろう、それから手を叩いて呼びかけるんだ」。そしてつぎにガチョウのよちよち歩きを真似しながら、目には見えない罠を走り抜けた。

「最初の一羽が入っていくと、そうか、食べても大丈夫なんだって、ほかのガチョウも考えるじゃないか。だから、みんなあとについていくのさ」。ガチョウたちは抵抗しないし、自制心も失わない。自由な意思で処理場に入っていく。だから極上のフォアグラを確保できるのだと、エドゥアルドは根気強く説明してくれた。

でも、苦しまずに死んでいくことがどうしてわかるのだろう。

「味だよ！」とエドゥアルドはすかさず答えた。「おれのフォアグラを食べただろう。断末魔を迎えたガチョウの味だった？」

もちろん、そうではなかった。やさしくマッサージをされながら、昇天していったガチョウの味だ。でも、苦しまずに死んでいったことが、どうしてわかるのだろう。ガチョウに少なくとも多少の不快感を与えずにフォアグラを作ることができるなんて、僕はエドゥアルドと出会うまで知らなかった。

ごもっとも、という様子でエドゥアルドはうなずき、説明を始めた。「おれの息子が生まれた年、自分が本当にガチョウの心をわかっているのか、少々自信がなくなってね。迷いを断ち切りたくなったんだ。そこで、ガチョウにガスを吸わせたあと、ドアを開けてきれいな空気を入れてやった。ガチョウが二〇分後に目を覚ましたときは、放心状態だったよ」と言って、頭を後ろに倒し、左右にゆっくりと動かして、見るからに混乱した状態を表現した。それから頭をまっすぐに戻してじっと目を閉じ、再び目を開けると、興奮の面持ちで意外な展開を教えてくれた。「でもつぎに、どうしたと思う？　また餌をガツガツ食べ始めたのさ。何事もなかったかのような様子でね！」

エドゥアルドのやり方は荒唐無稽に思えるかもしれないが、動物が苦しむと肉がまずくなることは、実際に多くの研究によって明らかにされている。生きているあいだ、特に死ぬ間際に動物が受けたストレスは、最終的な製品の味や歯ごたえへの悪影響となって表れるとエドゥアルドもさかんに強調した。

実は僕も、ストーンバーンズに〈ブルーヒル〉をオープンしたとき、自分の目でそれを確認したことがある。当時、クレイグはバークシャー黒豚を毎週一頭、食肉処理場に連れていったが、その肉は、お世辞にもおいしいとは言えなかった。ブッチャーのホセは、筋肉の一部に赤い筋が走っていると指摘していたし、僕の印象でも、その豚肉はパサパサして硬く、期待外れの味だった。そこでクレイグは、処理場まで連れていかれる際に、孤独な豚が不当なストレスを受けるのではないかと考え、早速いくつかの修正を加えることにした。まず、道連れとなる豚を一頭、同乗させることにした（冥途の旅に二人組制を導入したわけだ）。つぎに、旅の途中で餌をたっぷり食べさせた。さらに、農場の森の写真を拡大してトレーラーの内部に飾った。クレイグが殺す豚は一頭だけで、もう一頭は再び農場に戻る。そして翌週は、旅慣れた豚がべつの相棒と一緒にふたたび処理場に向かうが、今回は農場に戻らない。すると、かつて見られた赤い筋が消滅し、黒豚の絶妙の味が戻ったのである。

そこまで努力するのは最高品質のレバーを確保したいからなのか、それともガチョウの幸福を願っているからなのか、僕はエドゥアルドに尋ねた。彼は僕の質問が理解できないとでもいうかのように、かすかに首を振って笑みを浮かべた。そこで、質問の仕方を変えることにした。「ねえ、おいしいフォアグラを手に入れることと、ガチョウを苦しまずに死なせることと、どちらが大切なの？　ひとつを選べと言われたら、どちらを取るつもり？」

エドゥアルドは眉を吊り上げてこう言った。「結局、どちらでも同じじゃないの？」

＊

その日の午後、エドゥアルドは僕たちのためにランチを手配してくれていたが、まずは（当然ながら）、処理の準備がほぼ整っていたガチョウたちを見学することになった。

草原を出たり入ったりしながら二〇分ほど車を走らせたあたりで、僕たちはイベリコ豚の集団と対面した。頭を地面に近づけてドングリを探しながら、草原を整然と横切っていく。僕はエドゥアルドの指示で車から降りた。ガチョウたちはこの近くにいるはずだという。僕たちは樫の木の下に立って待ち構えた。地面にすき間なく転がっているドングリの殻は、使用後の弾丸のようだ。

「豚どもは、ちょうどここにいたんだな」と、エドゥアルドはかがみ込んで豚の食べ残しを確認しながら言った。豚の餌になるのを免れたドングリを手に取ってみると、すごく大きい。

「ガチョウはこれを丸ごと食べるの？」と僕は尋ねた。

エドゥアルドはにっこり笑うと、遠くを指さした。二〇羽かそこらのガチョウが一列になって、高い草のあいだから姿を現した。ガーガーと騒々しい鳴き声をたてている。

「うわあ、大きい！」とリサが息を呑んだ。

その言葉に嘘はない。ガチョウは大昔の生き物のようで、小型の恐竜と言ってもおかしくなかった。春に見たときよりも、三倍の大きさに成長しているといってもいい。丸々と太ったガチョウは耳障りな声で鳴きながらドングリがそっくり残っている場所までやって来ると、いきなり列を崩して集まり、翼を一斉にバタバタと羽ばたかせた。

「豚とドングリの取り合いにならない？」と僕は尋ねた。

「うん、豚が意地悪をすると、翼で横面をひっぱたくね」と答えながら肘を突き出し、羽を真似して前後に動かしてみせた。「そうすると、豚は恐れをなすんだ」と言ってかがみ込むと、「オラ、オラ（よしよし）。可愛いね」とガチョウに呼びかけた。

ガチョウたちは頭を下げて、ドングリを貪るように食べている。「なっ、すごいだろう。脂肪をしこたま背負い込んでるだろう」と、エドゥアルドは群れを指さした。首のまわりにたっぷりとついた脂肪が、一目で確認できる。それから「下も見てごらんよ」と言って、僕の腕をつかみ、僕たちはガチョウと同じ目線までしゃがみ込んだ。「腹が地面についているのがわかるかな」

処理に向けて準備が整ったかどうかは、雨のなかでガチョウの様子を観察することによっても確認できるとエドゥアルドは教えてくれた。「脂肪がにじみ出てくるのさ」と説明しながら、ガチョウの胸を指さした。「ここだよ。ここに脂肪がにじんでくるから、くちばしを使って羽全体に広げていく。するとレインコートを着たみたいな状態になって、水がきれいにはじかれる。だから、レバーに脂肪がたっぷりついたなってわかるんだ」

レインコートかどうかはともかく、これだけ太っていたら、殺されるにあたって必要な基準を満たしているとしか思えない。そもそも僕は、食肉処理の現場を見学するために、わざわざ地球を半周してやって来たのだ。しかしエドゥアルドは嘆息して打ち明けた。「今年はドングリが不作だったからね。最悪ってわけじゃないよ。でも、出来が悪くてさ、ガチョウが十分育たない年もあるんだ」

何年も前には、ドングリの不足を補うために仕方なく穀物を食べさせたときもあったという（「穀物をやるといっても、食べるのはガチョウの自由だよ。ほら、食べろなんて強制しない」とエドゥアルドはこぶしを作り、ガチョウの喉に餌を流し込む真似をして言った）。穀物を与えたのは売れる商品を確保するためなのか、それとも、そのほうがよいと信じている卸業者を喜ばせるためなのか。どちらなのだろう。

「たしかに穀物をやれば、業者が普段売り慣れているフランス製のフォアグラと同じようになるさ。みんなが最高級だと思い込んでいるフォアグラと同じにね」とエドゥアルドは言った。

「あいつらにはこう言ってやるんだ。おれの人生で最悪のフォアグラの生産地がわかるか。パリだよ！あんなまずいフォアグラはないね。ごみと一緒だ」

エドゥアルドによれば、フォアグラがまずいのは強制肥育ではなく、トウモロコシのせいだった。食べる前から味の予測がつくし、しかもそれはよい予測ではない。

「もちろんレバーはレバー以外の何物でもないさ。でも、結局のところレバーにも個性はあるし、どれも同じ味じゃあ駄目だよ」と語る様子は、草だけで育てられたラムは肉の味が不揃いだと言って得意げに話したジョン・ジャミソン〔本書第7章参照〕と似ている。でも、ほとんどのシェフは正反対で、画一性を求めるものだよ、と僕は訴えた。するとエドゥアルドはふたたび地面にひざまずき、緩く握った両こぶしを双眼鏡のように目に当てて、去っていくガチョウを同じ視線で眺めた。そして「シェフは間違っている」とつぶやいた。

ハモンへの恩義

その日の午後、僕たちはモネステリオに戻り、八カ月前にエドゥアルドのフォアグラを賞味したときと同じレストランを訪れた。ランチを終えてコートとバッグを受け取っていると、エドゥアルドがリサに話しかけている声が聞こえた。振り返ってみると、彼は右腕を持ち上げ、親指と人差し指でハモン（ハム）の薄切りをつまんでいる。この時間の太陽は穏やかで、レストランの窓から差し込む黄金色の光が部屋全体を明るく照らす。その光を受けたハモンは、まるでレントゲン写真のようだ。

このとき初めて、エドゥアルドは豚に恩を受けていることを素直に認めた。ハモンをつまみながら、「おれのフォアグラはこれがヒントになっている。人生の目標なんだ」と打ち明けた。ハモンの表面に幾筋もクモの巣状に広がる脂肪が、光を浴びて浮かび上がっている。その筋をなぞりながら、彼は左手の人差し指をていねいに移動させていった。前後に動かしたり、輪を描いたり、まるでデエサの曲がりくねった道路を運転しているように、白く輝く筋をたどっていく様子からは目的意識が感じられる。この瞬間まで、エドゥアルドは基本的に豚を添え物のように無視していた。だからよけい、このときの大げさな動作には驚かされた。

「いいかい」と彼は、宙に掲げられた半透明のハモンに目を向けて宣言した。「ハモンイベリコは最高のハムだ。大地（ランド）が完璧な形で表現されている」

後にリサは、エドゥアルドがランドという言葉をわざと使ったのではないかしらと指摘した。彼女が「ランド」と訳したスペイン語の「ティエラ」には、足元の地面以上の意味が込められている。ティエラは包括的な定義で、土地、根っこ、水、空気、太陽といった要素も含まれる。

リサの説明によれば、ハモンイベリコは珍味として重宝されるだけでなく、文化的にも重要で、スペイン人のアイデンティティと深く関わっているという。★37 スペインの歴史を振り返ってみると、イスラム教徒に支配された時期が長く、ユダヤ人コミュニティも繁栄した。そこでカトリック教徒は差別化の手段として、豚肉を食べたのである。豚肉を食べれば、ユダヤ人でもイスラム教徒（つまり異端者）でもないことが証明されるのだ。

そういえばかつて若いスペイン人シェフが、ハモンイベリコについてこんなふうに語っていた。「ハモン？」と満面の笑みを浮かべながら、彼はこう続けた。「ハモンは神の言葉です」

やがてリサがこう言った。「ねえ。エドゥアルドやガチョウたちと一緒に過ごしているあいだじゅう、ずっと考えていたのよ。二〇〇〇年の伝統を持つハモンに彼のフォアグラがどれほど恩を受けているかね。だからその事実を認めてくれたときは本当に嬉しかった」

ハモンに対するスペイン人のこだわりは、好きな食べものへの愛情を超えている。普段は忘れているスペイン人としての原点を、思い出させてくれる存在なのだ。エドゥアルドがイベリコ豚の存在を簡単に評価しようとしなかったのは、そのためだったのだろう。リサに言われてようやくわかった。ガチョウを飼育するのはただ乗りしている気分だったのではないか。そうなると、エドゥアルドのフォアグラを理解するためには、ハモンイベリコへの理解を深めなければいけない。そしてハモンを理解するためには、デエサについてもっと学ぶ必要がある。

＊

翌朝、リサはミゲル・ウリバリとコンタクトをとった。ハモンイベリコの促進を目的に設立されたレアルイベリコ協会の元理事である。四〇代のミゲルは柔らかな語り口の人物で、エドゥアルド・スーザの飼育法に興味を持っていた。そしてリサと同様、エドゥアルドのシステムはイベリコのモデルに負うところが大きいと確信していた。この日、ガイド役を快く引き受けてくれたミゲルに従い、リサとエドゥアルドと僕はプラシドとロドリゴのカルデノ兄弟のもとを訪問する運びとなった。兄弟が経営する〈カルデノ〉は、この地域では老舗のハモン（ハム）製造業者だ。

ミゲルの説明によれば、ハモンには厳密な分類がある。イベリコ豚から作られる塩漬けハムは、一応はすべてハモンイベリコに該当するが、実際にはいくつかの等級が存在している。真のハモンイベリコとして評価されるためには、主にドングリで育てられたハモンイベリコ・デ・ベジョータまたはハモンイベリコ・デ・モンタネーラに指定されなければならない。穀物を与えられ（餌代が安くなる）、塩漬けの時間が少ないバージョンよりは、ずっと値段が高い。その程度の予備知識は僕にもあった。

プラシドとロドリゴは最高級のハモンイベリコ・デ・ベジョータしか製造しない。ふたりのあいだでは分業体制が成立しており、プラシドは塩漬けのプロセス、ロドリゴは豚の飼育を担当している。〈カルデノ〉に到着すると、まずプラシドが出迎えてくれた。彼はサングラスをかけ、かすかな口ひげを生やしている。七〇〇エーカーの農場を見学したいという僕たちの提案には耳を貸さず、その代わり、樫の木がところどころに生えている絵のように美しい牧草地に案内してくれた。サバンナのような広大な牧草地は、デエサの絵葉書を見ているようだ（実際、午後には、ちょうど僕たちが立っている場所を撮影した〈カルデノ〉の絵葉書を手渡してくれた）。

「きれいだなあ」

「だめですよ、この程度じゃ」とプラシドは首を振り、地面に視線を落として言った。「この時期のデエサはいちばん醜い。緑であふれ返っている季節にもう一度来てください」

プラシドの説明によれば、〈カルデノ〉は早くも一九一〇年、ハモンの製造を始めていた。敷地はもともと母方の祖母が所有していたもので、「おふくろは貴族の出身で、土地を持っていた」という。小さな町で育った母親は、小学校でプラシドとロドリゴの父親と出会った。ふたりは恋に落ちるが、プラシドによれば、結ばれるまではいばらの道だったという。父親の家は土地持ちではなかったからだ。ハモンの塩漬けを商売にしていたが、土地を持たない男性は結婚の対象として評価されなかった。「ロミオとジュリエットのようなストーリーもありましたよ。でもふたりは愛し合っていたからね。最後は勝利を収めたんです」

父親は豚を育て、塩漬けも自分でこなした。しかし一九六〇年代に入って息子のプラシドとロドリゴが参加すると、分業体制が成立した。兄弟が仕事にかける情熱、そしておそらくふたりのライバル関係のおかげで、ハムの品質は大きく向上したのである。

僕たちが土手まで歩いていくと、ちょうど五〇頭ほどのイベリコ豚が池に入り、そのあと周囲の牧草地を走り回って体を乾かしていた。年長の豚は日向ぼっこをしながら居眠りをしている。チュイルリー公園〔ルーブル美術館の隣にある幾何学的な庭園〕の日曜の午後のようだ。そしてプラシドは、その様子を誰よりも満足げに眺めている。

「ね、すごいでしょう」とプラシドは、この情景を初めて目にしたかのように声を弾ませた。全員が豚のほうを向いて笑顔を見せたが、ただひとりエドゥアルドだけは、みんなから離れて近くの樫の木を観察している。古くて太い幹の隣では、大柄な彼も小さく見える。

木々のあいだを歩きながら、ミゲルとリサはデエサの歴史について話し合っている。その内容から、ここが最近までハムではなく、羊毛の産地として有名だったことを僕は知った。

デエサ

デエサのシステムは中世を起源とする。[★38] キリスト教徒によるレコンキスタ〔イスラム教徒に占領されたイベリア半島をキリスト教徒の手に奪回する運動〕は、一三〇〇年までにエストレマドゥーラをイスラム教徒から奪還していた。当時急成長していた羊毛産業にとって、開墾されていない広大な荒野は将来の牧草地も同然だった。戦いに勝利したキリスト教徒は、貴重なメリノ種の羊を育てるための新たな資源をいきなりたくさん手に入れたのである。家畜が連れてこられると鬱蒼とした森は破壊され、樫の木がところどころに残され、今日のような情景が誕生した。農民は羊の放牧地のまわりを石の壁で囲った。ちなみにデエサ（dehesa）という言葉の語源はラテン語のdefensa（防御）で、野生動物や捕食者から守られた土地だったことがわかる。

当時のスペインでは羊飼育者たちの組合は強力で、国の政策にも大きな影響力をおよぼした。一五世紀には二五〇〇万頭だったデエサの羊は、一八世紀には五〇〇万頭にまで増えた。当時の経済にとって羊毛は重要な存在で、羊飼育者のギルドはメスタと呼ばれるエリート組織に発展していく。そして放牧地を守るための法律が可決され、たとえばデエサのいかなる場所からも草を取り除く行為は禁じられる。メスタの経済力や政治力を反映した一連の法律は、羊飼育者の資産を守るための法的枠組みを提供したが、それ以外の効果もあった。大地を尊敬する気持ちが植え付けられたのだ。

一五四八年に可決された法律では樫の木の権利がつぎのように成文化され、枝をとることも違法行為とされた。

> 我々のデエサでトキワガシまたは雑木林の樹木を切り倒したり、運んだり、積み込んでいる現場を押さえられたら、何人たりとも議会に対して五〇〇マラヴェディスの罰金を支払わなければならない。[★39]男性の胴体と同じ太さの枝の場合は三〇〇マラヴェディス、腿と同じ太さの枝の場合は二〇〇マラヴェディス、ふくらはぎと同じ場合は一〇〇マラヴェディス、手首と同じ場合は二五マラヴェディス、それ以下の場合は一〇マラヴェディスに定める。

このような厳しい規則からは、スペイン人がデエサを生命体として見なし、自分たちの一部として大切にしていたことがわかる。デエサの繁栄は自分たちの繁栄でもあった。ティエラ（大地）の一部を個人的な目的で取り除かれると、ティエラの価値が減るだけでなく、上昇気流に乗ったスペイン人の運気も下降すると判断された。

結局のところスペインによる新世界の探検は、裕福なデエサの羊毛産業が資金援助をしたおかげで実現したのである。やがて植民地時代が到来し、南北アメリカはむろん、オーストラリア、ニュージーランド、南アフリカもつぎつぎとヨーロッパ列強の植民地になっていくと、どこでもあっという間に羊毛生産が盛んになった。コストのかからない植民地に押され、スペインの羊毛産業は徐々に衰退に向かう。しかし、デエサの生態系を維持するための投資は配当金を生み続けた。ほかの動物を使って時代の変化に適応していくが、特にイベリコ産の黒豚にとってデエサの大地は理想的な環境だった。

*

「豚が秋までに腹ペコにならないと、ここのシステムはいっさい機能しません」とミゲルは語り、この地域の長く乾燥した夏について触れた。

イベリコ豚という品種は食が細い。草や種や穀物をデエサの自然のなかで見つけ、成長のために最低限のカロリーを摂取するが、必要以上にはとらない。ところが一〇月になってモンタネーラと呼ばれる放牧期間が始まると、タイミングを計ったかのようにいきなり食欲が増進する。一一月から三月にかけて、樫の木からドングリの実が地面にどっさり落ちてくるのだ。この四カ月間で、豚は死ぬときの体重の四〇パーセントを一気に獲得し、脂肪の層は羽毛布団のように厚く発達する。

エドゥアルドは、そんなことわかってるさとでも言いたげに眉を吊り上げた。

「いたって単純な仕組みですが、同時に複雑でもあるんです」とミゲルは言って、樫の木の点在する情景に目を向けた。デエサ誕生のプロセスの謎を解き明かしても、ハモンのオーラを消さないような配慮を忘れない。

地面に鼻をつけて息を吸い込み、ドングリ探しに血眼の黒くてずんぐりした動物は、単なる空腹の豚ではない。お腹いっぱい食べるのに理想的な条件を見つけた豚である。そしてこの理想的な条件は、デエサ特有のものだ。

まず大事なのはドングリの種類だとミゲルは説明した。デエサの樫の木には大きく分けてふたつの種類がある。トキワガシとコルクガシである。トキワガシのドングリの実のほうが甘く、豚もこちらのほうを好むが、コルクガシのほうがシーズンの終わりまで実をつけるので、餌を供給する時期が延長される。どちらのドングリもサイズが大きいが、これもやはりデエサの生態系のおかげだ。そもそも樫の木が間隔をあけて植えられたのは、十分な日よけをつくるためだった。しかしその結果、根っこが深く張り巡らされたのである。ここは水資源が乏しいので、土の栄養や水を求めて争う心配のない環境はそれだけで有利だ。樫の木はのびのびと丈夫に育ち、大きくて甘いドングリを実らせる。そしてドングリの数を増やすため、木は定期的に剪定される。

地面に敷き詰められたドングリを貪り食う豚は、長い準備の最終段階にある。しかし餌は簡単に手に入らない。木と木の間隔があいているので、繁った草をかき分けなければご馳走にありつくことはできない。このとき草を食べるので、豚にとってドングリはさらにおいしさを増す。

「ここには生理的要因が関わっています」とミゲルは説明した。「草とドングリを同時に口に入れると、ドングリの味がぐっと引き立ち、豚はますます食欲をそそられます」

エドゥアルドが割り込んで言った。「豚だけじゃないよ。ガチョウも同じだ」

豚は草を口に含み、ドングリを求めて木から木へと歩かざるを得ない。それはかなり激しい運動であり、アメリカの養豚の基準では、エネルギーの無駄遣いと見なされる。運動すればするほどカロリーが消費され、餌が必要になってしまう。豚を閉じ込めて育てれば肉の味がまずくなるところだが、幸い、アメリカ人は勤勉の精神を発揮して工夫を重ね、甘いシロップや砂糖漬けのパイナップルでパサパサの筋張ったハムをおいしく仕上げる方法を見つけた。しかしデエサでは運動によって酸素を含む筋肉が作られるので、その分だけ味の深みが増す。

デエサを訪れるずっと前、僕はクレイグ・ヘイニーから同じ教訓を学んだ。〈ストーンバーンズセンター〉がオープンした年、僕は地元で懇意にしている農家の豚肉を食べてほしいとクレイグに頼んだ。この生産者の豚は味のよさに定評があった。だから試食してみれば、自分の農場でもっとおいしいものを作ろうと意欲がわくのではないか。そんな期待を込めていた。

「うーん、どうかな」とクレイグは肉を一切れ口に入れ、用心深く噛む動作を何回か繰り返したあと、気の進まない様子で感想を述べた。「おいしいし柔らかいよ。でも、おれの豚はもっと味わいがある」。

その晩、僕は数人のコックを集め、以前には考えもしなかったことに挑戦した。〈ストーンバーンズ〉の農場のポークと地元生産者のポークを食べ比べてもらったのだ。クレイグの言うとおりで、比べるまでもなかった。地元産の肉は締まりがないと表現してもよいほど柔らかく、ナイフで簡単に切れてしまう。たしかにバターのような歯ごたえで、それは往々にして質のよさと解釈されるが、実際は誤解にすぎない。結局は柔らかいだけで、ほとんど味がしない。一方、クレイグのポークは深くて豊かな味が口いっぱいに広がった。

その何年も後、地元の農家が豚の運動量を意図的に減らしたために、筋肉の酸素含有量が少なくなったことを知った。噛みごたえがなかったのも当然だ。クレイグの豚は豊かな森で育てられたのだから、こちらのほうがおいしいのも無理はない。

運動すると味に深みが加わるだけでなく、筋肉のあいだにすき間が生まれ、そこに脂肪が蓄積される。運動によって筋肉が発達し、しかも筋肉のあいだにすき間が作られるおかげで、ドングリに含有されるオレイン酸が肉に吸収されるのだ。* あの日の午後、エドゥアルドがハモンを光にかざし、ここからフォアグラのインスピレーションを得たと宣言したのは、脂肪が肉に統合されていくプロセスを彼は賞賛していたのだ。幾重にも折り重なった脂肪と筋肉は、ハムの絶妙な味わいに欠かせない要素なのである。

帰り道を歩いているとき、ロドリゴの息子、すなわちプラシドの甥にあたるリンゴと出会った。草原の向こうから大股でこちらに近づいてくる。背が高くやせ型で、ウェーブのかかった茶色い髪を長く伸ばし、肩にはダッフルバッグをかけている。森を背景にして立っていると、中世の狩人のようだ。

「リンゴです。〈カルデノ〉へようこそ」と、彼は近づいて自己紹介した。

僕も自己紹介をして、温かい歓迎に感謝した。エドゥアルドも同じようにするが、エドゥアルドという名前を聞いた途端、リンゴは姿勢を正した。相手の顔をまじまじと見つめ、「エドゥアルド・スーザさんですか？　フエンテス・デ・レオンの？」と尋ねた。

エドゥアルドの堅苦しい返事をリサは笑いながら通訳してくれた。「そうだよ、おれがそいつだ」

〈カルデノ〉のテイスティングルームに到着すると、ミゲルが事情を説明してくれた。リンゴは伯父のプラシドのもとでハモンの塩漬けの技術を学んでいる。一方、プラシドの息子は獣医学校に通っているが、卒業後はロドリゴのもとで豚の飼育について学ぶのだという。父親のもとで息子が修業するより、伯父のもとで甥が修業するほうがやりやすいのかな、と僕はリンゴに尋ねた。

「いまわかっているのは、僕は世界最高の師匠についていることです」と質問を巧妙にはぐらかしながらリンゴは答えた。

ミゲルはうなずいて僕のほうを向いた。「これがデエサの昔からの伝統なんです。システム全体が長く持続するためには欠かせない」

やがてロドリゴが現れた。背は高く、風雨にさらされた肌はガサガサに荒れ、太陽の下で何日も作業する生活がうかがわれる。プラシドは温厚で口数が少ないが、ロドリゴは無愛想で遠慮のないタイプのような印象を受ける。数人の同僚も含め、部屋にいる全員と握手を交わし、自分でビールを持ってくると、カウチの隅に座ってタバコを吸い始めた。僕たちの前にあるコーヒーテーブルには、白い小皿に載せられたハモンイベリコがある。

まずロドリゴが語り始めた。素晴らしいハモンがいかにして作られるか、僕たちが知りたがっていると思っているようで、「丈夫な脚を準備することが大前提だ！」と、いきなり誰にともなく語り始め、タバコの煙をゆっくりと時間をかけて吸い込んだ。

弟の突然の発言に困惑したプラシドが、穏やかにフォローした。「その通りです。豚が丈夫でないと、

＊ ハモンイベリコが含有する脂肪の半分以上はオレイン酸だという研究結果がある（オリーブオイルに含まれているものと同じタイプだ）。これだと脂肪は吸収されやすい。コレステロール、特にＬＤＬ（悪玉コレステロールとして知られる）を低下させ、実際に心臓病の予防につながることが証明されている。

ハモンの塩漬けはよい味に仕上がりません」

ロドリゴは兄の発言を無視して言った。「パプリカ少々と塩を若干。付け足すのはそれだけさ。それ以上何かを入れたら、素材の味が殺されてしまう」。ロドリゴに対する連帯感を無言で表現するかのように、エドゥアルドはグラスを持ち上げた。「丈夫な脚をした豚を大事に育てれば、プラシドの八歳の娘だっておいしいハムを作れるさ！」とロドリゴはまくしたてる。

プラシドはぎこちない笑みを浮かべた。そして、豚を正しく育てれば難しいことはないとまくしたてる弟にはかまわず、僕に体を近づけてこう言った。「あんなの嘘ですよ。娘が四五年間勉強して、さらに気象条件が整えば、それなら……簡単でしょうが」

ハモンの色は紫がかっていて、エドゥアルドがモネステリオのレストランで光にかざしたスライスよりも霜降りが見事だ。ミゲルが脂肪の多いハモンを僕に手渡し、握ってみてと促す。僕たちのレストランで塩漬けにしているバークシャー黒豚と違って、たちまち脂肪が融けはじめる。「七〇パーセントは不飽和脂肪酸なんです。オリーブの木の動物バージョンってことですね」

舌の上で脂肪が融けるのを一瞬だけ待ってから、試食してみる。うん、これはおいしい。ナッツの香ばしさが喉を滑らかに潤す。ワインなら、極上のラフィット・ロートシルトに匹敵する。それに引き換え、ここの環境はぜいたくから程遠い。テイスティングルームは薄暗くてかび臭いし、タバコの煙が充満している。ビールはプラスチックのカップに注がれていて生暖かい。ハモンはシンプルな白い皿に積み重ねられ、簡単に整えられているだけだ。そして、ハモンは絶品だが、少し乾いている。些細な問題かもしれないが、気づかないわけにはいかない。

僕は振り返り、金具でしっかり固定されているハモンに目を向けた。いまは骨の近くをスライスしているところで、きれいに切り取るために苦労している。僕たちは脚の最後の部分を試食していたのだ。何度も何度も、何カ月とは言わないが、何週間も切り取られてきたのだろう。べつの脚がすぐ近くに準備されている。まだ手を付けられていないが、求めに応じられるよう戦闘態勢は整っている。

僕の本心が顔に出たのだろう。ミゲルは僕の膝を叩いて「これでいいんですよ」と静かに言うと、みんながビールを飲みながら談笑している部屋の輪郭をなぞるかのように、腕をぐるりと動かした。「これが彼の生活なんです。いかにも農家のおじさんみたいな風貌だし、態度はがさつで、どう見ても金持ちじゃない。でも、本当は大金持ちなんですよ。実はね、ファン・カルロス国王もここを訪問しています。もしも古いハモンが残っていたら、国王にだってそれを出すでしょう。なぜかって、ハモンはぜいたくな食べものじゃない。貧しい土地から生まれた貧しい食べものですから。だから生き残ってきたんでしょうね」

屋上へ

僕たちはツアーの最後に屋上を訪れた。ここでようやく、僕はデエサの牧歌的な風景の全体を俯瞰することができた。

プラシドの中世風の自宅は、まわりに点在する古い樫の木と同じように高くそびえ、一族の土地を見下ろしている。空は晴れ渡り、何キロメートルも先まで見渡すことができる。エドゥアルドは屋根の隅まで静かに歩いていくと、以前と同じように両手を双眼鏡のように丸めた。ガチョウを探しているのだ。僕は豚を探すが、その代わり、食肉用の子牛が草を食べている情景が目に入った。牧草地では、豚は牛のあとを付いていくのだろうか。

僕の質問に、「ここはスペインなんですよ。豚は誰のあとも付いていかない。先頭に立つんです」とミゲルは答えた。

実際はもう少し複雑だ。大食漢の豚が十分なドングリを確保するためには、一頭につきおよそ四エーカーの面積がデエサのなかで必要とされる。ただしそれは、その年のドングリの収穫量によって大きく変動する。収穫量が平均以下の年には、太らせる豚の頭数を減らす。ハモンイベリコの価格は高くなるが、デエサのバランスが崩れないための保険になるのだという。

プラシドの説明によれば、豚は一カ所の草を食べ尽くさずに移動していく。豚にとって草は、つぎの目標となるドングリを食べる前のつまみのような存在で、実際のところほんの一部しか食べない。本当の意味で草を食べるのは、あとからやって来る牛のほうだ。結局のところ牛は草食動物なのだ。豚のあとに付いてきては、食べ残した草を喜んで味わう。一方、羊はもはや主要産業を支える存在ではないが(そしてプラシドの農場では飼われていないが)、低い平地のデエサのところどころに散らばって、味や大きさが豚や牛の口に合わない残り物を満足げに食べる。

〈ストーンバーンズ〉の農場もそうだが、草の状態は色々な動物たちに食べてもらうことで改善される。あちこちに落とされる糞は地味を肥やしてくれる。羊や牛や豚の蹄が地面を踏みつければ、落ち葉などの成分の分解が促される。土に還った有機物は、何十億もの土壌生物の活動を支え、その結果、草のおいしさは際立つのである。草の多様性は動物だけでなく、大きな生態系の健康にとっても欠かせない。多種多様だからこそ、そこにやって来る蝶や甲虫やマルハナバチの数が増え、トカゲやヘビなど、これらの昆虫を餌にする動物の生活が支えられる。

遠くに見える鬱蒼とした森は、野生の鳥に生息地を提供している。アカトビ、ヒメクマタカ、チュウヒワシなどが繁殖し、昆虫や齧歯類の生息数をうまくコントロールしてくれる。さらに鳥たちは、種がデエサで拡散するためにも欠かせない。地虫や昆虫を見つけてつまみ上げる際、草食動物が残した糞も一緒についばみ、おかげで糞の中身が牧草地の遠い範囲にまで広がり、土壌が効率よく改善される。その結果、つぎに豚たちが草を食べにやって来るときは、牧草地が健全な状態で準備されているのだ。

有名なハモンイベリコは、これだけたくさんの要素に支えられている。ひと口にハムと言っても奥が深い。ティエラが単なる地面ではないのと同じだ。

「ね、すごいでしょう。ここから眺めてみると、デエサの産物がハモンイベリコだけではないことがよくわかるでしょう。世界ではまだほとんど知られていませんけれどね」とミゲルが言った。

ここで育った羊の乳から作られた濃厚なチーズの名前をふたつ、ミゲルは紹介してくれた。ひとつは「トルタ・デル・カサール」といって、臭みと酸味がきつく、かすかなスモーク風味が感じられるチーズで、いまではスペイン全土に広く流通している。もうひとつは「ラ・セレナ」で、羊の乳のチーズとしては世界最高級として評価が高い。どちらもメリノ種の羊のミルクを原料にしている（本来メリノ種は乳を搾るための品種ではないし、乳の出方は非常に悪い。しかし、スペイン南部の文化やデエサのシステムにとって欠かせない存在だったので、羊毛の価格が下がるとミルクを利用するようになった）。僕はミゲルに指摘されるまで、どちらもデエサの産物だとは知らなかった。

ミゲルはデエサの牛についても教えてくれた。モルチャといってあまり有名な品種ではないが、アメリカのどの牛よりも肉はおいしいという。かつてモルチャは闘牛に利用された（子どもたちに愛読されている絵本に登場するフェルディナンドが最も有名だろう〔『はなのすきなうし』マンロー・リーフ、岩波書店、一九五四年、光吉夏弥訳〕）。この牛はイベリコ産の黒牛から改良されたので、本能的にデエサで餌を探す。イベリコ豚と同じく絶えず動き回り、そのおかげで筋肉の酸素含有量が増加する。大胆かつ豊かな味わいの肉をステーキにすると、ほかのほとんどの肉よりも黒みがかった色に仕上がる。

モルチャという言葉を聞くと、エドゥアルドはこぶしをぎゅっと握り、それを唇に当てて、僕がまだ食べていないことを非難するかのように「ファンタジスコ（とにかく最高なんだから）」と訴えた。

「スペインでも特にこの地域は、昔から不便な場所でね。現代の商業ネットワークからも取り残されています」とミゲルは話を続け、こうした特産品が有名にならなかったのは個人向けに消費されていたからだと説明した。「でも、いまは何もかも変わりました。あなたがよい証拠でしょう。ようやくエドゥアルドのフォアグラを発見してくれた。エドゥアルドのフォアグラは非常に古い歴史を持っています」。

ほかには何がデエサの経済を支えているのかと僕が尋ねると、ミゲルとエドゥアルドは樫の木を指さした。「ドングリじゃなくて、コルクです。実際、このシステム全体の経済を動かすエンジンになっているんです」とミゲルは教えてくれた。木を傷つけずに樹皮を剥ぐのはきわめて高度な技術で、作業を緻密に進めなければならない。シーズンが終わった後、バナナのように皮をむかれたダークオレンジのコルクの幹はデエサではお馴染みの風景だ。今日、世界のワインコルクのほぼ四分の一は、デエサの樫の木を材料にしている。

プラシドが遠くの広々とした場所を指さした。そこで栽培されている大麦やカラス麦やライ麦は、動物の餌になるだけでなく、人間の食卓にものぼる。「正直、大した利益にはなりません。この土地は牧草地に向いていますからね。でも、とにかく穀物を育てれば、輸入を抑えることができるでしょう」

広々とした牧草地のところどころに鬱蒼と茂る森は、木炭の製造に必要な分だけ切り払われる。木炭も大事な「産業」になっていることを、このとき初めて知った。しかし何よりも驚かされたのは、あちこちに点在している人間の住居だ。洗濯ものが干してあり、子どもたちの遊ぶ声が遠くから聞こえる。コルクや豚と同じように、人間もここでは中心的な存在なのだろう。

ウェンデル・ベリー（本書冒頭に登場）はかつて、土地は「計り知れないほど素晴らしい贈り物だ[★40]」と語ったが、彼にとって、土地は食糧を提供するだけの場所ではなかった。ところが僕たちは農業の工業化を急ぐあまり、農業の誕生以来受け継がれてきた伝統を忘れ、おろそかにしてしまった。農業は人間の食事の材料や商品を作るためだけにあるのではない。大きな自然のなかのプロセスの一部であり、様々な関係がクモの巣のように張り巡らされている。ベリーは農業のなかで文化が果たす役割について触れたが、文化は土壌や太陽と同じように欠かせない存在である。そしてデエサでは、文化と農業は単に結びつきが強いだけでなく、お互いの役割を交換できるような印象を受けた。

＊

僕は時々、持続可能な農業の意味を尋ねられるが、簡単に答えられた経験はない。

数年前にカリフォルニアで開催されたパネルディスカッションにウェス・ジャクソンと出席したとき（多年生の小麦と一年生小麦の根系について彼から講義してもらう前のことだ）、ウェスは持続可能な農業の事例を挙げてほしいと求められてもいっさい応じなかった。

「小さな社会集団がなんとか成功している事例はあちこちに見られます。でも、何世紀も継続して農業を正しく実践するのは、ほとんど文化の限界を超えた目標でしょう」。そう発言すると、会場には敗北感が漂った。「我々の農業は間違っている。まずはその事実を認めるべきではないでしょうか」。ウェスが大草原の自然の生態系を見倣って多年生農業を目指したのは、そうすれば作付けに関して毎年頭を悩ませる手間が省かれるからだ。先見の明に欠ける人類にとって、頼もしい切り札として機能するだろう。

その夜のディナーの席で、僕はクラースとメアリ＝ハウウェルのことをウェスに話した。ふたりが有機農業に転向したいきさつについて語り、地味を肥やすために実践している複雑な輪作についても説明した。古い品種の小麦を積極的に栽培するなど、農業の潜在能力を開花させるためにふたりは惜しみない努力を続けている。「この農業のどこが持続可能ではないの」と僕は尋ねた。

「だって永遠には続かないだろう」とウェスは答えた。「たしかにクラースのやっていることは素晴らしいと思う。彼の息子さんの成果は父親を上回るだろうね。でも、いずれ誰かがやって来て愚かなことを仕出かし、土地を台無しにする。農業の歴史はその繰り返しなんだ」

クラースのような有機農家は重要であり心強い存在かもしれない。土壌の改善を通じておいしい食べものを生産することもできる。しかし持続可能ではないとウェスは語った。生物学的に言えば、歴史のなかの一時的な現象にすぎない。今日は存在していても、明日になれば消えてしまう（「つまるところ、我々は堕落した世界の住人なのさ」とウェスは指摘した）。

カルデノの屋上での最後のひと時、僕は隅のほうに立ってデエサを見渡した。そしてそろそろ帰ろうかというとき、牧草地全体が明るい光に照らされ、驚くほど多様な景色をもう一度眺める機会に恵まれた。このとき僕は多様性というよりも、この風景の永続性に心を打たれた。プラシドの祖父も、僕と同じ景色を眺めていた。いや、プラシドの祖父のまた祖父も同じ景色を楽しんだのだろう。ということは、ウェスの言い分はかならずしも正しくないのではないか。二〇〇〇年の伝統を持つ農業は、単なる歴史のひとこまとして片づけることはできない。

＊

土地がやせていてもデエサは生き残った。いや、ミゲルによれば、やせていたからこそ生き残ったのかもしれない。

「ほんの数十年前まで、イベリコ豚を育てる土地は、スペインのなかでも特に貧弱でした。だから自然を理解して尊重することは選択肢ではなく、我々が生き残るために不可欠のルールだったんです」とミゲルは言った。

豊かな自然を当てにすることができたアメリカの開拓者と違い、スペイン人はやせた土地を放棄してもっとよい場所に移る余裕がなかった。よい土地がないから、デエサの富を利用したアグリビジネスなど期待できなかったのである。＊

生物多様性と持続可能性

しかし、土地がやせているのに豊かな環境が創造されたのはなぜだろう。ハモンイベリコのような素晴らしい食べものが生み出され、このような半乾燥地帯で熱帯雨林にも匹敵する生物多様性が維持されているのはなぜか。屋根の上から眺めているだけでは十分に理解できない。

僕はジョン・ミューアのつぎの言葉を思い出した。「自然界から何かを取り上げるときには、そこに宇宙のあらゆるものがつながっていることを忘れてはいけない」。その発言の正しさは、屋根の上からでも確認できた。たとえば羊を牧草地から取り除けば、豚の食べる草は悪くなり、ハモンの味まで変わってしまう」**。

でも、様々なものはどのようにつながっているのだろう。実はその点が大切なのではないか。そして、諸要素がどれだけ強く結びついているか、それによってひとつの場所の持続可能性がどれだけ実現しているか、この点を測るひとつの尺度が文化への浸透度である。

アルド・レオポルドは一九〇〇年代半ばのアメリカを振り返り、アメリカの文化は間違った方向に進んでしまったと確信した。彼のアンソロジー『野生のうたが聞こえる』（講談社学術文庫、一九九七年、新島義昭訳）は彼の死後まもなく出版され、多くの学者からアメリカの環境保護活動のバイブルとして評価されてきた。そのなかの「土地の倫理」という有名なエッセイで、レオポルドは人間同士の交流によって成り立つ「コミュニティ」という発想はあまりにも限定的だと論じている。持続可能なコミュニティの定義はもっと広くあるべきで、土や水や動植物、「トータルに考えるならば土地」を含めなければいけないと訴えている。

レオポルドは言うなればティエラという言葉を使ったスペイン人と同じように、コミュニティを定義したのである。そんな彼の発想は、野生の植物を別個の存在とは見なさず、ピラミッドのような形で助け合っていると考えたクラースにも共通している。システムを構成する要素について、レオポルドはつぎのように述べている。

ピラミッドの底辺は土すなわち植物の層★41、植物の上には昆虫の層、昆虫の上には鳥や齧歯類の層、さらに様々な動物の層が積み重なり、頂点の層は大型肉食動物で構成される……どこでも食べものなどの供給を真下の層に依存しており、下の層の生物はその要求に応える。

＊ それでもアグリビジネスへの取り組みがないわけではない。特に最近では、ハモンイベリコの国際的知名度の高さに便乗する動きが見られる。「精肉会社は安いハムを製造するよい機会だと考え、実際に行動を起こしています」とミゲルは語った。「この場合、もちろん豚は木の下で育てられません。室内で餌を与えられ、狭い空間に閉じ込められます。ドングリだけでなく、穀物も食事の一部になっています」。幸い現時点では、フランク・ペルデュの養鶏に匹敵するハムは誕生していない。全体を脂肪の筋が細かく走っているようなハムは、大量生産で再現することは不可能なのだ。ハモンイベリコを集約的に生産したらどうかと尋ねる僕に、ミゲルは「無理です」と即答した。「運動量が少なくなれば筋肉のあいだの脂肪の量が減り、味が落ちてしまう。大きな精肉会社も懸命に試そうとしているけど、失敗するでしょうね。デエサの複雑なシステムを無視してドングリを食べさせても、おいしい脂肪は体につかない。豚を狭い豚舎に閉じ込めて、ポルトガルのドングリを餌にしてもかまわないでしょう。でも、それをハモンイベリコと呼ぶことはできないのです」

＊＊ 世界が密接につながっている証拠は、デエサのような辺鄙な場所にも見られる。最近はワインの栓もコルクの代わりにスクリューキャップが使われるようになったため、エストレマドゥーラの農家は副収入が減り、生活を脅かされている。

しかしレオポルドは、このたとえだけで満足したわけではない。土地を完全に理解するためには倫理的な要素も欠かせないと論じている。

「土地をコミュニティととらえるのは生態学の基本的な発想だが、そこに倫理的な要素も取り入れ、土地を愛し尊敬しなければならない」[★42]というのだ。コミュニティのメンバーである人間には、自然からの最大の贈り物を守る義務があるとレオポルドは考えた。その贈り物とは、自己再生能力である。「要するに、土地の健康に対してひとりひとりが責任をもって取り組めば、それが生態系への意識の高まりという形で反映され、さらにそれが土地の倫理に反映されていく」

倫理観が欠如していれば、諸要素の結びつきは弱くなってしまうという発想は、アメリカの読者にとって極端なものに感じられるだろうが、デエサの文化にはこの倫理観が暗黙のうちに含まれていた。農民は、土地を聖地のように尊敬するよう教えられて育つ。リサの話では、スペイン人にとってデエサは単に美しいだけの場所ではない。アメリカ人がヨセミテやロッキー山脈に抱く気持ちと同じで、この場所は歴史の一部であり、それを教えられてきたから、なおさら美しさを感じるのである。

「ひとつの価値ではなく、複数の価値が結びついているんです。だから農家も生産者も何世代にもわたって同じ行動を繰り返してきました。そしていまでも伝統や自然や本能を技術より優先し、大量生産ではなく、品質の向上に努めています」とミゲルは語った。

今日、デエサの農家は自然に失われた分を補うために、新しい樫の木を定期的に植えている。それによって決して個人的利益が得られるわけではないし、彼らが生きているあいだにドングリが実ることはないだろう。でもこの習慣は、両親や祖父母から受け継がれてきた。そして、子育ては子どもが生まれる一〇〇年前から始まるというメノナイトの教えにも通じる。

実際のところ、こうした価値観がどれだけ深く文化に浸透しているかを理解するためには、食べものを見れば十分だ。たとえばエストレマドゥーラの食べものは飾り気がなく質素で、貧しい土地で暮らしてきた農民の歴史が反映されている。★43
まずはハモンについて考えてみよう（スペイン人は常にハムから始める）。ミゲルの説明にもあったように、ハモンは元来貧しい人たちの食べものだった。肉は紙のように薄く切り取られ、少しずつ食卓にのぼる。ハモンに使われるのは豚肉の一部だが、この地域独特のエンブティード（加工肉）はハモンだけではない。モルシージャ（様々な形のブラッドソーセージ）、ロモ（ヒレ肉の加工品）、それに有名なチョリソもある。リブ肉は郷土料理のミガス（残りもののパンを有名な豚ばら肉と一緒に炒めたスペインの伝統料理）と一緒に供されることが多い。それからもうひとつ、セクレタイベリコも忘れてはいけない。これは肩ロースに近い部分の極上の肉で、簡単に下ごしらえしてから高熱で調理する。

そして素晴らしいハモンは羊の存在抜きに不可能なので、羊のミルクからもおいしい加工品が作られる（チーズのトルタ・デル・カサールやラ・セレナは有名だ）。年老いて草を食べなくなった羊の肉も使われる。カルデレータ・デ・コルデロはマトンを油で炒めてから、ガーリックやポテトと一緒に煮込む料理だ。そしてエストレマドゥーラの名物として忘れてはいけないのがチャンファイナで、普段は使わないような部位である脳みそ、心臓、腎臓、肝臓を油で炒め、ゆで卵とパン粉と一緒に煮込む。

一方、エストレマドゥーラは野生動物の宝庫でもあり、ヤマウズラ、ウサギ、シカ、イノシシなども食材として使われ、地元産のキノコやグリーン野菜と一緒に供されることが多い。さらに、植物の豊かな多様性はミツバチの個体数の増加を促すため、驚くほどおいしいハチミツが穫れる。もちろん、オリーブオイルは地元産で、ほぼ毎日食卓にのぼる。

アメリカでは開拓者が大陸を西へと横断しながら、未開の豊かな大自然を破壊していったが、ここではよそ者が自分たちの食習慣を押し付けたりしない。むしろその反対で、人びとの（そして豚の）食事は地元の生態系に基づき、生態系と共に進化を遂げた。

フォアグラはこの地方の特産品ではないが、エドゥアルドのフォアグラも同じ価値観に根ざしている。エドゥアルドのレバーはひとつがおよそ七〇〇ドルとずいぶん高く、貧しい人たちの食べものと言うには無理がある。優れた交配種モーラード〔本書一五三ページ参照〕のフォアグラを、僕は業者から八〇ドルで購入できる。しかしエドゥアルドは、フォアグラを丸ごと販売することは滅多にないという。その代わりパテにするか（この調理法はフランスの天才シェフのジャン＝ジョセフ・クローズが考案したもので、これを国王ルイ一六世に献上してピストル二〇丁を賜った）、あるいはコンフィに加工して油脂を用いて調理する。生のフォアグラは数日で賞味期限が過ぎてしまうが、こうすればフォアグラは何週間も何カ月も長持ちする。しかも、利用できる機会を増やすことができる。エドゥアルドのガチョウは手間暇をたっぷりかけて飼育され、自然のなかでお腹いっぱい餌を食べる。だからひとつのフォアグラを何週間もかけて何種類もの料理に利用して、十分に味わうことが肝心なのだ。

平均的なレストランの場合と比べてみよう。フォアグラ（特にモーラードダックのフォアグラ）はもっと早く簡単に作られるので、料理としての楽しみ方もずいぶん異なる。今日、ほとんどのアメリカ人シェフはレバーを厚切りにして、七オンスのステーキと同じようにフライパンで表面を焦がす（脂肪はトロトロに融けるので、スプーンで食べることができる)。トーマス・ケラーの言葉を使うならば、これは料理ではなくてただの過熱だ。一方、本当においしい料理には「卓越した技」が用いられ、料理の域を超える。おまけに環境にもやさしい。

＊

デエサで見た屋上からの素晴らしい眺めは、エドゥアルドに対する僕の見方を変えた。彼のフォアグラがあれほど素晴らしいのは、デエサの恵みを十分に受けているからだと理解できるようになった。デエサのシステムは、一般的な農業とは正反対である。

「ガチョウに好きなものを食べさせればいいのさ。そうすればお返しがくるよ」とエドゥアルドが断言したとき、ずいぶん感傷的だなと僕は思った。でも実は、彼は自然の普遍の真理を語っていたのだ。自然の好きなようにさせれば、つまり人間にとって効率の悪い部分にも手を加えずに見守れば、自然を豊かに育むことになり、ほかのどんなシステムを採用するよりも多くの収穫に恵まれる。デエサのように細やかに調整されたシステムからは、余計な手出しさえしなければハモンやビーフ、チーズやイチジクやオリーブが提供され、しかも余りものを食べたガチョウは丸々と太ることができる。

従来のフォアグラは、フォアグラの歴史への侮辱だとエドゥアルドは言ったが、それは強制肥育を指していたわけではなかった。自然の世界への侮辱、自然が提供してくれるものに対する破壊行為について語っていたのだ。自然界のルールに従って行動するかぎり、旬のものは自由に手に入る。土地のルールを守って自分勝手な振る舞いを控え、オリーブから少しだけ利益を確保し、イチジクはガチョウに譲り、一部のガチョウはワシの犠牲になってもらい、牛と羊は豚と土地を共有し、豚はガチョウとドングリを共有していけばよい。従来のアメリカの農業は、このようなルールにほとんど則っていない。少しでも収穫量を増やすため、トウモロコシをたくさん生産し、化学物質をたくさん使い、単一栽培を拡大しながら自分のペースでゲームを進めていく。こうして自然に手を加えていく行為は侮辱にほかならない。せっかくの贈り物をあざ笑っている。

ウェスの言うとおりだった。僕たちは堕落した世界に暮らしている。どんなに一生懸命努力しても――どんなに豊かに土壌を肥やしても、クラースが素晴らしい輪作をどんなに見事に実践しても――自然を管理しようという気持ちを持っているかぎり、農業はかならず何らかの形で自然と衝突する。でも、自然を支配するのではなく、共存することはできないだろうか。デエサのモデルを採用し、(豚を持ち込んだり樫の木の樹皮を剥いだりして)自然を混乱させたとしても、節度を持って行動すればいいのではないか(たとえばドングリを食べる豚の数を制限し、コルクをむやみに収穫せず、将来の世代のために木を植えたらどうか)。これは将来の農業のモデルにならないだろうか。

僕は眼下に広がる土地を眺めているうちに、アルド・レオポルドの「土地の倫理」の核心とも言える質問への答えを見つけた。それはまさに目の前にあった。土地を乱用して経済的利益を最大化したいという人間の衝動は、どうすれば抑えられるか。「土地というコミュニティの征服者」の地位を捨てて、「肩書きのない会員や一市民の立場」に落ち着くためにはどうすればよいか。食べることと農業の区別をやめるところから始めるべきだとレオポルドは考えた。高い場所から見下ろしてみると、彼の正しさがよくわかる。しかしアメリカ人の食事は正反対のことを要求し、自分たちがいちばん食べたいものだけを土地に作らせようとしている。

従来のシステムを改めるため、現在では余分な行動を控える傾向が強くなっている。旬のものを食べ、地元産のものを買い、可能なかぎり有機食品を選ぶことが奨励される。たしかに地産地消は素晴らしい。しかし、デエサを屋上から眺めてみると、地産地消の精神の欠点もよく見えてくる。僕たちの仕事は農家をサポートすることではなく、農家を支える土地をサポートすることなのだ。大差ないように聞こえるかもしれないが、実際のところ違いは大きい。持続可能性に最大限配慮している農家でさえ、僕たちの要求に応じて作物や家畜を育てる。そして僕たちの要求を満たそうとすれば、大体において土地のバランスは崩れてしまう。

もしもハモンの肉を紙のように薄く切って大切に消費する文化がなければ、ハモンイベリコも同じ運命をたどっていたかもしれない。あるいは、ハモンがこの土地の唯一の特産品だったとしても、結果は違っていただろう。しかしここでは自然環境に十分配慮した料理のおかげで、微妙な生態系のバランスが見事に維持されてきた。

屋上からデエサを眺めているうちに、心の底から疑問がわいてきた。僕たちの食習慣――皿に載せられた料理だけでなく、料理のパターン全体も含めて――が、周囲の土地と完璧に釣り合っていたらどうだろうか。

エドゥアルドは一切れのハモンを光にかざし、これはおれのフォアグラのモデルだと言ったが、その発言がヒントを与えてくれた。その瞬間まで、僕はハモンについて通り一遍の理解しかなかった。豚が栄養価の高いドングリを食べたから、ハムの表面に脂肪の白い筋が何本も走っている程度にしか考えなかった。しかしそうではなく、エドゥアルドが光にかざしたハモンには、生態系全体が凝縮されていたのだ。僕が理想の食と考える「第三の皿」も、こうでなければならない。美しい風景は、あらゆるものが微妙かつ複雑に結びつくことによって創造されている。そして、土のはたらきについて語ったジャック・アルジエルの言葉をかりるなら、神秘的とも言えるほどの効果を発揮している。脂肪の筋やそのまわりの赤身の肉は、そんな神秘的な結びつきを見事に表現している。それならシェフは、料理を通じて同じメッセージを伝えることができるはずだ。

第13章　シェフ、天然フォアグラに挑戦

〈カルデノ〉をあとにして空港に戻る直前、僕は一日じゅう気になっていた疑問をエドゥアルドにぶつけた。「どんなに努力しても、これまでデエサの外でハモンイベリコの再現に成功した人はいない。きみの天然のフォアグラは、世界のほかの場所で再現できると思う？」

「もちろん、できるよ」という答えが返ってきたが、レバーの味は変わるだろうねと付け加えるのを彼は忘れなかった。

「どんな味になるのかな」と僕が尋ねると、エドゥアルドは「ガチョウが選ぶ餌によるね。決めるのはガチョウだよ。イギリスの生産者のなかには、海の近くでガチョウを飼育しているやつがいる。あのレバーは嫌いだよ。魚の味がするからね！」と答えた。

「ドングリがないのはどうかな。問題にはならない？」

「ああ、大丈夫さ。ドングリがないと困るわけじゃない。たとえばデンマークにはドングリがない。ガチョウが食べる餌は野生のポテトに似ているけど、おいしいよ。根菜の味がする。コーヒー農園で正し

く育てれば、コーヒー味のフォアグラができるさ」

そうか、では〈ブルーヒル・ストーンバーンズ〉のフォアグラはどんな味がするのだろう。そんな疑問が頭に浮かぶと同時に、僕はユニークな実験の計画を練り始め、クレイグをどう説得しようかと考えていた。

〈ブルーヒル〉の牧場産天然フォアグラ

「スペインの農家にすごいやつがいたんだ。きみに報告しないといけない」。数日後、〈ストーンバーンズ〉の中庭でクレイグとばったり出会ったとき、僕は話を切り出した。彼は口をぽかんと開け、目を大きく見開いている。興味のある証拠だ。フォアグラまで話が進んだ頃には、エドヴァルド・ムンクの絵に描かれた人物のような表情になっていた。

「ここでもガチョウを育てられるかな」と僕が尋ねると、ホッとした様子でこう言った。

「実はね、五〇羽ぐらいはいつでも確保できるんだ」。クレイグはこの年のはじめ、農場で育てている動物のローテーションにガチョウを加えるべきだと決めていた。レバーを肥大させてフォアグラを作らなくても、ガチョウの肉はクリスマスシーズンのファーマーズマーケットで人気商品になると考えたのである。

僕はエドゥアルドの農場と彼の天然のフォアグラについて説明した。「面白そうだね」とクレイグは言って地面を見ながら、緊張を隠すように何度も咳払いを繰り返した。「試しても悪くないと思うよ」。

試してもも悪くないないということは、実際にはかなり厄介だが、とにかく挑戦する決心を固めてくれたわけだ。

八月に入ってその挑戦が始まった。クレイグと僕で日課を分担し、一日に二回、クレイグのチームは水を運び、コックとマネージャーのチームは餌やりを引き受けた。エドゥアルドのやり方をまねてガチョウを放し飼いにして、好き勝手に食べさせてやりたいと思ったが、クレイグにくぎを刺された。「うちの牧草地では、ドングリもイチジクも、オリーブもルピナスも、エドゥアルドのところほど十分な量が確保できない。餌を追加しないと、丸々したレバーを手に入れるチャンスはゼロに等しい。いや、飢え死にしてしまう」と断言されたのである。たしかに、草だけで（クレイグが考案した規則的なローテーションのおかげで草の種類は多彩だったが）ガチョウを太らせることはできない。サラダバーで満腹になっても、アメリカンフットボールの強豪ブロンコスの選手にタックルする準備にはならないのと同じだ。クレイグはトウモロコシを餌に加えると言って譲らない。ただし強制するのではなく、自由に選ばせるのだという。

初日、僕はクレイグに連れられ、牧草地の奥に隔離されたパドックを見学に行った。ガチョウたちはゆるやかな集団を作り、頭を高く上げ、新しい環境をきょろきょろと見回している。僕は餌やりに関するクレイグの説明をノートに書き留めていく。難しくはないさ、と彼は言って、フェンスの電流を調整する機械と餌用の容器を見せてくれた。

「牧場産フォアグラですね」と、クレイグのアシスタントのパドレイクがガチョウのそばを通りながらつぶやいた。「聞いたことないけど、でもおいしそうだ」

＊

それから数週間、餌やりのローテーションはスムーズに進んだ。大きなバケツふたつにトウモロコシをいっぱい詰めて、コックたちはガチョウのパドックまで歩き、かいばおけに注いでバケツを回収する。特に報告が必要なことはなかった。ところがある日、ブッチャーのホセがオフィスにやって来た。そして「厄介な傾向」について話してもよいかと深刻な面持ちで尋ね、扉を閉めて言った。「シェフ、ガチョウなんですが。穀物に不満そうなんですよ」

ホセは黒髪が常に乱れ、なで肩で、小柄なうえに気の毒なほどシャイな人物だ。若いブッチャーにはたくましくて男性ホルモンを発散させているタイプが多いが、それとは正反対だ。厨房の裏口の近くが彼の作業場で、白いジャケットの下にオックスフォードシャツを着込んで寒さをしのいでいる。肉を選ぶと、小さなボーニングナイフでたたき切り、切り分けていく。大きな肉を相手に、筋肉のまわりや筋肉のあいだを巧みに動いていく彼の包丁さばきは素晴らしい。忍耐強く慎重で、才能に恵まれている。「これまでと違うんです」とホセは事情を説明した。「以前なら、フェンスに入るなりガチョウは駆け寄ってきました。アツアツのご馳走のにおいを嗅ぎつけたような、そんな感じだったんです。容器の周辺をてんでんばらばらに走り回って、少しでもよい場所を確保しようと競っていました。でもいまは、何て言うか、こちらを無視するんですよ」

その日のうちにパドレイクからも同じ話を聞かされた。ガチョウの変化に気づいたというのだ。「ええ、ひどいもんですよ」と彼は、キャップをとって頭をかきながら説明を始めた。「僕はガチョウの研究者じゃありませんよ。でも、おいしいものが目の前にあったら、息を深く吸い込んでにおいを嗅いでみようとするでしょう。寒い季節が始まったら、そうするのがガチョウの習性だと言われているじゃないですか」。彼は僕に口をはさむ時間を与えずに続けた。「ところがどうです。まるで高級日本食レストランのお客みたいですよ。もう満腹なのに、シメのライスでダメ押しされる、あれと一緒ですよ。お腹いっぱいだから、穀物に関心を持てないみたいなんです」

翌朝、僕は現場を訪れてみることにした。途中にはトラックが止まっていて、レストランが注文した一カ月分の穀物、およそ七トンが荷台から降ろされていた。それは日常のひとこまで、僕はクレイグと立ち話を始めた。大量の穀物が運ばれてくるところは何度も目撃しているし、豚も鶏も長年、当たり前のようにそれを餌として与えられてきた。しかしその朝、僕はわざわざクレイグの肩越しにトラックの荷台を覗き込み、黄色いトウモロコシの山に圧倒された。〈ブルーヒル〉の厨房の中心で、白い小麦粉の山に初めて注目したときと同じ気分だ。小麦粉と同様、このトウモロコシもよそで生産されたもので、一粒たりともこの農場産のものはない。僕はそのトウモロコシをふたつのバケツに流し込み、片手にひとつずつ持って、ガチョウのパドックまで運んだ。僕が歩いたあとには、バケツからこぼれ落ちた粒が点々と残された。

大地とは、「土と植物と動物が循環を繰り返し、エネルギーが泉のように湧き出てくる場所」[★44]であるべきだとアルド・レオポルドは確信していた。しかしいまの僕は、よその農家で作られたエネルギーを引き込んでいるだけだ。これでは僕の役目は導管ではなく、遮断器ではないか。ガチョウに、いやガチョウにかぎらず鶏や豚に餌をやるために、何千キロメートルも離れた場所で栽培された穀物を使うのは正しい行為なのだろうか。いま僕が立っている土地とは無関係の土地で育った穀物を与えて……エネルギーが湧き出てくるものだろうか。

僕は穀物をバケツからかいばおけに流し込んだ。ガチョウたちは行儀よく近づいてきて、一日たった中華料理でも食べるかのような様子でついばんでいく。喜んで食べているようには見受けられない。穀物を餌として与えたら、ガチョウにとってはチョコレートバーのようなご馳走なのだから、自由気ままに食べようとするものだ。午後になってバケツ二杯分の穀物を手に戻ってみると、午前中の餌はほとんど食べ尽くされていた。しかし僕を見るガチョウたちの目は冷めている。羽をばたばた動かして離れていくガチョウも一羽ではない。たしかにトウモロコシを食べているが、まるで麻薬常習者のように機械的に口に運ぶ。これでは喉に流し込むのと大差ないではないか。

「牧場産フォアグラ」どころか、穀物肥育される一般のフォアグラと同じで、強制しない点だけしか違わない。僕たちの理念は立派だったかもしれないし、発想のスケールも大きかったが、思わぬ方向に進んでしまい、結局、これだけはやるまいと決めていた状態でガチョウを育てている。パドックを納屋で覆い、監視していたら、鶏肉の大量生産を始めたペルデュ社のチキンと基本的には同じものができてしまうではないか。

＊

「エドゥアルドとかいうやつの話をどうして真に受けたんだ？　なあ、どうしてだよ」。ユニオンスクエアのファーマーズマーケットでカブを吟味していると、イジー・ヤネイのお馴染みの声が聞こえた。

僕がガチョウに餌をやった日から数週間後のことだ。

フォアグラの支持者のなかでもイジーは最も積極的で、間違いなく最も説得力が強い。イスラエル出身で一九八〇年代にアメリカにやって来たときには、農業の学位を生かして一旗揚げようと決意に燃えていた。そしてシェフのトレーニングを受けたマイケル・ギノールをパートナーとして〈ハドソンバレー・フォアグラ〉を立ち上げ、アメリカでは初めてカモのフォアグラの生産者になった。それ以前、シェフが使うのはカナダやフランスから輸入されたフォアグラで、缶に保存されているのが普通だった（パラディンのようにアンコウを使って密輸するのは例外だった）。

六〇代前半のイジーは、体にぴったりフィットした黒いTシャツを着ている。肩幅が広く上腕二頭筋は盛り上がり、ウエストは細く、若い頃のジャック・ラランヌ〔フィットネス界のゴッドファザーと言われた人物〕と似ている。ラランヌがモサド〔イスラエルの対外情報機関〕のメンバーになったような感じだ。〈ハドソンバレー・フォアグラ〉で、彼は自社製品の人道上の問題のすべてを見事にさばいている。フォアグラに目がなく、今後も食べるのを楽しみにしている消費者にとって、イジーは心強い味方だ。情熱的で自信たっぷりな人物で、フォアグラは残酷な食べものだという主張をやすやすと論破していく。

かつてイジーはこう語った。「おれがやっていることは倫理に反するって？　うちの農場で残虐行為の証拠を見つけられるか。できるものならやってみろ。そのときは潔く白旗を掲げるさ。カモに拷問なんかしていない。虐待されたカモからおいしいフォアグラを作れるはずがないじゃないか」

フォアグラに懐疑的なグループが訪問したときの様子について、かつてイジーは語ってくれた（フォアグラを生産する過程に心から興味を持つ人なら、イジーは誰でも訪問を歓迎する）。カモが集まっている場所にやって来ると、多くの訪問者はひな鳥に手を伸ばして愛玩し、わあ、可愛いと歓声をあげる。するとイジーは、「カモを可愛がっても喜びはしないよ、犬や猫とは違うんだから」と教えた。なぜなら、家禽と哺乳類はべつの生物種だからだ。「自分の喉にチューブを挿入されるところを想像して、カモも同じ気分がするとは考えないでほしいね」

（自分たちのフォアグラの実験についてはむろん）エドゥアルドの天然フォアグラの奇跡を吹聴するあまり、僕は図らずもイジーの反対陣営に所属してしまった。そんなわけで、彼は土曜日の早朝に抗議したくなったのだ。

「そんなにフォアグラに興味があるなら、フランスに行けばいいだろう」。イジーはあいさつしようとする僕を無視してぶちまけた。「それがよりによってスペイン人だって？　車について学ぶためにトルコへ行かないだろう。ドイツだろう。違うか。そうだろう？」

「イジー、落ち着いてよ」

「落ち着いてなんかいられるか。さあ、教えてくれ、フォアグラについて学びたいのにフランスに行かないわけを。おれだったら、フランスに行って感激の涙を流すね。フランスに行ったら、そうだな、フォアグラ名人の工場を見学して涙を流したい。いや、涙を流すことはできない。おれの涙で床を汚すなんて、神がお許しにならない。聖なる場所だからな。あの人たちは神だよ。フォアグラを知り尽くしている。ガチョウのひなを見ただけで、どんなフォアグラになるかぴたりと当てる。エドゥアルドってやつの話なんてどうでもいい。もっと重要なことがたくさんあるんだ。おれはどうかって？　あの人たちのつぎに偉い人間かって？　違うね。しみ、いや、ごみたいなものさ。あの人たちは王さまだよ。おれなんて、親指をしゃぶっている赤ん坊だね。小さいものさ」。そう言って、イジーは親指を口に入れると大きな音を立ててしゃぶった。「人間が小さいんだよ！」通行人は何事かと驚いた様子で僕たちに視線を向けた。

「さあ、ダン・バーバー、言ってみろよ。ガチョウを屋内で飼育して何が悪い。おれはこれで成功したから、フォアグラの夢を実現しているんだ。いいじゃないか。鳥をひとつ屋根の下に集めれば、誰だってフォアグラで成功できるんだよ」

「なぜそのほうがいいと思うの？」

「馬鹿野郎、コントロールできるじゃないか！」とイジーは大声を張り上げた。喉にガラスの破片が突き刺さったかのような絶叫だ。「はっきり言ってやろうじゃないか。エドゥアルドってやつは大嘘つきだ。大の大の大嘘つきだ。理由を教えてやろうか。原っぱでガチョウを育てるなんて、無理なんだよ」

「だって僕はこの目で見たんだから」

イジーは僕を無視し、「へっ、原っぱでガチョウだってよ！」と言うと頭を後ろに傾けて、けたたましく笑った。「いいか、結局のところガチョウは死ぬんだ。どこにいようともな。おかしくても死ぬし、悲しくても死ぬ。手を触れたら死ぬんだよ」。そう言って彼は人差し指を私の肩に置き、「死ぬんだよ」と繰り返した。

「いいか、わかるか。エドゥアルドってやつの話はこういうことだろう。ガチョウはドングリを食べる。それもたっぷりと。黄色い草も食べて、自由に動き回る。森のなかを楽しく自由に動き回る」。イジーは両腕を広げ、つま先立ちでバレリーナのように踊った。「すごいよ。原っぱのガチョウさんは幸せそうだねえ」と言って、イジーは大きな作り笑いをした。両腕はまだ宙に広げたままだ。「こうして楽しく笑ってシューベルトの音楽を聞かされ、ある日……フォアグラになるんだ！」

イジーは隣に立っている農家の男性に声をかけた。「ちょっと聞いてくれるか。ガチョウに黄色い餌をやると、レバーが黄色くなるって知ってるか？　本当だって！　できるんだよ。黄色いものを食べさせると、手品みたいにレバーが黄色くなるんだ」。相手は困惑した表情を浮かべている。「本当だぜ」となったと思う？　こいつの肉をフライパンで料理したら、勝手にひっくり返るんだ。クルクルってさ、どうイジーはなおも食い下がる。「そうだ、こんな話もある。以前、ひよこにポップコーンをやった。

驚いたよ。料理しようとしたら、こうやって動く」と言って手を前後に動かし、胸肉がひっくり返る動作を真似た。「クルクルってひっくり返るんだぜ」

＊

まったく、イジーには非難されるし、僕たちのガチョウにはいつまでも餌に対する熱意が感じられないし、「牧場産フォアグラ」の運命について僕の楽観的な予測は当たりそうもない。気分の晴れない毎日が続いたが、そんなある日の午後、実験はどんな具合かとリサから電話があった。どうもよくないんだと打ち明けると、エドゥアルドを〈ストーンバーンズ〉に連れてきちゃえばと提案された。ガチョウの様子を見てもらえるし、イジーの〈ハドソンバレー・フォアグラ〉も一緒に訪問できるじゃない、という（僕と同様にリサも、フォアグラへの従来のアプローチにエドゥアルドがどんな反応を示すのか興味津々だった）。

僕はイジーに手紙を送り、このアイデアに乗ってみる気はないか尋ねた。すると、「もちろん、いいとも。狭い場所だが、喜んで歓迎するよ。セニョール・エドゥアルドがうちを訪問するなんて、楽しみだな」と返事があった。そのあとには電話もあって、ひとつ条件を提示された。セニョールがレバーのサンプルを持ってきてくれるとありがたいというのだ。食べ比べてみても面白いねと提案すると、「そうだな。それがいい」という答えが返ってきた。

三週間後、エドゥアルドは午前三時に農場を出発し、夜明け前にセビリア空港に向かい、そこから飛行機でニューヨーク市に向かった。途中、リスボンで乗り継ぎがあったが、そのとき税関で警備員から保冷箱を開けるようにと要求された。中身を一瞥した警備員は、エドゥアルドによれば途端に警戒感を強め、書類が不適切だ、場合によっては逮捕すると、困惑顔のエドゥアルドにまくしたてた。「まるでテロリストの扱いだよ。レバーがふたつあるだけなのにさ」。最終的に搭乗は許されたが、レバーはごみ箱に捨てられてしまった。

翌日の早朝、エドゥアルドとリサは〈ストーンバーンズ〉に到着した。ふたりは中庭の隅に立っていた。この場所の歴史を僕が説明するあいだ、エドゥアルドは笑顔で行儀よく耳を傾けた。数分後、リサがこちらを向いて言った。「彼は早くガチョウを見たいと思うわ」

僕たち三人にクレイグとパドレイクが加わり、一行は牧草地のひとつに向かった。「ここがその土地か。パーフェクトだ」とエドゥアルドは感想を述べ、牧草地を囲んでいる森の背の高い木を見上げてほめてくれた。「ガチョウだけじゃない。これだけの木があれば、サルもいるんじゃないの」

僕の後ろでクレイグが忠告した。「ダンに変なことを吹き込まないでくださいよ」

やがてガチョウの姿が見えると、エドゥアルドはエストレマドゥーラで初めて会ったときと同じようにひざまずき、「オラ、ボニータ、オラ！（やあ、こんにちは）」と呼びかけた。

彼は鳥たちに深い愛情を注いだが、僕たちのプロジェクトに対する診断は厳しかった。群れを囲んでいるフェンスは撤去しなければならない、それにガチョウたちは甘やかされているねと率直に指摘してきた。クレイグとパドレイクは当惑した表情で群れを眺めていた。

「ランボーみたいにたくましく成長してほしければ、過保護にしないことだ」とエドゥアルドは説明した。動物を人間と同じに考えてはいけないという。人間は（特にアメリカ人は）きりもなくカロリーを摂取したがるが、ガチョウは違う。少なくとも甘やかされていなければ、底なしには食べない。僕たちは餌を一日に二回与えていた。この程度にとどめておけば、寒くなって長い冬に備えるとき、トウモロコシを腹いっぱい食べるだろうと期待したのだ。

「でも、半年もきちんと餌を与えられたら、ガチョウにとって冬がどれほどの意味を持つのかな」とエドゥアルドは指摘した。「ガチョウだって利口なんだよ。つぎの食事が来るのがわかっていたら、ガツガツ食べる必要はないだろう。飼いならしちゃだめさ。食欲に対する本能に火が付くためには、野生児でないとね」

エドゥアルドは森を指さし、ガチョウを太らせるためには牧草地だけでなく、森から食べものを見つけなければならないと語った。「すごいレバーができるよ。天候が変わったら、何かに駆り立てられるように食べ始めるよ。ガツガツ、ガツガツってね」と言いながら、餌をついばむ真似をしてみせた。

うちの森にもドングリは少しあるけれど、デエサにはとてもかないませんとクレイグが説明した。エドゥアルドは関係ないと言うように手をひらひら動かし、こう説明した。「何を食べさせるかが問題じゃない。野生の状態で暮らすことが大切なんだ。正しい環境さえ準備すれば、脂肪は自然に付いてくれるよ」

＊

いよいよイジーとの対面に出かけた。クレイグとパドレイク、それに〈ブルーヒル・ストーンバーンズ〉のシェフの数人が同行した。後部座席のエドゥアルドは、興奮のあまり貧乏ゆすりをしている（あとで知ったのだが、彼はアメリカを訪れるのが初めてで、スペインの外に出る機会は滅多になかった。それもあって、ただのドライブにも興奮していたのだ）。

車が木立を通り過ぎると、エドゥアルドは首を伸ばして後ろを振り返った。そして鬱蒼とした森をふたたび眺め、「ねえ、見てよ」とリサに語りかけ、これだけの生態系は大きなアドバンテージになると強調した。「ここに農場を持っていたら、極上のフォアグラが作れるなあ」

ニューヨーク州ファーンデールの小さな町に到着すると、僕たちは〈ハドソンバレー・フォアグラ〉に車を乗り入れ、一列に連なる白いバラックの向こう側に駐車した。イジーが僕たちを出迎え、エドゥアルドに自己紹介した。

「ようこそ、セニョール・スーザ。お会いできて光栄です」と温かい歓迎の言葉を述べた。しかしそれからエドゥアルドの肩に手を置いて、こう続けた。「でも、ここでガチョウの話題はご法度ですよ。ガチョウのガの字もいけない！」エドゥアルドはじっと耳を傾けている。「かならず悪いことが起きるんですから。かならずね。以前なんか、一二〇〇羽のガチョウを購入したのに、納屋が崩れたんですよ。一二〇〇羽も買って、レバーが六つしか取れなかった」。話を聞きながらエドゥアルドは次第に笑みを浮かべ、最後は声を出して笑い、同意のしるしに親指を突き立てた。

僕たちのツアーには農場の現場責任者のマルカス・ヘンリーが同行した。最初に案内された狭い建物には元気そうなカモが群がっていた。彼は部屋の一隅を指さしながら「水浴びできる場所と餌を食べる場所が準備してあります。運動は必要ですからね」と説明した。「エドゥアルド、あなたの農場と一緒ね」とリサが感想を述べた。エドゥアルドの様子を見ると、コメディアンみたいに眉毛を上下に動かしている。

強制肥育を行う部屋にやって来るまでには、楽しそうに作業する大勢のスタッフに出会い(少なくとも僕にはそう見えた)、清潔な環境を見学した(病原菌が発生した疑いが少しでもあるときは、「笛を鳴らし、すぐに施設全体を閉鎖します」とマルカスは得意げに説明した)。そしてカモたちは、虐待はないというイジーの発言が十分に証明されるほど元気な様子だった。

いまや論議の的になっている強制肥育が二一日間行われる部屋でも、カモたちは気持ちよさそうにしている。日曜日の午後、ブランチを食べて昼寝しているような雰囲気だ。女性スタッフがカモの喉の奥深くまでチューブを差し込み、穀物を流し込んでいるところをエドゥアルドは無表情で眺めている。彼女の動きは軍隊のように正確だ。五秒ほどで終了し、つぎのカモに取りかかる。

僕はこの瞬間を何週間も想像していた。二世紀にわたって続く伝統を受け継ぎ、家禽類を放牧している農家の代表格であるエドゥアルドが、歴史への侮辱——動物愛護運動家から拷問だ、野蛮だと非難されている強制肥育——に直面したら、どのような反応を示すのだろう。怒りをぶちまけるのだろうか、それとも涙を流すのか。現場責任者のマルカスにつかみかかり、ドアを開け放ち、カモを自然界に連れ戻す光景を思い描いた。ところが実際には、彼は肩をすくめるだけで終わった。

「餌のやり方が問題じゃない」。カモは痛みを経験しているという発想を払いのけるかのように、エドゥアルドは頭を振った。「自分はカモだという現実を、カモがわかっていないのが問題なんだ」。たしかにその通りだ。哲学的な見解を持ち出す必要も、痛烈な非難をぶちまける必要もない。事実に目を向ければ十分だ。カモには自己認識が欠けているのだ。

マルカスが近寄ってきた。僕たちの顔に浮かぶ表情を非難の気持ちと読み間違えたのだろう。「鳥と人間は違います。同レベルで考えないよう、注意しなければね。人間の好みを押し付けてはいけません。よくよく気を付けることです」と言った。

彼の発言は訂正するまでもない。強制肥育の残酷さに注目するとき、僕たちはカモやガチョウを人間と同レベルに扱っている。だから許せない行為だと考えるが、これはかなり見当違いだ。許せないのはむしろ、強制肥育に象徴される現在の農業のシステムなのだ。

＊

帰路、エドゥアルドは車窓に笑顔をぴったり押し付けていた。たくさんの車が止まっているショッピングモールの駐車場、ドライブスルーの銀行、鬱蒼とした森が大草原によって区切られている景色などを見ては口笛を吹き、指さして興奮している。そして何度も振り返り、僕が見逃していないか念を押した。「ミラ、ミラ、ミラ（見て、見て、見て）」と、ドングリを食べて家路につくガチョウを見つけたときと同じように、興奮した様子で語りかける。

このとき僕は、エドゥアルドの仕事は意識の創造と大いに関わっているのだという認識を抱いた。ガチョウだけでなく、僕たちにも意識を植え付けてくれる。彼のフォアグラを食べることをきっかけに、ガチョウ（とその習性）について、ガチョウを支える生態系（デエサ）について、そしてシステム全体（エストレマドゥーラの生活様式や様々な料理）を何世紀も支えてきた文化について、つぎつぎと連鎖反応のように理解が進んでいくのだ。

ところが現代の僕たちの食べ方は正反対で、自然を衰えさせてしまう。だからフォアグラにかぎらず、ラムのロイン、鶏の胸肉、チーズバーガーなどの料理を出される場所がスカースデールだろうがスコッツデールだろうが、あるいは時期が六月だろうが一月だろうが、常に味は変わらない。結局それは、僕たち自身の退化にもつながる。〈ハドソンバレー・フォアグラ〉をあとにしてまもなく、ファーストフードのドライブスルーを通り過ぎたとき、僕はそれを確信した。ちょうどお昼時で、注文を待つ車が列をなし、組み立てラインを流れる部品のようにそろそろと動いていく。車で待つ人たちは無言で、頭をまっすぐ前に向けている。見学してきたばかりのカモと同じで、楽しい食事が待ち遠しいという雰囲気は感じられない。いや、数週間前に僕が餌をやった〈ストーンバーンズ〉のガチョウも同じではないだろうか。

＊

夕方、僕はニューヨーク市内の〈ブルーヒル〉に出かけた。郊外の店の姉妹店にあたるレストランをどうしても見学したいと、エドゥアルドからせがまれたのだ。クレイグともっと一緒に過ごしたいのはやまやまだが、リサと一緒に市内まで車で連れていってくれないかと頼まれた。エドゥアルドは別れ際にクレイグと握手を交わし、「いいかい、おれたちはガチョウを育てているんじゃない。面倒をみているわけじゃない。ガチョウを所有しているだけだ。自分の面倒は自分でみるものだよ」と穏やかな調子でアドバイスを与えた。

午後四時少し前、僕たちはワシントンプレイス通りに到着して、午後五時半にバーでディナーを食べる計画にした。そうすればリサとエドゥアルドはウェストビレッジを観光する時間を十分に確保できる。

「エドゥアルドったらね、カメラを取り出して数秒ごとにシャッターを切るのよ。『本物のニューヨークの警官』がいる、西四番街のバスケットコートに『本物のニューヨークのバスケ選手』がいるってね」とリサからあとで詳しい話を聞かされた。ようやく〈ブルーヒル〉に戻ってきたときも、エドゥアルドは興奮冷めやらぬ面持ちだったという。バーに落ち着いてドリンクを頼むと、そろそろ食事にしてもいいかしらとリサはエドゥアルドに尋ねた。

すると、「ねえ、リサ。いまおれが食べたいのは、本物のアメリカ料理なんだ。ハンバーガーが食べたい」と提案してきた。

そこでふたりは「ちょっとそこまで歩いてきます」というメモを残して出かけた。行き先は道路をはさんだ向かい側の〈ウェーヴァリー・ダイナー〉だった。エドゥアルドはそこでハンバーガーとポテトとコークを注文する。

「大喜びだったわよ」とリサは、スペインに帰国してから報告してきた。「何もかもに夢中でね。暗い照明も大きな音楽も楽しんでいたし、カウンターで注文して番号を呼ばれるシステムをすっかり気に入っちゃって。自分で紙コップにコーヒーを入れるのも初めての経験だったみたい。それに、落花生が殻に入ったままだって、喜ぶのよ。でも、いちばんのお気に入りはバーガー。指についたソースまでなめているの。それでこんなことを言うんだから。『ダンの作る料理もまずくはない。でも、こいつは本当にうまいよ』」

あんなに楽しそうなエドゥアルドを見たのは初めてだとリサは教えてくれた。

フォアグラの失敗作

一二月、クレイグはガチョウを処分した。塩を入れたミルクにブッチャーのホセがレバーを素早く浸けこみ、血なまぐささを取り除いた。そのうえで、夜のディナーの一品として厨房のミートステーションに運ばれてきた。コックたちが集まってきて、発掘現場から出土した芸術品でもあるかのように、一列に並べられたレバーに目を凝らした。レバーの大きさはというと、ピンポン玉と同じくらいだ。

「失敗作だな」とコックのひとりが沈黙を破った。失望を隠そうともしないホセの背中をラインクックが大丈夫、次回はうまくいくさという思いを込めてやさしく叩いた。

このときから数年間、クレイグはガチョウを育て続けてきた。天然のフォアグラに対する僕のこだわりは（メルヴィルの小説『白鯨』に登場する）モビィ・ディックのエイハブ船長にも負けないが、クレイグにはそこまでの執着がなかった。だから、レバーがいつまでも小さくても気にする様子はなく、ローテーション放牧でガチョウが役に立ち、利益をもたらしてくれることに満足していた。ただし、これまでたくさんの鶏や七面鳥をコヨーテに殺されてきた彼は、エドゥアルドの忠告に耳を貸さなかった。フェンスの電流はガチョウにとってストレスになるから、秋に食欲を目覚めさせるためにも取り除くべきだと言われていたが、そのままにしている。「そんなことしたって、たくさん食べるようにはならない。このへんじゃあ、野生動物に殺されてしまうよ」

一方、エストレマドゥーラではこの数年間、エドゥアルドのガチョウが厳しい試練に直面している。野生動物の犠牲になるガチョウが急増し、数が激減してしまったのだ。おまけに最近では気候変動の影響で、暖冬が続いている。厳しい寒さが本能を目覚めさせてくれないと、大事な時期に食欲が増進されない。

「どうしてこんなにリラックスしているのか不思議だ。怠けているんだ。ただ座って何もしないのさ。うーん、何て言えばいいのかな、アメリカだとカウチポテト族ってことかな。でも、あいつらは食べない」とエドゥアルドから打ち明けられた。

それでも最後にエドゥアルドから連絡があったときは、フォアグラを南米で、できればアメリカでも売ってみたいという話だった。おまけに、天然フォアグラについての知識をふたりの子どもたちに伝えるための計画も着々と進めていた。

「毎日教えているんだ」と彼は言った。「でも一五分だけだよ。物語を聞かせてやるのさ。大体はガチョウやデエサについての話で、じいちゃんやばあちゃんの生活についても教えるよ。それ以上話すと強制しているみたいで、反発を食らうからね。肝心なのはいつも新しい話をすること。それを毎日続けるんだ」

＊

実のところ僕はフォアグラの失敗作が五年間続くと、エドゥアルドの伝統を受け継ぐのは無理ではないかと考え始めた。ところがある日の午後、クレイグの新しいアシスタントのクリス・オブレネスがカンザス州の農場に出かけた。トゥールーズという伝統的な品種のガチョウを視察するためだ。僕たちが飼育している現代の品種ほど飼い慣らされていない分、体は大きくて警戒心が強く、生まれながらの本能が残されているらしい。そして三カ月後に敷地内の牧草地でその姿を見たとき、エドゥアルドのガチョウとよく似ていると思った。

しばらくすると、僕はかつての情熱をすっかり取り戻した。ちょうど本格的な寒さが訪れる九月にクリスがやって来て、ガチョウたちをフェンスの外に解放し、裏の牧草地を自由に歩き回らせてみたらどうかと提案してきたのだ。もちろん素晴らしいアイデアだった。しかしクリスは、群れがコヨーテに襲われた場合の心づもりができているかと念を押した。

「予め準備しておくわけだね」

「そうです」

「わかった。心の準備をしておくよ」

翌週、防護用のフェンスから解放されたガチョウたちは、裏の牧草地をあちこち歩き回った。彼らがふんぞり返っている様子を観察しているとき、まったく新しい発想が浮かんだのは決して深読みのしすぎではない。たとえ新しい自由な境遇が空腹感を刺激しなくても、自信を司る遺伝子だけはスイッチが入ることに気づいたのだ。

クリスは牧草地のところどころにトウモロコシをこっそりと撒いて、ガチョウの食欲をそれとなくそそる工夫もした。そして、新しい方法を試し始めてから数日後、僕に報告があった。「いきなりですよ。もう大混乱で、猟の獲物を見つけたみたいにガツガツ食べています」

一月はじめ、この年最初の解体が行われることになり、クリスはいちばん大きな三羽のガチョウを選んだ。サイズは特大で、大喜びのホセは早速作業に取りかかった。それでフォアグラの出来具合は？大きな声では言えない。ピンポン玉よりましだが、今度は小さな電球のサイズになった。ただし、びっくりするほど真っ赤で、脂肪が黄色い筋になって張り付いている姿は、前回までとは違って風格すら漂っている。完璧ではないが、明らかに以前よりも太っ
ているし、本来のフォアグラに近づいていた。

しかしイジーの意見は違った。電話でレバーの状態を説明すると、彼はこう言った。「はっきり言ってやろう。それはフォアグラじゃないね。上等のレバーだよ。味がよくて美しいレバーと呼んでもいいさ。なんて呼ぶかはきみの勝手だけれど、フォアグラと呼ぶのは許さない。嘘になるからな」

通常、フォアグラは手早くソテーにするので、食べられるのは数人の幸運な客に限られる。しかし今回はパテにして、たくさんの人に時間をかけて味わってもらうことにした。何百年も続く料理の伝統に従って、フォアグラを小さなガラス瓶に入れて密閉した。そのうちに余分な脂肪が融け出すので、それ

をパテの上にたっぷりかけて味わうのだ。数日後、僕は瓶のなかにスプーンを深く突っ込み、深く考えもせず、肉と液体状の脂肪の両方を薄切りパンのトーストに広げた。

おいしいものを食べたシェフは神の啓示を受けたような衝撃を経験し、鮮烈な記憶が脳裏に刻まれる。そしてこれは、そんな経験のひとつだった。モネステリオの小さなレストランでエドゥアルドのフォアグラを初めて食べたときを思い出したと言いたいところだが、それとは違う。あれほど美味ではないし、牧草地の豊かな環境で自然に味付けされたわけでもない（実のところ、僕は塩と胡椒を少々加えた）。

しかしそれでも味はしっかりとして深みがあった。そして脂肪は滑らかで、ギトギト感がまるでない。あえて人間にたとえて描写するなら、それまでのシーズンのものに比べて自己主張が強く自信家で、個性が際立っている。

結局はイジーの言うとおりだった。僕はフォアグラの追究に夢中になるあまり、肝心な点に目を向けなくなっていた。そもそも、そこまでフォアグラにこだわる必要はなかった。意識したわけではないが、僕はガチョウを必要以上に祭り上げ、その挙句に失望感を味わったのだ。僕がガチョウの期待を裏切ったのであって、逆ではない。豊かなデエサの自然に育まれたレバーこそフォアグラの原点だという思いが強いあまり、それと同じものを作ろうとしたが、しょせん不可能だし、時間を無駄に費やしただけだった。たとえば〈ストーンバーンズ〉でクレイグが育てた豚から作ったハムはおいしいけれど、ハモンイベリコではない。でも、だからと言ってハムの失敗作とは呼べない。

パテを眺めながら、僕はふたたびエドゥアルドが光にかざした美しいハモンを思い出した。薄切りの表面はきれいな霜降りで覆われていた。ある意味どちらも、自然の恵みが料理の伝統によって美しく生まれ変わることを教えてくれる。ハモンにせよ、おいしいパテにせよ、優れた料理はシンプルな技術を学び、応用することによって作られる。そして時には運に恵まれ、技術を超越した作品が生まれる。要するに、総和以上の力が発揮されるのだ。

エドゥアルドはガチョウの意識を覚醒させたが、それと同様にレシピや食事、いや一皿の料理には、僕たち人間の意識を覚醒させる力が備わっている。素材にはどんな動物が使われているのか、動物たちはどんな生態系に支えられているのか、生態系を支えるためにシェフはどんな料理を作るべきか。強く意識せずにはいられなくなる。

（——下巻に続く）

★37　この点ならびにハモンイベリコの詳細については以下を参照。Peter Kaminsky, *Pig Perfect: Encounters with Remarkable Swine and Some Great Ways to Cook Them*（New York: Hyperion, 2005）, 66.
★38　Vincent Clément, "Spanish Wood Pasture: Origin and Durability of an Historical Wooded Landscape in Mediterranean Europe," *Environment and History* 14, no. 1（February 2008）: 67–87.
★39　以下に引用。Clément, "Spanish Wood Pasture."
★40　Wendell Berry, "The Agrarian Standard," *Orion Magazine*, Summer 2002.
★41　アルド・レオポルド「土地の倫理」(1948),『野生のうたが聞こえる』（講談社学術文庫、1997年、新島義昭訳）*2nd ed.*（New York: Oxford University Press, 1968）, 215.
★42　レオポルド『野生のうたが聞こえる』序文 viii–ix.
★43　この料理に関する詳細は以下を参照。Turespaña, "The Cuisine of Extremadura," www. spain. info/ en_ US/que-quieres/gastronomia/cocina-regional/extremadura/ extremadura. html.
★44　レオポルド「土地の倫理」『野生のうたが聞こえる』216.

★19　Berry, *The Unsettling of America*, 61.
★20　Caro, *The Foie Gras Wars*, 24–7.
★21　Steve Striffler, *Chicken: The Dangerous Transformation of America's Favorite Food*（New Haven, CT: Yale Agrarian Studies Series, 2007）; ドナルド・スタル、マイケル・ブロードウェイ『だから、アメリカの牛肉は危ない！――北米精肉産業恐怖の実態』（河出書房新社、2004年、中谷和男訳、山内一也監修）（Stamford, CT: Cengage Learning, 2003）; Roger Horowitz, *Putting Meat on the American Table: Taste, Technology, Transformation*（Baltimore: Johns Hopkins University Press, 2005）; Janet Raloff, "Dying Breeds," *Science News* 152, no. 14（Oct. 4, 1997）, 216–8.
★22　スタル、ブロードウェイ『だから、アメリカの牛肉は危ない！』38.
★23　Melaine Warner, "Frank Perdue, 84, Chicken Merchant, Dies," *New York Times*, April 2, 2005.
★24　Striffler, *Chicken: The Dangerous Transformation*, 46.
★25　スタル、ブロードウェイ『だから、アメリカの牛肉は危ない！』47.
★26　"Frank Perdue: 1920–2005," *People*, April 18, 2005.
★27　米国環境保護庁の以下を参照。"Poultry Production," *Ag 101*, www. epa. gov/ agriculture/ ag101/ printpoultry. html
★28　Horowitz, *Putting Meat on the American Table*, 119.
★29　Jill Richardson, "How the Chicken Gets to Your Plate," La Vida Locavore, April 17, 2009, www. lavidalocavore. org/ showDiary. do? dia ryId = 1479
★30　Paul Roberts, *The End of Food*（New York: Houghton Mifflin Harcourt, 2009）, 208–12.
★31　Karen Hamrick et al., "How Much Time Do Americans Spend on Food?" Economic Information Bulletin no. 86（Washington, DC: US Dept. of Agriculture, November 2011）. 以下も参照。Michael Pollan, "Out of the Kitchen, Onto the Couch," *New York Times Magazine*, August 2, 2009.
★32　Striffler, *Chicken: The Dangerous Transformation*, 19.
★33　Thomas Keller, "The Importance of Offal," *The French Laundry Cookbook*（New York: Artisan Books, 1999）, 209.
★34　Roberts, *The End of Food*, 71.
★35　"China Launches Anti-Dumping Probe into US Chicken Parts," *China Daily*, September 27, 2009; Guy Chazan, "Russia, U. S. Are in a Chicken Fight, the First Round of New Trade War," *The Wall Street Journal*, March 4, 2002.
★36　Peter S. Goodman, "In Mexico, 'People Do Really Want to Stay,'" *Washington Post*, January 7, 2007.

New York," *People*, August 4, 1986.

★8　草を重視する農場経営者のジョエル・サルトンは、これを「二回目の採食のルール」と呼んでいる。ポーランの『雑食動物のジレンマ』189を参照。第10章 "Grass: Thirteen Ways of Looking at a Pasture," のなかでポーランは、草を重視する農業とその歴史について見事に論じている。

★9　Garrison Keillor, "Chicken," *Leaving Home: A Collection of Lake Wobegon Stories*（New York: Penguin Books, 1990）, 45.

★10　Eric Asimov, "Jean-Louis Palladin, 55, a French Chef with Verve, Dies," *New York Times*, November 26, 2001.

★11　トーマス・ケラーについては以下に引用されている。Dorothy Gaiter and John Brecher, "The Genius That Was Jean-Louis," *France Magazine*, Winter 2011–12. ジャン＝ルイ・パラディンの影響についての詳細は、以下を参照。Justin Kennedy, "Raising the Stakes: Jean-Louis Palladin Pioneered Fine Dining in D. C.," *Edible DC*, Summer 2012.

★12　Allan Savory with Jody Butterfield, *Holistic Management: A New Framework for Decision Making*, 2nd ed.（Washington, DC: Island Press, 1999）.

★13　レベッカ・L・スパング『レストランの誕生——パリと現代グルメ文化』（青土社、2001年、小林正巳訳）（Cambridge, MA: Harvard University Press, 2000）, 1. レストランの歴史についての詳細は以下を参照。Elliott Shore, "Dining Out:The Development of the Restaurant," in *Food: The History of Taste*, ed. Paul Freedman（Berkeley: University of California Press, 2007）; and Adam Gopnik, *The Table Comes First: Family, France, and the Meaning of Food*（New York: Knopf, 2011）.

★14　ポール・ボキューズに関しては、以下を引用。Nicolas Chatenier, ed., *Memoires de Chefs*（Paris: Textuel, 2012）, 21（translated from French）.

★15　ジョージ・オーウェル『パリ・ロンドン放浪記』（岩波書店、1989年、小野寺健訳）（1933; rev. ed., New York: Mariner Books, 1972）, 57.

★16　ヌーベルキュイジーヌについての詳細は以下を参照。Chatenier, ed., *Mémoires de Chefs*; Alain Drouard, "Chefs, Gourmets and Gourmands: French Cuisine in the 19th and 20th Centuries," in *Food: The History of Taste*, 301–31; and David Kamp, *The United States of Arugula: How We Became a Gourmet Nation*（New York: Broadway Books, 2006）.

★17　Julia Child, "La Nouvelle Cuisine: A Skeptic's View," *New York*, July 4, 1977.

★18　Paul Freedman, "Introduction: A New History of Cuisine," in *Food: The History of Taste*, 29.

(Gabriola Island, BC: New Society Publishers, 2005), 19.
★60 Donald R. Davis, "Declining Fruit and Vegetable Nutrient Composition: What Is the Evidence?" *HortScience* 12, no. 1 (February 2009); Donald R. Davis, "Trade-offs in Agriculture and Nutrition," *Food Technology* 59 (2005); Donald R. Davis et al., "Changes in the USDA Food Composition Data for 43 Garden Crops, 1950–1999," *Journal of the American College of Nutrition* 23, no. 6 (2004), 669–82; David Thomas, "The Mineral Depletion of Foods Available to Us as a Nation (1940–2002)," *Nutrition and Health* 19 (2007): 21–55 (トーマスはイギリスでも同様の傾向に着目している).
★61 "The State of Food Insecurity in the World 2013: The Multiple Dimensions of Food Security," Food and Agriculture Organization of the United Nations, Rome, 2013.
★62 John Ikerd, "Healthy Soils, Healthy People: The Legacy of William Albrecht" (The William A. Albrecht Lecture, University of Missouri, Columbia, MO, April 25, 2011).
★63 Ikerd, "Healthy Soils, Healthy People."

第Ⅱ部　大地

★1 Lee Klein, "Foie Wars," *Miami New Times*, July 13, 2006.
★2 Stewart Lee Allen, *In the Devil's Garden: A Sinful History of Forbidden Food* (New York: Ballantine Books, 2002), 236.
★3 フォアグラの歴史についての詳細は、以下を参照。Mark Caro, *The Foie Gras Wars: How a 5,000-Year-Old Delicacy Inspired the World's Fiercest Food Fight* (New York: Simon & Schuster, 2009); Michael Ginor with Mitchell A. Davis, *Foie Gras: A Passion* (Hoboken, NJ: John Wiley & Sons, 1999); Maguelonne Toussaint-Samat, *A History of Food* (Hoboken, NJ: John Wiley & Sons, 2009), 385–94.
★4 Charles Gérard, *L'Ancienne Alsace à Table: Étude: Historique et Archéologique Sur L'Alimentation, Les Mœurs et Les Usages Épulaires De L'Ancienne Province D'Alsace*, 2nd ed. (Paris: Berger-Levrault et Cie, 1877); Quoted in Caro, *The Foie Gras Wars*, 35–6.
★5 Caro, *The Foie Gras Wars*, 33.
★6 Graham Keeley, "French Are in a Flap as Spanish Force the Issue over Foie Gras," *The Guardian*, January 2, 2007.
★7 アラン・リッチマンは論説のなかで同様の批判を述べている。"A Very Unlikely Fish Story: Brother and Sister from Brittany Open Restaurant, Hook

★39 David Montgomery, *Dirt: The Erosion of Civilizations*, 184–5.
★40 マイケル・ポーラン『雑食動物のジレンマ』（東洋経済新報社、2009年、ラッセル秀子訳）（New York: Penguin Press, 2006）, 258.
★41 Bill Ganzel, "Shrinking Farm Numbers," in *Farming in the 1950s & 60s*（Wessels Loving History Farm, York, Nebraska, 2007）, www. livinghis toryfarm. org/ farminginthe50s/ life_ 11. html.
★42 Fred Pearce, "The Nitrogen Fix: Breaking a Costly Addiction," *Yale Environment 360*, November 5, 2009.
★43 Howard, *The Soil and Health*, 11.
★44 Howard, *The Soil and Health*, 250.
★45 Howard, *The Soil and Health*, 111.
★46 Sir Albert Howard, *An Agricultural Testament*（1940; repr., London: Benediction Classics, 2010）, 82.
★47 Howard, *Agricultural Testament*, 39.
★48 Howard, *Agricultural Testament*, 37.
★49 E. O. Wilson, *Biophilia*（Cambridge, MA: Harvard University Press, 1984）, 1.
★50 Brian Halweil, "Still No Free Lunch: Nutrient Levels in U. S. Food Supply Eroded by Pursuit of High Yields"（Washington, DC: The Organic Center, September 2007）, 33 ; Charles M. Benbrook, "Elevating Antioxidant Levels in Food Through Organic Farming and Food Processing," Organic Center, State of Science Review, January 2005.
★51 Frank Egler, *The Nature of Vegetation: Its Management and Mismanagement*（Norfolk, CT: Aton Forest Publishers, 1977）, 2.
★52 Thomas Harttung, "Sustainable Food Systems for the 21st Century"（Agrarian Studies Lecture, Yale University, New Haven, CT, October 2006）.
★53 Coleman, *Winter Harvest Handbook*, 197.
★54 David Wolfe, *Tales from the Underground*, and Albert Bernhard Frank, "On the Nutritional Dependence of Certain Trees on Root Symbiosis with Belowground Fungi（An English Translation of A. B. Frank's Classic Paper of 1885）," *Mycorrhiza* 15（2005）: 267–75.
★55 Wolfe, *Tales from the Underground*, 6.
★56 ポーラン『雑食動物のジレンマ』 130; Coleman, *Winter Harvest Handbook*, 205–7.
★57 Albrecht, *Soil Fertility and Animal Health*, 45.
★58 ポーラン『雑食動物のジレンマ』84.
★59 Steve Soloman, *Gardening When It Counts: Growing Food in Hard Times*

on the Great Plains," *Harper's*, July 2012.
★24 William Lin et al., "U. S. Farm Numbers, Sizes, and Related Structural Dimensions: Projections to Year 2000," US Dept. of Agriculture, Economic Research Service, Technical Bulletin no. 1625 (1980).
★25 Verlyn Klinkenborg, "Linking Twin Extinctions of Species and Languages," *Yale Environment 360*, July 17, 2012.
★26 Aldo Leopold, "What Is a Weed?" (1943), in *River of the Mother of God: and Other Essays by Aldo Leopold*, 306–9.
★27 Philip S. Callahan, *Tuning in to Nature: Infrared Radiation and the Insect Communication System*, 2nd rev. ed. (Austin, TX: Acres U. S. A., 2001).
★28 Eliot Coleman, "Can Organics Save the Family Farm?" *The Rake*, September 2004.
★29 William A. Albrecht, *The Albrecht Papers, Volume I: Foundation Concepts*, ed. Charles Walters, Jr. (Metairie, LA: Acres U. S. A., 1996), 279, 282.
★30 Charles Walters, Jr., "Foreword," *The Albrecht Papers, Volume I: Foundation Concepts*, x.
★31 *Albrecht, The Albrecht Papers, Volume I: Foundation Concepts*, 170.
★32 Coleman, *Winter Harvest Handbook*, 202.
★33 土の生命に関する詳細は、以下を参照。William Bryant Logan, *Dirt: The Ecstatic Skin of the Earth* (New York: W. W. Norton Limited, 2007); Fred Magdoff and Harold van Es, *Building Soils for Better Crops*, 3rd ed. (Waldorf, MD: SARE Outreach Publications, 2010); David Montgomery, *Dirt: The Erosion of Civilizations* (Berkeley: University of California Press, 2007); David W. Wolfe, *Tales from the Underground: A Natural History of Subterranean Life* (New York: Basic Books, 2002).
★34 コリン・タッジ『樹木と文明——樹木の進化・生態・分類、人類との関係、そして未来』(アスペクト、2008年、大場秀章監訳、渡会圭子訳)(New York: Crown Publishers, 2006), 252.
★35 Sir Albert Howard, *The Soil and Health: A Study of Organic Agriculture* (1947; repr., Lexington: The University Press of Kentucky, 2007), 31.
★36 William A. Albrecht, *The Albrecht Papers, Volume II: Soil Fertility and Animal Health*, ed. Charles Walters, Jr. (Kansas City, MO: Acres U. S. A., 1975), 101.
★37 Evan D. G. Fraser and Andrew Rimas, *Empires of Food: Feast, Famine, and the Rise and Fall of Civilizations* (New York: Atria Books, 2010).
★38 Logan, *Dirt: The Ecstatic Skin*, 38.

★10　Wes Jackson, *Becoming Native to This Place*（Washington, DC: Counterpoint, 1994）.
★11　Walter Prescott Webb, *The Great Plains*（Waltham, MA: Ginn and Co., 1931）, 152; Henry Nash Smith, *Virgin Land: The American West as Symbol and Myth*（Cambridge, MA: Harvard University Press, 1950）. スミスは、第16章でアメリカ人が大草原を耕作地としても砂漠としても想像していた点を巧みに論じている。
★12　ジャニン・M・ベニュス『自然と生体に学ぶバイオミミクリー』（オーム社、2006年、山本良一監訳、吉野美耶子訳）（New York: HarperCollins, 2009）, 16.
★13　ウェス・ジャクソンはこのアイデアについて、以下の著書で言及している。*New Roots for Agriculture*（Lincoln: University of Nebraska Press, 1980）.
★14　Timothy Egan, *The Worst Hard Time: The Untold Story of Those Who Survived the Great American Dust Bowl*（New York: Houghton Mifflin Harcourt, 2006）, 43.
★15　Donald Worster, *Under Western Skies: Nature and History in the American West*（Oxford, UK: Oxford University Press, 1992）, 99.
★16　ダストボウルに関する詳細は、以下を参照。Donald E. Worster, *Dust Bowl: The Southern Plains in the 1930s*（New York: Oxford University Press, 1979）; Egan, *The Worst Hard Time.*
★17　Egan, *The Worst Hard Time*, 113.
★18　Egan, *The Worst Hard Time*, 227–8. 以下も参照。Wellington Brink, *Big Hugh: The Father of Soil Conservation*（New York: Macmillan, 1951）.
★19　Wendell Berry, "The Native Grasses and What They Mean," 野生の草とその意味（エッセイ）in *The Gift of Good Land: Further Essays Cultural and Agricultural*（New York: North Point Press, 1981）, 82.
★20　以下の書簡はアメリカ合衆国大統領ジョージ・ワシントンからアーサー・ヤング宛に、1791年11月18日に送られた。*Letters on Agriculture from His Excellency, George Washington, President of the United States, to Arthur Young, Esq., F. R. S., and Sir John Sinclair, Bart., M. P.: With Statistical Tables and Remarks, by Thomas Jefferson,Richard Peters, and Other Gentlemen, on the Economy and Management of Farms in the United States*, ed. Franklin Knight（Washington, DC: Franklin Knight, 1847）, 49–50.
★21　Stoll, *Larding the Lean Earth*, 19.
★22　Richard Manning, *Grassland:The History, Biology, Politics and Promise of the American Prairie*（New York: Penguin, 1997）, 160.
★23　Wil S. Hylton, "Broken Heartland: The Looming Collapse of Agriculture

Junction, VT: Chelsea Green Publishing, 2009), 204–5.
★7 John Muir, *My First Summer in the Sierra* (1911; repr., Mineola,NY: Dover Publications, 2004), 87.
★8 Wendell Berry, *The Unsettling of America: Culture & Agriculture* (1977; rev. ed., San Francisco: Sierra Club Books, 1996).

第 I 部　土

★1 Erik Marcus, *Meat Market: Animals,Ethics, and Money* (Ithaca, NY: Brio Press, 2005), 187–8.
★2 Peter Thompson, *Seeds, Sex & Civilization: How the Hidden Life of Plants Has Shaped Our World* (London: Thames and Hudson, 2010), 31.
★3 "Wheat: Background," US Dept. of Agriculture, Economic Research Service, March 2009 briefing; and USDA, Office of Communications, *Agricultural Fact Book 2001–2002* (Washington, DC: Government Printing Office, 2003).
★4 Karen Hess, "A Century of Change in the American Loaf: Or, Where Are the Breads of Yesteryear"（アメリカのパンの歴史に関するシンポジウムの基調演説。スミソニアン協会主催、1994年4月、首都ワシントンにて).
★5 Charles Mann, *1493: Uncovering the New World Columbus Created* (New York: Knopf, 2011).
★6 Dean Herrin, *America Transformed: Engineering and Technology in the Nineteenth Century: Selections from the Historic American Engineering Record, National Park Service* (Reston, VA: American Society of Civil Engineers, 2002), 18.
★7 Jared van Wagenen Jr., *The Golden Age of Homespun* (Ithaca, NY: Cornell University Press, 1953), 66; Tracy Frisch, "A Short History of Wheat," *The Valley Table,* December 2008.
★8 ニューイングランドの在来種小麦に関する詳細は、以下を参照。Eli Rogosa, "Restoring Our Heritage of Wheat" (working paper, Maine Organic Farmers and Gardeners Association, 2009).
★9 David R. Jacobs and Lyn M. Steffen, "Nutrients, Foods, and Dietary Patterns as Exposures in Research: A Framework for Food Synergy," *American Journal of Clinical Nutrition* 78, no. 3 (September 2003): 508S–513S; David R. Jacobs et al., "Food Synergy: An Operational Concept for Understanding Nutrition," *American Journal of Clinical Nutrition* 89, no. 5 (2009): 1543S–1548S.

注

はじめに

★1　Aldo Leopold, "Wilderness" (1935), in *The River of the Mother of God and Other Essays,* ed. Susan L. Flader and J. Baird Callicott (Madison: University of Wisconsin Press, 1992), 228–9. レオポルドはこのフレーズを、シェークスピアの『ハムレット』から引用した。
★2　Wendell Berry, "The Pleasures of Eating," in *What Are People For?* (New York: North Point Press, 1990), 149.
★3　植民地時代のアメリカの農業についての詳細は、以下を参照。Willard W. Cochrane, *The Development of American Agriculture: A Historical Analysis* (Minneapolis: University of Minnesota Press, 1979); Arnon Gutfeld, *American Exceptionalism: The Effects of Plenty on the American Experience* (Brighton, UK: Sussex Academic Press, 2002); Steven Stoll, *Larding the Lean Earth: Soil and Society in Nineteenth Century America* (New York: Macmillan, 2003).
★4　Harvey A. Levenstein, *Revolution at the Table: The Transformation of the American Diet* (New York: Oxford University Press, 1988), 7. レーヴェンスタインはつぎのように書いている。「19世紀の観察者から見ると、アメリカとイギリスの食事の大きな違いは普通ひと言に要約できた。それは夥しさだ。外国からのどの訪問者もアメリカ人の食習慣を見せられ、食べものの消費量の多さに驚き、衝撃を受け、嫌悪すら抱いた」。アメリカの初期の料理についての詳細は以下を参照。James McWilliams, *A Revolution in Eating: How the Quest for Food Shaped America* (New York: Columbia University Press, 2005); Trudy Eden, *The Early American Table: Food and Society in the New World* (Dekalb: Northern Illinois University Press, 2008); Jennifer Wallach, *How America Eats: A Social History of U.S. Food and Culture* (Plymouth, UK: Rowman, 2013).
★5　Juliet Corson, *The Cooking Manual of Practical Directions for Economical Every-Day Cookery* (New York: Dodd, Mead & Company, 1877), 5.
★6　レディー・イブ・バルフォーは、エリオット・コールマンの以下の著書に引用されている。*Winter Harvest Handbook: Year-Round Vegetable Production Using Deep-Organic Techniques and Unheated Greenhouses* (White River

Tompkins, Peter, and Christopher Bird, *The Secret Life of Plants: A Fascinating Account of the Physical, Emotional, and Spiritual Relations Between Plants and Man* (1973; repr., New York: Harper Perennial, 1989).
Voisin, Andre, *Soil, Grass, and Cancer: The Link Between Human and Animal Health and the Mineral Balance of the Soil* (New York: Philosophical Library, 1959).
——, *Grass Productivity* (New York: Philosophical Library, 1959).
Walters, Charles, *Weeds: Control Without Poisons* (Kansas City: Acres U.S.A., 1991).
Wedin, Walter F., and Steven L. Fales, *Grassland: Quietness and Strength for a New American Agriculture* (Madison, WI: American Society of Agronomy, 2009).
Willis, Harold, *Foundations of Natural Farming: Understanding Core Concepts of Ecological Agriculture* (Austin, TX: Acres USA, 2007).

第Ⅱ部　大地

Fussell, Betty, *Raising Steaks: The Life and Times of American Beef* (Orlando, FL: Harcourt, 2008).
Imhoff, Daniel, ed., *The CAFO Reader: The Tragedy of Industrial Animal Factories* (Berkeley: Watershed Media, 2010).
フランシス・ムア・ラッペ『小さな惑星の緑の食卓——現代人のライフ・スタイルを変える新食物読本』（講談社、1982年、奥沢喜久栄訳）(1971; repr., New York: Ballantine Books, 1991).
Nierenberg, Danielle, *Happier Meals: Rethinking the Global Meat Industry* (Washington, D.C.: Worldwatch Institute, 2005).
Robinson, Jo, *Pasture Perfect: How You Can Benefit from Choosing Meat, Eggs, and Dairy Products from Grass-Fed Animals* (Vashon, WA: Vashon Island Press, 2004).
エリック・シュローサー『ファーストフードが世界を食いつくす』（草思社、2001年、楡井浩一訳）(Boston: Houghton Mifflin, 2001).
シンクレア・アプトン『ジャングル』（松柏社、2009年、大井浩二訳）(1906; repr., London: Penguin, 1985).

参考文献

第Ｉ部　土

Ausubel, Kenny, with J. P. Harpignies, ed., *Nature's Operating Instructions: The True Biotechnologies*（San Francisco, Sierra Club Books, 2004）.

Balfour, Lady Eve, *The Living Soil*（London: Faber and Faber, 1943）.

Buhner, Stephen Harrod, *The Lost Language of Plants: The Ecological Importance of Plant Medicines for Life on Earth*（White River Junction, VT: Chelsea Green Publishing, 2002）.

レイチェル・カーソン『沈黙の春』（新潮文庫、1974年、青樹簗一訳）（New York: Houghton Mifflin, 1962）.

Coleman, Eliot, *The New Organic Grower: A Master's Manual of Tools and Techniques for the Home and Market Gardener*（White River Junction, VT: Chelsea Green, 1989）.

Fromartz, Samuel, *Organic, Inc.: Natural Foods and How They Grew*（Orlando, FL: Harcourt, 2006）.

Gershuny, Grace, and Joseph Smillie, *The Soul of the Soil: A Guide to Ecological Soil Management,* 3rd ed.（Davis, CA: agAccess, 1995）.

Graham, Michael, *Soil and Sense*（London: Faber & Faber, 1941）.

Holthaus, Gary, *From the Farm to the Table: What All Americans Need to Know About Agriculture*（Lexington, KY: University Press of Kentucky, 2006）.

Jackson, Wes, *Consulting the Genius of the Place: An Ecological Approach to a New Agriculture*（Berkeley: Counterpoint, 2010）.

Mabey, Richard, *Weeds: In Defense of Nature's Most Unloved Plants*（New York: HarperCollins, 2010）.

Morton, Oliver, *Eating the Sun: How Plants Power the Planet*（New York: HarperCollins, 2009）.

Robinson, Raoul A., *Return to Resistance: Breeding Crops to Reduce Pesticide Dependence*（Davis, CA: agAccess, 1996）.

Stoll, Steven, *The Fruits of Natural Advantage: Making the Industrial Countryside in California*（Berkeley: University of California Press, 1998）.

Sykes, Friend, *Food, Farming and the Future*（Emmaus, PA: Rodale, 1951）.

本書は『食の未来のためのフィールドノート　上』（２０１５）の
改題新装版です。内容に異同はありません。

著者略歴

ダン・バーバー（Dan Barber）

1969年ニューヨーク州生まれ。タフツ大学卒業。ニューヨーク・ウェストビレッジの〈ブルーヒル〉、ニューヨーク郊外の農場直結型レストラン〈ブルーヒル・ストーンバーンズ〉シェフ・共同経営者。「ファーム・トゥ・テーブル（農場から食卓へ）」をうたい、食材への徹底したこだわりと美しい料理で知られる。食や農業に関する教育活動家としても活躍。本書および〈ブルーヒル・ストーンバーンズ〉は料理界のアカデミー賞と呼ばれる「ジェームズ・ビアード賞」を受賞（2015年）。「世界で最も影響力のある100人」（「タイム」誌）、「ニューヨーク市のベストシェフ」、「米国のトップシェフ」（ジェームズ・ビアード財団）に選ばれている。

訳者略歴

小坂恵理（こさか・えり）

翻訳家。慶應義塾大学文学部英米文学科卒。主な訳書にＩ・パラシオス＝ウエルタ編『経済学者、未来を語る』（NTT 出版）、Ｂ・スティル『ブレトンウッズの闘い』（日本経済新聞出版社）、Ｔ・カリアー『ノーベル経済学賞の40年』（上・下　筑摩選書）他多数。

サードフード　上
――エシカルな食の未来を探して

2015年９月25日　初　版第１刷発行
2023年12月９日　新装版第１刷発行

著　　者　ダン・バーバー
訳　　者　小坂恵理
発 行 者　東 明彦
発 行 所　NTT 出版株式会社
〒108-0023 東京都港区芝浦3-4-1　グランパークタワー
営業担当　TEL03(6809)4891　FAX03(6809)4101
編集担当　TEL03(6809)3276
https://www.nttpub.co.jp
装　　幀　小口翔平＋畑中 茜（tobufune）
印刷・製本　精文堂印刷株式会社

ISBN 978-4-7571-6086-6 C0098